これで合格

宅建士

要点整理 2024 年版

Ken ビジネススクール　田中　嵩二

はじめに

宅建士試験は狭き門

本書を手にしている方は、今年の宅建士試験で絶対に合格したいと考えている方が大半だと思います。しかし、宅建士試験の合格率は 17％前後となっており、残念ながら受験者の 83％近くが不合格となるのが現状です。この狭き門を突破するにはどうすればよいのか、その 道標 となるのが本書です。

試験に合格する方法

講義や基本となるテキストで一応の理解を済ませた後は、過去に出題された試験問題を繰り返し解き、詳細な点を暗記するとともに、言い回しを変えただけの類似問題にも対応できるようにしましょう。「過去問を学ぶ」のではなく「過去問で学ぶ」という意識が重要です。

次に、模擬試験を受験し、解説講義を聴くことで法改正点と新判例の動向を踏まえた問題と解説をテキストに書き込みます。

最後に、繰り返し間違えてしまう過去問や模擬試験問題だけをノートに書き出して、試験当日もそのノートに目を通します。

膨大な量の知識を整理するのがこの本です

本書は上記の学習プランの過去問演習と模擬試験の段階で活用するのがもっとも効果的です。過去問を繰り返し解いていると、条文の知識だけを問う単純な問題から、条文の解釈として最高裁判所が判断した判例の知識を問う問題、さらには判決文を正確に

読み解き事案解決のための理論を理解する能力の有無を問う問題まで多岐にわたります。このような階層的な法律の構造を無視して、見るものすべてを丸暗記しようとすると最悪な結果を招くことにもなります。本書を活用することで、過去問や模擬試験で得た知識を整理することができ、点であった知識が線で結ばれ、それぞれの意味と位置付けが解り、暗記しやすくなります。

多くの合格者を輩出しているテキストです

本書は、私が経営する㈱Kenビジネススクールで19年以上にわたり行ってきた2日間の合宿講義で使用したテキストがベースとなっております。夜遅くまで、満点をとれるまで○×式の問題を解き、間違えた問題を本書と同様のまとめ表を活用して知識の整理をすることの繰り返しで、毎年60%以上の受講者がその年に合格しております。そのエッセンスをすべて盛り込んだのが本書です。本書を活用した貴方が短期合格を果たせる日を楽しみにしております。

令和6年6月　株式会社Kenビジネススクール

代表取締役社長　田中嵩二

2024年度宅建士試験に向けた学習の秘訣

宅建士試験の難易度

2014年度に「主任者」から「士」に格上げされてから、受験者は増え続けており、2019年度の試験では22万人を突破しました。合格率は一般受験者で15〜17%、5問免除者(宅建業者に勤務して、登録講習という公的な講習を受講した者)で20%前後を推移しています。

宅建士試験は競争試験です。50問のマークシート式の試験で、例年75%程度の37点前後が合格ラインとなっています。2020年度10月実施に関しては38点と過去最高を記録し、苦手分野があると合格できない試験になっています。

年度	受験者数	合格者数	一般合格率	免除合格率	合格点
2016年	198,463	30,589	15.4%	20.0%	35
2017年	209,354	32,644	15.6%	19.9%	35
2018年	213,993	33,360	15.6%	20.6%	37
2019年	220,797	37,481	17.0%	22.9%	35
2020年	204,250	34,338	16.8%	19.4%	38※1
2021年	209,749	37,579	17.9%	21.3%	34※2
2022年	226,048	38,525	17.0%	17.3%	36
2023年	233,276	40,025	17.2%	24.1%	36

※1 12月実施の試験では36点以上が合格点でした。
※2 12月実施の試験では34点以上が合格点でした。

出題傾向と対策

過去問の傾向から、まずは過去問演習を通じて繰り返し出題されている問題の条文知識と判例をしっかりと理解し暗記する必要があります。

また、正答率50%以上という基準でみると、受験者の半分以上が正解できる問題が解けていれば合格できるということを意味します。つまり、難解な問題を数問解けるようになることに合格する上では重要ではないのです。

本書や基本テキストでAランクとなっているところを中心に理解を進め、赤文字や太文字の部分を暗記して行きましょう。

本書を活用した学習方法

本書は、Ken ビジネススクールで 20 年以上実施し続けて多くの合格者を輩出している人気講座「マスター短期集中講座」(権利関係)、宅建業法等、法令上の制限・税その他)及び「宅建直前合宿」(全科目)で、それぞれの 500 問の 1 問 1 答式の厳選過去問集と併用して使用する、講義用のテキストです。

基本テキストと異なり、制度趣旨や具体例などの長い解説は省き、覚えるべき要点のみを記載しております。独学の方は、具体例なども掲載する基本テキストと過去問集と併せて読み進むと効果的です(私の執筆する基本テキストの場合は完全対応しているのでお勧めです)。

講座を受講される方は、講義と併せて使用し、どんどん書き込んで理解を深めて下さい。過去問学習は必須です。過去問を解きながら、何度も間違えた問題を付箋紙に書き込むなりして、本書の必要箇所に貼り付け、そこを重点的に繰り返し学習して、弱点を克服して行きましょう。一気に学習しようと思うと挫折し易いので、講義と併行して問題演習を行い、上記の方法で本書を活用すれば、難なく合格できる知識を身に付けることができます。

モチベーションが上がらない、なかなか進まない、独学では集中できない、とお悩みの場合はぜひ私の講義を聴講下さい。合格するために必要な情報を得られます。

学習する順番

学ぶ順番は人それぞれだと思います。法学部に所属しているような方は、民法から学習したほうが学部の授業の予習・復習にもなり一石二鳥です。建築関係の勉強をしたことがある方は、法令上の制限から学習したほうがイメージがわきやすいかと思います。既に不動産会社にお勤めの方は、宅地建物取引業法から学習したほうが日々の仕事に役立ち楽しくなると思います。

お勧めは、民法(権利関係)または宅地建物取引業法から勉強し、法令上の制限、税法、その他の分野に進めるという順番です。早い時期から学べるのであれば、最も理解に時間がかかる民法(権利関係)から学ぶべきでしょう。夏から勉強をはじめる方は、手っ取り早く点数につながる宅地建物取引業法・法令上の制限を先に学んだほうが効率的です。

アプリと書籍の両方で学びましょう

宅建合格アプリを活用することで、いつでもどこでも問題演習でき、登録者間で正答率や解答数を競い合ったり、一日にどれだけ学習したか、あとどれだけ学習すべきか、自分の苦手分野は何かが瞬時に分析されるので、活用しないと他の受験者に差を付けられます。ただし、書籍を持ち歩くことも重要です。書籍にはどんどんシャープペンシルなどで書き込みし、関連情報を付箋に書き貼りましょう。後で自分の字を目にすることで、前に問題を解いたときの自分の思考がよみがえり、記憶の定着を図ることができます。

この本の使い方

21 住宅瑕疵担保履行法

重要度▶A

新築住宅の販売を媒介する場合も、供託や保険契約などの措置をとらなければならないの？

A:自ら売主となる場合だけです。媒介業者にはその義務はありません。

1 新築販売の業者がする資力確保措置とは？

新築住宅の売主等は、住宅の品質確保の促進等に関する法律に基づき、住宅の主要構造部分等の瑕疵不適合について、10年間の瑕疵不適合責任を負います。
この責任の履行の確保等を図るため、売主等は、保証金の供託、または保険に加入することと（資力確保措置）が義務付けられています。
なお、資力確保措置は売主が宅建業者の場合には適用がありません。

① 供託

内容	供託した新築住宅の補修に要する費用等の支払い等が履行できるように、過去の供託戸数に応じて算定された金額の現金等を供託所に預け入れるものです。
説明	宅建業者は、自ら売主となる新築住宅の買主に対し、新築住宅の売買契約を締結するまでに、その住宅販売瑕疵担保保証金の供託をしている供託所の所在地その他住宅販売瑕疵担保保証金に関し国土交通省令で定める事項について、これらの事項を記載した書面を交付して説明しなければなりません。
供託額	基準日から過去10年間に遡って引き渡した新築住宅の戸数等に応じて算定した額の保証金

※ 売主新築住宅のうち、その床面積の合計が55㎡以下のものは、その2戸をもって1戸とします。

② 保険

内容	国土交通省が指定する住宅瑕疵担保責任保険法人との間で、瑕疵が判明した場合に保険金を支払うことを約した保険契約を締結するもの
要件	▶ 宅建業者が保険料を支払います。 ▶ 宅建業者の瑕疵担保責任の履行による損害を填補します。 ▶ 宅建業者が相当の期間を経過しても、契約不適合責任を履行しない場合には買主の請求に基づき損害を填補します。 ▶ 保険金額が2,000万円以上 ▶ 10年以上の期間有効な契約

74

2 定期的に免許権者に報告する義務がある？

Part 1 宅...

内容　宅建業者は、年1回の基準日中に、供託や保険契約の締結状況を国土...

届...

要...

※ 3 ...
給...
とが...

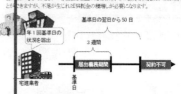

| 基準日の翌日から50日 |
| 3週間 |
| 年1回基準日の状況を届出 |
| 届出義務期間 | 契約不可 |
| 基準日 | 宅建業者 |

ひっかけポイント

「供託所の所在地等について記載した書面の交付と説明を新築住宅の引渡しまでに行えばよい」という手にはのらないように！

ここに注意して学習

資力確保措置と届出と供託所等の説明の3つが重要です。

21 住宅瑕疵担保履行法 75

目　次

Part1　宅地建物取引業法等　1

Part2　権利関係　77

Part3　法令上の制限、税・その他 183

Part1　宅地建物取引業法等

なぜ宅地建物取引業法が作られたの？

宅地建物取引業法（以下、宅建業法と略します。）が制定されたのは、第二次大戦後です。戦後の未曾有の住宅不足がその最大の要因でした。また、戦後の経済復興に伴い、一般の宅地建物の需要が拡大し、その取引が盛んになったことも拍車をかけました。宅地建物の取引が増加すると、それに比例し、紛争や事故も激増しました。また、宅地建物の取引には、相当の知識、経験、資力、信用等が必要となります。しかし、宅建業法が制定されるまでは、誰でも自由にこの業界に参入できたこともあり、知識や経験もない者が自由に取引に従事したり、逼迫した住宅事情につけこんで悪事を働く業者も少なからず存在したりしました。そこで、宅地建物という重要な財産の取引を安全に取り扱い、**宅地建物の円滑な流通と利用の促進を図るため**、宅地建物の取引に関する規制の必要性が高まり、法制定の運動が起こりました。このような状況を背景に、昭和 27 年に宅建業法が制定されました。

出　題	問 26〜問 45（20 問）
合格ライン	17 問以上正解
最低学習時間	1 か月
出題頻度の高いもの	宅建業法に関してはすべての分野が頻出です。合格者はこの分野で 9 割以上得点します。テキスト学習と併せて必ず過去問を解くようにしましょう。

1 宅地建物取引業とは

重要度▶A

マンションを購入して人に貸して収益を得たいと相談を受けた。宅建業の免許は必要なの？

A：自ら貸借なので免許は必要ありません。

1 免許が必要な取引とは？

宅地または建物の取引業を行う者は、原則として、宅地建物取引業の免許を受ける必要があります。

2 免許が必要な宅地とは？

原則 ①現に建物の敷地に供せられる土地
　　②建物の敷地に供する目的で取引の対象とされた土地
　　▶地目や現況に左右されません。

例外 ③用途地域内の土地（ただし、道路、公園、河川、**広場**、水路は除かれる）

用途地域内

現に建物の敷地に供せられる土地（全国基準）	建物を建てる目的で取引する土地（全国基準）	建築予定もない更地（用途地域内の基準）

3 免許が必要な建物とは？

宅建業法上に「建物」の定義はありませんが、**未完成の建物**、事務所や倉庫、**建物の一部**（マンション）も含み「建物」となります。ただし、**ソーラーパネルは建物ではありません**。

未完成の建物

事務所や倉庫

建物の一部（マンション）

ソーラーパネル

4 免許が必要な取引業とは？

取引業とは、宅地もしくは建物につき、以下の表にある行為のいずれかを、**不特定かつ多数人**に対して、**反復継続**してした場合をいいます。

自ら所有する宅地建物を	売買	交換	~~貸借~~
他人が所有する宅地建物を媒介または代理して	売買	交換	貸借

* 1回の販売行為として行われるものであっても、区画割りして行う宅地の販売等複数の者に対して行われるものは反復継続的な取引にあたります。

* 自ら貸借、転貸業、賃貸管理業は、取引業ではありません。

5 免許がなくても宅建業ができる者がいる？

①一定の条件を満たす信託会社・信託業務を兼営する金融機関は、宅建業の免許を受けなくても、**国土交通大臣に届け出れば**、宅建業を営むことができます。

②国や地方公共団体など※1 には、**宅建業法の規定が適用されません**ので、宅建業の免許も不要です。※2

③破産管財人が、破産財団の換価のために自ら売主となって、宅地または建物の売却を反復継続して行う場合は、宅建業にあたらないので宅建業の免許を受ける必要がありません。※2

※1 住宅供給公社は地方公共団体に含まれますが、農業協同組合、建設業者、社会福祉法人は含まれないので、免許を受ける必要があります。

※2 ただし、他の代理業者または媒介業者に依頼して取引業を行わせる場合、その代理業者または媒介業者は宅建業の免許を受ける必要があります。

ひっかけポイント

ひっかけ
二重否定
読み間違え

「自ら貸借、転貸、管理業を行う場合は免許を受ける必要がある」という手にはのらないように！

ここに注意して学習

合格ポイント

「誰が」「何を」行っているのかという点について意識して問題を繰り返し解きましょう。

2 免許申請と事務所

勤め先の宅建業者が売上好調で支店を設けることに。どんな手続が必要なのかな?

A:免許権者も変わる場合は免許換えの手続きが必要です。

1 宅建業を始めるにはどこに申請を出せばいいの?

申請先は	①1の都道府県の区域内にのみ事務所 ⇒ 都道府県知事 ②2以上の都道府県の区域内に事務所 ⇒ 国土交通大臣
申請書に記載する内容は	①商号または名称 ②法人(会社など)の場合は役員や政令で定める使用人※1の氏名※2 ③個人業者の場合は、その個人や政令で定める使用人※1の氏名※2 ④事務所の名称と所在地 ⑤成年者である専任の取引士の氏名※2 ⑥他に事業を行っているときはその事業の種類
免許の際に	免許権者は免許に条件を付けたり変更することができます。

※1 政令で定める使用人とは支店の代表者などをいいます。
※2 旧姓を併記または旧姓を使用することができます。

2 事務所って何?

事務所とは、①本店、②支店(宅建業を営まない場合は事務所にあたりません)、③継続的に業務を行うことができる施設で契約を締結する権限を有する使用人がいるものの3つ。

本店	支店	営業所
宅建業を営まなくても事務所になる	宅建業を営む支店だけが事務所になる	契約を締結する権限を有する使用人がいると事務所になる

3 事務所ごとに備えなければならない5点セットとは？

3 事務所ごとに備えなければならない5点セットとは？

①標 識（宅地建物取引業者票）

宅建業者は、その事務所ごとに、公衆の見やすい場所に、一定の事項が記載された標識を掲げなければなりません。

▶ 免許証を掲示する義務はなく、免許証を掲示したとしても標識の掲示に代えることはできません。

▶ 旧姓が併記された免許証の交付を受けた日以降は、旧姓併記または旧姓使用を希望する者については、標識の記載事項のうち、**代表者氏名については旧姓を併記**します。それに対して、**専任の取引士の氏名については、変更の届出書が受理された後であれば、旧姓を併記または旧姓を使用することができます。**

②成年者である専任の取引士

宅建業者は、その事務所ごとに、従業者等※1の数の5分の1以上となる数の成年者である専任の取引士を置かなければなりません。

▶ 人数の条件を充たさなくなったときは、2週間以内に必要な措置をとらなければなりません。

▶ 新たに専任の取引士を設置した場合は免許権者へ30日以内に届け出なければなりません。

▶ 個人業者本人、または法人の場合の役員※2が取引士であるときは、その者が自ら主として業務に従事する事務所等については、その者は、その事務所等に置かれる成年者である専任の取引士とみなされます。

▶ 「専任」とは、原則として、宅建業を営む事務所に常勤（宅建業者の通常の勤務時間を勤務することをいいます。ITの活用等により適切な業務ができる体制を確保した上で、宅地建物取引業者の事務所以外において通常の勤務時間を勤務する場合を含みます。）して、専ら宅建業に従事する状態をいいます。ただし、その事務所が宅建業以外の業種を兼業している場合等で、その事務所において一時的に宅建業の業務が行われていない間に他の業種に係る業務に従事することは差し支えないものとされます。※3

※1 原則として、代表者、役員（非常勤の役員を除きます）およびすべての従業員等が含まれ、受付、秘書、運転手等の業務に従事する者も対象となりますが、**宅地建物の取引に直接的な関係が乏しい業務に臨時的に従事する者は含まれません。**

※2 **業務を執行する社員、取締役、執行役またはこれらに準ずる者**をいいます。

※3 宅建業を営む事務所における専任の取引士が、「賃貸住宅の管理業務等の適正

化に関する法律」12 条 1 項の規定により選任される業務管理者を兼務している場合については、その業務管理者としての賃貸住宅管理業に係る業務に従事することは差し支えありません。

③帳 簿

宅建業者は、**その事務所ごと**に、その業務に関する帳簿を備えなければなりません。

▶ 宅建業の**取引のあったつど**、一定事項を記載しなければなりません。
▶ パソコンのデータ(電子計算機のファイル・磁気ディスク)が事務所等でプリントアウトできる状態であれば、そのデータの保存を帳簿の記載とすることができます。
▶ 取引関係者から請求されても**閲覧させる義務はありません**。

《保存期間》

原則:各事業年度の末日をもって閉鎖し**閉鎖後 5 年間**

例外:宅建業者が自ら売主となる**新築住宅**に係るものの場合は 10 年間

④従業者名簿

宅建業者は、**その事務所ごと**に、従業者名簿を備えなければなりません。

▶ 氏名、従業者証明書番号、生年月日、主たる職務内容、取引士であるか否かの別、その事務所の従業者になった年月日、その事務所の従業者でなくなったときはその年月日を記載しなければなりません。※
▶ パソコンのデータ(電子計算機のファイル・磁気ディスク)が事務所等でプリントアウトできる状態であれば、そのデータの保存を名簿の記載とすることができます。
▶ 取引関係者から**請求があれば閲覧させなければなりません**。

《保存期間》

最終記載から 10 年間

※ プライバシー保護の観点から、従業者名簿に記載する従業者の**住所の記載は不要**です。

⑤報酬額の掲示

宅建業者は、**その事務所ごと**に、公衆の見やすい場所に、国土交通大臣が定めた報の額を掲示しなければなりません。

4 免許の効力はどこまで・いつまで?

▶ 都道府県知事の免許を受けた場合でも**日本全国**で営業活動ができます。
▶ 有効期間は **5 年**です。**5 年ごと**に更新が必要となります。

5 5年毎に免許を更新するの？

- 免許の更新申請は、有効期間満了の日の 90 日前から 30 日前までに行わなければなりません。
- 更新申請を行えば、従前の免許の有効期間満了日が来ても、新たな免許について処分があるまで従前の免許の効力が存続します。

　この場合でも新たな免許の有効期間は従前の免許の有効期間満了の日の翌日から起算されます。

- 業務停止中であっても、更新の申請や変更の届出をすることができます。

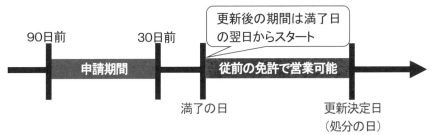

更新後の期間は満了日の翌日からスタート

90日前　　　　30日前

申請期間　　　従前の免許で営業可能

満了の日　　　更新決定日（処分の日）

6 更新しない場合は免許証を返納しなくてよい？

免許証の返納義務があるもの	①**免許換え**により免許がその効力を失ったとき（**遅滞なく**） ②**監督処分**により免許を取り消されたとき（**遅滞なく**） ③亡失した免許証を発見したとき（**遅滞なく**） ④廃業等（届出時に） 　⇒**免許権者**に返納
免許証の返納義務がないもの	免許更新しない場合

ひっかけポイント

ひっかけ
二重否定
読み間違え

「取引関係者から請求されたら帳簿を閲覧させなければならない」という手にはのらないように！

ここに注意して学習

合格ポイント

事務所に備える5点セットは正確にすべて暗記するようにしましょう。特に、帳簿と従業者名簿と専任の取引士が重要です。

3 事務所以外の場所の規制

都内に事務所を構える宅建業者が他県に案内所を設けることに。どんな手続が必要なのかな？

A:そこで契約を行う場合は専任の取引士と届出が必要です。

1 事務所以外の場所でも標識・取引士・届出が必要？

案内所等・分譲物件には以下の表に従い、①標識の掲示、②専任の取引士の設置、③届出が必要となる場合があります。

		標識の掲示	専任の取引士の設置	届出
案内所等※1	契約等※3をする	案内所等を設置した宅建業者が掲示します。	案内所等を設置した宅建業者が、**少なくとも1名以上を設置します。**※4	案内所等を設置した宅建業者が届出します。※5
	契約等※3をしない		設置義務はありません。	届出義務はありません。
分譲物件※2		売主の宅建業者が掲示します。		

※1 案内所等には、①継続的に業務を行うことができる施設を有する場所、②宅建業者が一団の宅地建物(10区画以上の一団の宅地または10戸以上の一団の建物)の分譲を行う案内所、③他の宅建業者が行う一団の宅地建物の分譲の代理または媒介を行う案内所、④宅建業者が業務に関し展示会その他これに類する催しを実施する場所の4種類があります。

※2 宅建業者が一団の宅地建物の分譲をする場合におけるその宅地または建物の所在する場所です。

※3 ①宅地建物の売買・交換の契約(予約を含みます。以下同じ。)を締結や、②宅地建物の売買・交換・貸借の代理または媒介の契約を締結や、③これらの契約の申込みを受けることを予定することをいいます。

※4 週末に取引士や契約締結権者が出張して契約等を行う別荘の現地案内所等、週末にのみ営業を行うような場所についても置く必要があります。また、**同一の物件**について売主業者と媒介・代理業者が**同一の場所**で業務を行う場合には、いずれかの業者が1人以上設置すればよいことになっています。

※5 届出期間：**業務開始の10日前まで**

届出事項：所在地、業務内容、業務を行う期間、専任の取引士の氏名。なお、法人の代表者及び役員、届出しようとする個人、専任の取引士等の氏名については、届出書に旧姓を併記または旧姓を使用することができます。

届 出 先：免許権者（国土交通大臣の宅建業者の場合には案内所等の所在地を管轄する都道府県知事を経由、都道府県知事免許の宅建業者の場合には直接）および案内所等の所在地を管轄する都道府県知事

2 事務所以外の場所の標識に記載する内容は？

どこで営業するか？	契約等	クーリング・オフ事項
①継続的に業務を行うことができる施設を有する場所	行う	不要
	行わない	必要
②宅建業者が一団の宅地建物の分譲を行う案内所	行う	必要※4
	行わない	必要
③他の宅建業者が行う一団の宅地建物の分譲の代理または媒介を行う案内所※1	行う	必要※4
	行わない	必要
④宅建業者が業務に関し展示会その他これに類する催しを実施する場所	行う	必要※4
	行わない	必要
⑤宅建業者が分譲する一団の宅地建物※2	行わない※3	不要

※1 売主業者の商号と免許証番号も記載します。

※2 売主業者の標識を掲示する義務があります。

※3 専任の取引士を設置して契約等を行う場所として想定されていません。

※4 土地に定着していない案内所等に限ります。

ひっかけポイント

ひっかけ
二重否定
読み間違え

「契約行為等を行わない場合でも専任の取引士を設置しなければならない」という手にはのらないように！

ここに注意して学習

合格ポイント

事務所以外の場所については、クーリング・オフの適用の有無も影響するので正確に整理して覚えましょう。

4 免許欠格事由

重要度▶A

うちの会社の役員が元暴力団員という噂があるけど、宅建業の免許を受けることができますか？

A：役員が5年以内に暴力団員だった場合は免許を受けられません。

1 心身故障者や破産者は免許を受けられない？

欠格者	注意点
心身の故障により宅建業を適正に営むことができない者	成年被後見人および被保佐人に該当しない旨の証明書等、または医師の診断書により個別に審査されます。
破産手続開始の決定を受け、復権を得ない者	復権を得られれば直ちに免許を受けられます。

2 一定の犯罪者は5年経たないと免許を受けられない？

欠格者	注意点
禁錮以上の刑に処せられ、その刑の執行を終わり、または刑の執行を受けることがなくなった日から5年を経過しない者	▶ 執行猶予期間中は免許を受けられませんが、猶予期間が満了すれば直ちに受けられます。 ▶ 判決が出ても、刑が確定するまで（控訴中や上告中）は免許を受けることができます。
宅建業法、暴力団員による不当な行為の防止等に関する法律に違反し、または傷害罪（過失傷害罪は含みません。）、傷害現場助勢罪、暴行罪、凶器準備集合罪、脅迫罪、背任罪、もしくは暴力行為等処罰に関する法律の罪を犯して罰金の刑に処せられ、その刑の執行を終わり、または執行を受けることがなくなった日から5年を経過しない者	

3 暴力団員等は免許を受けられない？

欠格者	注意点
暴力団員による不当な行為の防止等に関する法律2条6号に規定する**暴力団員**または同号に規定する**暴力団員でなくなった日から5年を経過しない者**（暴力団員等）	犯罪行為の前科の有無は問いません。
免許の申請前5年以内に宅建業に関し不正または著しく不当な行為をした者	宅建業に関する場合に限ります。
宅建業に関し不正または不誠実な行為をするおそれが明らかな者	他の制度と異なり5年という制限がありません。

4 過去に免許を取り消されると5年経たないとダメ？

①三大悪事で免許取消となった個人業者・法人業者は欠格者

欠格者	注意点
『三大悪事』※に該当するとして**免許を取り消され、取消しの日から5年を経過しない者**	―
『三大悪事』※に該当するとして**免許取消処分**の聴聞の期日および場所が公示された日から処分をするかどうかを決定するまでの間に解散・廃業の届出をした者（相当の理由がある者を除く）で、届出の日から5年を経過しない者	取消処分を避けるために廃業等する行為を防ぐための規定です。

※ 『三大悪事』とは以下の3つです。（次頁の②も同じです。）
 ・不正手段による免許取得
 ・業務停止処分対象行為に該当し情状が特に重い場合
 ・業務停止処分に違反した場合

②法人業者が三大悪事で免許取消となった場合の役員も欠格者

欠格者	注意点
『三大悪事』※に該当するとして免許を取り消された者が法人である場合において、免許取消処分の聴聞の期日および場所の公示日前60日**以内に**役員であった者で、取消しの日から **5 年**を経過しない者	免許基準でいう役員とは、業務執行社員、取締役、執行役、これらに準ずる者またはこれらと同等以上の支配力を有するものと認められる者をいいます。例えば、顧問や相談役や大株主等です。
『三大悪事』※に該当するとして免許取消処分の聴聞の期日および場所が公示された日から処分をするかどうかを決定するまでの間に合併により消滅した法人または解散・廃業の届出のあった法人(相当の理由がある法人を除く)の聴聞の期日および場所の公示日前 60 日以内に役員であった者で、その消滅または解散・廃業の届出の日から 5 年を経過しない者	▶ 取消処分を避けるために廃業等する行為を防ぐための規定です。 ▶ すべての免許取消処分が対象になっていない点にも注意です。

5　普通の未成年者は法定代理人しだい？

欠格者	注意点
営業に関し成年者と同一の行為能力を有しない**未成年者**で、**法定代理人**が前記1〜4の欠格者の場合	▶ 法定代理人が法人である場合においては、その役員を含みます。 ▶ 親権者の許可を得て成年者と同一の行為能力を有する未成年者は**単独で免許を受けることができます。**

6 役員と政令使用人が欠格者の場合は法人もダメ？

欠格事由	注意点
法人でその**役員**※または**政令で定める使用人**のうちに一定の欠格事由に該当する者がいる場合	▶ 政令で定める使用人とは、支店長、支配人等事務所の代表者のことをいいます。 ▶ 成年者である専任の取引士=政令使用人ではない点にも注意です。
個人で政令で定める使用人のうちに一定の欠格事由に該当する者がいる場合	▶ 欠格事由に該当する役員・政令使用人を解任・解雇することで免許を受けられます。

※ この役員も前記4の②の役員と同じです。

7 その他の欠格者

欠格事由	注意点
暴力団員等がその事業活動を支配する者	背後に暴力団がいるということです。
事務所について法定数の成年者である専任の取引士を置いていない者	後に人数を欠いた場合は 2 週間以内に必要な措置を執らなければなりません。

ひっかけポイント
ひっかけ
二重否定
読み間違え

「破産手続開始の決定を受け、復権を得て 5 年経過していない者は免許を受けられない」という手にはのらないように！

ここに注意して学習
合格 ポイント

①破産、②犯罪行為、③法人の役員が犯罪、④法人が一定事由で免許取消の4つは出題のされ方にも注意して、理解するまで繰り返し問題演習しましょう。

5 免許取得後の事情変更

勤め先の会社の部長が専務取締役に昇進し、先輩も専任の取引士になった。どのような手続がいるのかな？

A:会社としては変更の届出が必要です。

1 事務所が増えて免許権者が変わったら？～免許換え

要 件	事務所の新設・廃止・移転により現在の免許が不適当となる場合(事務所が増えて知事免許から大臣免許になる場合や、事務所を移転して他の都道府県知事の免許になる場合等)
申請先	大臣免許へ⇒大臣(本店が所在する都道府県知事を経由) 知事免許へ⇒新たな知事へ直接
期 間	新たに5年の免許
その他	▶ 免許証番号も変わります。 ▶ 申請しないと必ず免許取消しとなります。

2 役員等が変わったときは？～変更の届出

時 期	変更後30日以内に届け出なければなりません。
届出先	免許を受けた国土交通大臣または都道府県知事
届出義務者	宅建業者
届出が必要となる事項※1	①商号・名称 ②事務所の名称・所在地 ③法人業者の役員(非常勤含む)および政令で定める使用人の氏名※2 ④個人業者およびその政令で定める使用人の氏名※2 ⑤成年者である専任の取引士の氏名※2※3

※1 免許申請時に兼業していた他の事業を廃止しても変更の届出は不要です。

※2 引越の場合(住所変更)には届出が不要です。

※3 変更の届出書が受理された日以降は、旧姓を併記または旧姓を標識で使用することができます。また、標識に記載される代表者と専任の取引士が同一人物の場合、いずれも旧姓併記または現姓使用として表記を統一するか、代表者の氏名を旧姓併記とし、専任の取引士を旧姓使用または現姓使用としなければなりません。

3 合併・破産等した場合は？〜廃業等の届出

時　期	30 日以内(死亡の場合:**相続人が知った日から 30 日以内**)
届出先	免許を受けた国土交通大臣または都道府県知事

届出義務者	同時に失効	①死亡 　▶ 相続人 ②合併による消滅 　▶ 消滅会社の代表役員
	届出時に失効	③破産手続開始の決定 　▶ 破産管財人 ④解散 　▶ 清算人 ⑤廃業 　▶ 宅建業者個人・代表役員

4 免許失効後の後始末〜免許の取消し等に伴う取引の結了

要件(以下のいずれか)	効果
①免許の有効期間が満了したとき ②廃業等の届出により免許が効力を失ったとき ③死亡または合併により消滅したとき ④催告された後に営業保証金を供託した旨の届出をせずに免許が取り消されたとき ⑤監督処分により免許を取り消されたとき	宅建業者であった者 　　または その一般承継人(相続人等)は、その宅建業者が締結した契約に基づく取引を結了する目的の範囲内においては、**宅建業者とみなされます**。※

※広告した物件について新たに売却するような行為はできません。

ひっかけポイント

「**合併により会社が消滅した場合に存続会社の代表役員が廃業の届出をする**」という手にはのらないように！

ここに注意して学習

取引士登録にも類似の制度があるので比較して覚えるようにしましょう。

6 宅地建物取引士

まだ未成年者なんだけど、宅建士試験に合格すれば取引士登録できるのかな？

A：親権者等の同意等があれば登録できます。

1 試験に合格しただけでは取引士ではない？

宅建士試験に合格した後に、都道府県知事への登録、取引士証の交付を経て、宅地建物取引士となります。

宅建士試験に合格する	▶ 登録講習修了者は3年間5問分が免除 ▶ 不正受験した受験者は最高3年間の受験禁止措置 　⇒合格が取消されない限り一生有効です。
取引士登録する	▶ 登録欠格事由に該当しないこと ▶ **受験地の都道府県知事に対してのみ**取引士登録の申請ができます。 ▶ 2年以上の実務経験がある者、または国土交通大臣指定の登録実務講習修了者でなければ登録できません。 　⇒一度登録されれば消除されない限り一生有効です。
取引士証の交付を受ける	▶ 取引士の登録を受けている者は、登録をしている都道府県知事に対し、取引士証※の交付を申請することができます。 ▶ 取引士証の交付を受けようとする者は、 原則：登録先の都道府県知事が国土交通省令で定めるところにより指定する講習（**法定講習**）で、**取引士証の交付の申請前6か月以内**に行われるものを受講しなければなりません。 例外：ただし、以下のいずれかの場合には**法定講習は不要** 　①試験合格の日から1年以内に交付を受ける場合 　②登録の移転の申請とともに交付を受ける場合 　⇒交付を受けた取引士証の**有効期間は5年間**です。

※ 取引士証に旧姓使用を希望する者は旧姓を併記することができます。旧姓が併記された取引士証の交付を受けた場合は、書面の記名等の業務において旧姓を使用することができます。ただし、恣意的に現姓と旧姓を使い分けることは許されません。

2 試験に合格しても登録できない場合が？〜登録欠格事由

《免許欠格事由と共通する登録欠格事由》

①心身の故障により取引士の事務を適正に行うことができない者、破産者で復権を得ない者

（個人・法人業者共通）

②『三大悪事』※1のいずれかの理由で宅建業の免許を取り消された場合は、その取消しの日から5年を経過しない者

③『三大悪事』※1のいずれかに該当するとして、宅建業の免許の取消処分の聴聞の期日および場所が公示された日から処分をするかどうかを決定するまでの間に、解散や廃止の届出をした者（相当の理由がある者を除く）で、その届出の日から5年を経過しない者

（法人業者特有の事由）

④『三大悪事』※1のいずれかに該当するとして、宅建業の免許の取消処分を受けた者が法人の場合は、免許取消処分の聴聞の期日および場所の公示日前60日以内に役員※2であった者で、取消しの日から5年を経過しない者

⑤『三大悪事』※1のいずれかに該当するとして、宅建業の免許の取消処分の聴聞の期日および場所が公示された日から処分をするかどうかを決定するまでの間に、合併により消滅した法人または解散や廃業の届出のあった法人（相当の理由がある法人を除く）の聴聞の期日および場所の公示日前60日以内に役員※2であった者で、その消滅または解散や廃業の届出の日から5年を経過しない者

⑥禁錮以上の刑に処せられ、その刑の執行を終わり、または刑の執行を受けることがなくなった日から5年を経過しない者※3

⑦宅建業法、暴力団員による不当な行為の防止等に関する法律に違反し、または傷害罪（過失傷害罪は含まない）、傷害現場助勢罪、暴行罪、凶器準備集合罪、脅迫罪、背任罪、もしくは暴力行為等処罰に関する法律の罪を犯して罰金の刑に処せられ、その刑の執行を終わり、または執行を受けることがなくなった日から5年を経過しない者※3

⑧暴力団員による不当な行為の防止等に関する法律第2条第6号に規定する暴力団員または同号に規定する暴力団員でなくなった日から5年を経過しない者（暴力団員等）

※1 『三大悪事』とは、「免許の不正取得」、「業務停止処分事由に該当し情状が特に重い場合」、「業務停止処分に違反した場合」の3つです。

※2 役員とは、業務執行社員、取締役、執行役、これらに準ずる者またはこれらと同等以上の支配力を有するものと認められる者をいいます。

※3 登録欠格事由にあたる罪で執行猶予期間中は登録を受けられませんが、猶予期間が満了すれば直ちに受けることができます。また、判決が出ても、刑が確定するまで（控訴中や上告中）は登録を受けることができます。

《取引士に特有の登録欠格事由》

⑨宅建業に係る営業に関し成年者と同一の行為能力を有しない未成年者

⑩『四大悪事』※4のいずれかに該当することにより登録の消除の処分を受け、その処分の日から5年を経過しない者

⑪『四大悪事』※4のいずれかに該当するとして、登録の消除の処分の聴聞の期日および場所が公示された日からその処分をする日またはその処分をしないことを決定する

日までの間に、登録の消除の申請をした者（相当の理由がある者を除く。）でその登録が消除された日から５年を経過しない者

⑫事務の禁止処分を受け、その禁止の期間中に、本人の申請により、その登録が消除され、まだその期間が満了しない者

※4 『四大悪事』とは、「不正手段で登録した場合」、「不正手段による取引士証の交付を受けた場合」、「名義貸しや取引士証の交付を受けずに重要事項説明を行う等で情状が特に重い場合」、「事務禁止処分に違反した場合」の４つです。

3 取引士証に関する手続等

提示義務	▶ 取引の関係者から請求があったとき ▶ 重要事項を説明する際（請求がなくても） ⇒に提示しなければなりません。※
提出義務	▶ 事務の禁止処分を受けたとき（すみやかに） ⇒登録を受けた都道府県知事に提出しなければなりません。 なお、事務禁止処分の期間が満了しても、**請求しなければ取引士証は返還されません**。
返納義務	▶ **登録を消除されたとき** ▶ **取引士証が効力を失ったとき** ⇒登録を受けた都道府県知事に**返納**しなければなりません。

※ 取引士証の提示にあたり、個人情報保護の観点から、取引士証の**住所欄**にシールを貼ったうえで提示しても差し支えありません。ただし、シールは容易に剥がすことが可能なものとし、取引士証を汚損しないよう注意しなければなりません。

書換え交付 義務	▶ 氏名または住所に変更があったとき ⇒変更の登録の申請とあわせて、取引士証の**書換え交付**を申請しなければなりません。 ⇒取引士が現に有する取引士証と引換えに新たな取引士証が交付されます。ただし、住所のみの変更の場合は、現に有する取引士証の裏面に変更した後の住所を記載する方法によります。
再交付申請	▶ 取引士証が亡失・滅失・汚損・破損等 ⇒交付を受けた都道府県知事に取引士証の再交付を申請することができます。再交付は、申請者が現に有する取引士証と引換えに新たな取引士証を交付して行います。 ▶ 取引士証の亡失によりその再交付を受けた後に、**亡失**した取引士証を発見したとき ⇒すみやかに、**発見した取引士証をその交付を受けた知事に返納**しなければなりません。

4　5年ごとに更新が必要？

申請	取引士証の有効期間は申請により更新することができます。
要件	登録をしている都道府県知事が国土交通省令の定めるところにより指定する講習(**法定講習**)で交付の申請前 6 月以内に行われるものを受講しなければなりません。
有効期間	更新後の取引士証の**有効期間は**5年です。

5　取引士の役割

業務処理の原則	取引士は、**宅建業の業務に従事するとき**は、宅地または建物の取引の専門家として、購入者等の利益の保護および円滑な宅地または建物の流通に資するよう、公正かつ誠実にこの法律に定める事務を行うとともに、宅建業に関連する業務に従事する者との連携に努めなければなりません。
信用失墜行為の禁止	取引士はその信用または品位を害するような行為をしてはなりません。職務として行われるものに限らず、職務に必ずしも直接関係しない行為やプライベートな行為もその対象になっています。
知識・能力の維持向上	取引士は、宅地または建物の取引に係る事務に必要な知識および能力の維持向上に努めなければなりません。

ひっかけポイント

「未成年者でも法定代理人が欠格事由に該当しなければ取引士登録できる」という手にはのらないように！

ここに注意して学習

取引士になるための試験なので、取引士に関する制度は詳細な点まで正確に暗記しておきましょう。

7 取引士登録後の事情変更

勤め先が支店を増やして国土交通大臣免許になった。取引士の従業員は何か手続がいるのかな？

A：変更の登録の申請が必要です。

1 登録先を移転したいときは？〜登録の移転

法的性質	任意
要 件	登録先以外の**都道府県内**に所在する宅建業者の事務所で**業務に従事、または従事しようとする場合**
申請先	移転先の知事（現に登録を受けている知事を経由）
制 限	事務の禁止処分の期間中は登録の移転を申請できません。
取引士証は	▶ 登録の移転に伴う新たな取引士証の交付は、従前の取引士証と引き換え交付となります。 ▶ 登録の移転があったときは、従前の取引士証は効力を失います。 ▶ 移転後の取引士証の有効期間は従前の期間を引き継ぎます。

2 登録内容が変わった場合は？〜変更の登録

申請時期	変更後遅滞なく
申請先	登録先の都道府県知事
申請義務者	取引士登録を受けている者
申請が必要となる事項	①氏名 ②住所 ③本籍 **宅建業者の業務に従事している場合**、その宅建業者の ④商号・名称 ⑤免許証番号※

※ 勤務先の宅建業者が免許換えした場合、免許証番号も変わる点に注意。

3 欠格者等になった場合は？～死亡等の届出

届出時期	30日以内（死亡の場合、相続人が知った日から30日以内）
届出先	登録先の都道府県知事
届出義務者	①死亡した場合 　▶ その相続人 ②心身の故障で事務を適正に行えなくなった場合 　▶ 本人・法定代理人・同居の親族 ③その他（破産等※の理由で登録欠格者になった場合） 　▶ 本人

※ 本書17頁に掲載する登録欠格事由のうち、破産や②～⑨のいずれかに該当するに至った場合をいいます。

4 知事が必ず登録消除処分をする場合がある？

都道府県知事は、次のいずれかに当てはまる場合には、登録を消除しなければなりません。
- ▶ 本人から登録の消除の申請があったとき
- ▶ 死亡等の届出があったとき
- ▶ 届出がなく死亡した事実が判明したとき
- ▶ 宅建士試験の合格の決定を取り消されたとき

ひっかけポイント

「取引士が登録先の都道府県以外の都道府県に引越した場合、登録の移転をしなければならない」という手にはのらないように！

ここに注意して学習

免許換え、変更の届出、廃業の届出を比較して勉強するとさらに暗記しやすくなります。

8 営業保証金

独立して宅建業を始めるときはいくらくらいの供託金等を預ける
必要があるのかな？

A：最低 1,000 万円の供託金が必要です。

1 営業保証金のしくみ

免許を取得した宅建業者が、主たる事務所の 最寄りの供託所に金銭や有価証券を供託し、
その旨を免許権者に届け出ると事業を開始できます。宅建業から生じる債権を有する宅建
業者以外の債権者は、宅建業者が滞納すると供託所から還付を受けます。

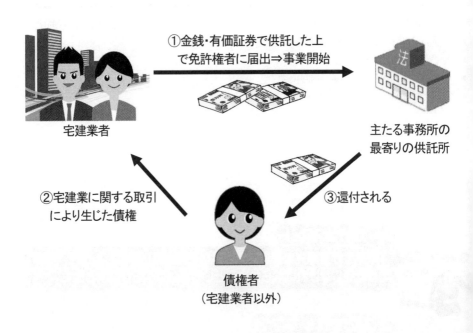

①金銭・有価証券で供託した上
で免許権者に届出⇒事業開始

宅建業者

主たる事務所の
最寄りの供託所

②宅建業に関する取引
により生じた債権

③還付される

債権者
（宅建業者以外）

2 どこに・いくら・どのように供託するの？

誰がどこへ？	免許取得後の宅建業者が主たる事務所の最寄りの供託所へ	
いくら？	主たる事務所	1,000万円
	その他の事務所	500万円×その他の事務所数
	上記の合計額を供託	
	▶ 案内所等の場合は供託する必要がありません。	
どのように？		評価額
	金銭	100%
	国債証券	100%
	地方債証券 政府保証債券	額面金額の90%
	その他の有価証券	額面金額の80%
	▶ 金銭のみで供託すると、主たる事務所移転により、最寄りの供託所が変更した場合、遅滞なく、費用を予納して、営業保証金を供託している供託所に対し、移転後の主たる事務所の最寄りの供託所への営業保証金の保管替えを請求しなければなりません。	
	▶ 有価証券のみ、または、有価証券と金銭で供託していた場合、遅滞なく、移転後の最寄りの供託所に新たに供託しなければなりません。	
	▶ 宅建業者は、営業保証金を変換するために新たに供託したときは、遅滞なく、その旨を供託書正本の写しを添付して、免許権者に届け出なければなりません。	

3 供託してもすぐには事業開始できない？～届出～

宅建業者は、営業保証金を供託したときは、その旨をその免許を受けた国土交通大臣または都道府県知事に届け出なければなりません。

いつから事業できる？	供託した旨を免許権者に届け出た後
届出しなかった場合は？	▶ 免許をした日から3か月以内に届出しなかった場合、免許権者は届出をすべき旨の催告をしなければなりません。
	▶ 催告が到達した日から1か月以内に宅建業者が届出をしなかった場合、免許権者は免許を取り消すことができます。

事務所を新設した場合は？	新たに営業保証金を供託し、その旨を**届け出なけれ**ば、新設した事務所において業務を開始できません。

4 還付請求できるのはどんな債権者？〜還付

限度額	宅建業者が供託した営業保証金の額
対象者	宅建業に関する取引により生じた**債権**を有する者(宅建業者を除く)
	▶ 銀行の貸金債権、従業者の給料債権、リフォーム会社等の報酬債権、広告会社の報酬債権は上記の債権には含まれません。

5 還付後は不足分を供託して届出？〜不足分の補充

	誰が	宅建業者が
供託	いつまでに	免許権者から不足分の補充の通知書の送付を受けた日**から2週間以内**に
	いくら	不足額を
	どのように	金銭または一定の有価証券で
	どこに	供託所に
届出	誰が	宅建業者が
	いつまでに	不足額を供託した日から2週間**以内**に
	どこに	免許権者に

6 宅建業を辞めたら供託金は戻ってくる？〜取戻し

原則	取戻しの前に、還付請求権者に対して、6か月を**下らない一定期間内**に申し出るべき旨を公告しなければならない場合 ①免許失効 ②免許取消処分 ③事務所の廃止(一部の廃止も含む)
例外	以下の場合は公告なしに取戻しができます。 ▶ 保管替え請求ができない場合(有価証券により供託した場合)の主たる事務所の移転の際、移転後の主たる事務所の 最寄りの供託所に新たに供託がなされたとき ▶ 宅地建物取引業保証協会の社員となったとき ▶ 取戻し事由発生から**10年経過**

9 宅地建物取引業保証協会

1 弁済業務保証金のしくみ

免許を取得した宅建業者が、宅地建物取引業保証協会(以下、「保証協会」と略します)に加入して弁済業務保証金分担金をその保証協会に金銭で納付します。その後、保証協会が同額を法務大臣・国土交通大臣が指定する供託所に供託し、免許権者にその旨を届け出ます。保証協会に加入した宅建業者(社員)に対して宅建業取引から生じた債権を有する債権者(宅建業者以外)は、保証協会の認証を受けてから、供託所に還付請求し、還付を受けます。

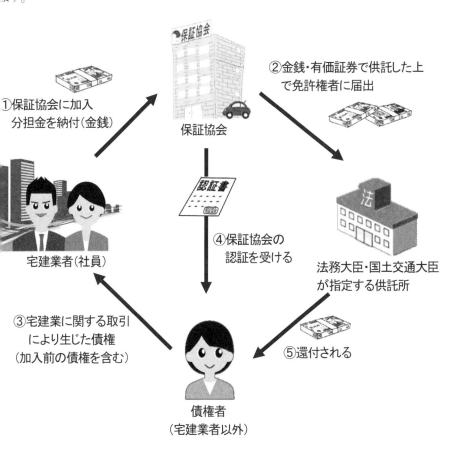

①保証協会に加入
分担金を納付(金銭)

保証協会

②金銭・有価証券で供託した上で免許権者に届出

認証書

④保証協会の認証を受ける

法務大臣・国土交通大臣が指定する供託所

宅建業者(社員)

③宅建業に関する取引により生じた債権(加入前の債権を含む)

⑤還付される

債権者
(宅建業者以外)

2 保証協会はどんな業務をしているの？

①保証協会は、次に掲げる業務を適正かつ確実に実施しなければなりません（義務）。

▶ 宅建業者の相手方等からの社員の取り扱った宅建業に係る取引に関する**苦情の解決**

▶ 取引士その他宅建業の業務に従事し、または従事しようとする者に対する研修

▶ 社員と宅建業に関し取引をした者（社員とその者が社員となる前に宅建業に関し取引をした者を含みますが、**宅建業者を除く**）の有するその取引により生じた債権に関し弁済をする業務（弁済業務）

②保証協会は、①以外にも次の業務を行うことができます（任意）。

▶ 社員である宅建業者との契約により、その宅建業者が受領した支払金または預り金の返還債務その他宅建業に関する債務を負うこととなった場合においてその返還債務その他宅建業に関する債務を連帯して保証する業務（一般保証業務、本書62頁参照）

▶ 手付金等保管事業（本書62頁参照）

▶ 全国の宅建業者を直接または間接の社員とする一般社団法人による宅地建物取引士等に対する研修の実施に要する費用の助成

▶ 国土交通大臣の承認を受けて、宅建業の健全な発達を図るため必要な業務

3 保証協会への加入にまつわるお話

免許権者への報告	▶ 新たに社員が加入し、または社員がその地位を失ったとき ⇒**保証協会**は、直ちに、その旨をその社員である宅建業者が免許を受けた国土交通大臣または都道府県知事に**報告**しなければなりません。
担保の提供	▶ 社員となろうとする宅建業者に、還付が行われることにより弁済業務の円滑な運営に支障を生ずるおそれがあるほどの宅建業に関する債務があると認めるとき ⇒保証協会は、その社員に対し、担保の提供を求めることができます。

4 分担金の納付と保証金の供託のしくみ

宅建業者が保証協会に加入する(「社員となる」と表現します)には、金銭で弁済業務保証金分担金を保証協会に納付しなければなりません。保証協会は受領した額と同額の金銭または有価証券を弁済業務保証金として供託所に供託しなければなりません。
表の左側が宅建業者の役割で、右側が保証協会の役割です。

		弁済業務保証金分担金	弁済業務保証金
誰が どこへ		社員になろうとする宅建業者が保証協会へ※	保証協会が法務大臣および国土交通大臣の定める供託所へ
いくら	主たる事務所	60 万円	弁済業務保証金分担金と 同額を供託
	その他の事務所	30 万円×その他の事務所数	
		上記の合計額を納付 なお、案内所等の場合は納付する必要がありません。	
預け方		金銭のみで納付	営業保証金と同様 (有価証券でもよい)
いつまでに		保証協会に加入しようとする日までに納付	▶ 分担金の納付があった日から 1 週間以内に供託 ▶ 供託した旨を免許権者に届出
事務所を新設した場合は?		設置の日から 2 週間以内に新たに分担金を納付	納付のあった日から1週間以内に弁済業務保証金を供託

※ 既に保証協会に加入している業者は、他の保証協会に重ねて加入できません。

5 いくらまで還付請求できるの?〜還付

社員と宅建業の取引をした債権者(宅建業者以外)は、保証協会の認証を受けた上で、供託所に対して還付請求します。

限度額	営業保証金の場合と同じ(事務所1つで 1,000 万円、1つ増える毎に 500 万円上乗せです。)
対象者	▶ 宅建業に関する取引により生じた債権を有する者(宅建業者を除く) ＊ 銀行の貸金債権、従業者の給料債権、リフォーム会社等の報酬債権、広告会社の報酬債権は上記の債権には含まれません。 ▶ 社員となる前に取引したものも含みます。 ▶ 還付を受ける前に保証協会の認証が必要です。

6　還付後は国土交通大臣から催告が？〜不足分の補充

還付がされると供託額が減るので、その減った分について、保証協会が供託所に還付充当金を供託します。もちろん、社員である宅建業者は同額の還付充当金を保証協会に納付しなければなりません。

保証協会の 役割は？	▶ 保証協会は、還付があった場合、国土交通大臣より通知書の送付を受けた日から2週間以内に、その権利の実行により還付された弁済業務保証金の額に相当する額の弁済業務保証金を供託しなければなりません。
	▶ また、還付があったときはその社員または社員であった宅建業者に対し、その還付額に相当する額の還付充当金を保証協会に納付すべきことを通知します。
宅建業者の 責任は？	▶ 保証協会から通知を受けた社員または社員であった者は、その通知を受けた日から2週間以内に、その通知された額の還付充当金を保証協会に納付しなければなりません。
	▶ 納付しなかった場合、宅建業者は社員たる地位を失います(監督処分・罰則なし)。
	▶ 社員でなくなった場合、その日から1週間以内に営業保証金を供託しなければなりません(監督処分あり)。

7　宅建業を辞めたら供託金は戻ってくる？〜取戻し

宅建業者が社員でなくなるような場合、保証協会は、公告した上で、供託所から弁済業務保証金を取り戻すことができます。取り戻した上で、その取り戻した額に相当する額の弁済業務保証金分担金を元社員等に返還します。

保証協会の 役割は？	原則：保証協会は、社員が社員でなくなった場合、還付請求権者に対して、6か月を下らない一定期間内に申し出るべき旨を公告したうえで、供託所から保証金を取り戻すことができます。
	例外：事務所の一部を廃止した場合、公告なしに取り戻すことができます。
宅建業者は？	保証協会から、取戻し金額に相当する分担金を返還してもらいます。

8 還付がないときのための積立て〜弁済業務保証金準備金

何のためのお金？	社員である宅建業者から還付充当金の納付がなかったときに、弁済業務保証金の供託に充てるため
保証協会の義務	▶ 弁済業務保証金準備金を積み立てなければなりません。 ▶ 弁済業務保証金から生ずる利息または配当金を弁済業務保証金準備金に繰り入れなければなりません。

9 準備金でも足りない場合〜特別弁済業務保証金分担金

保証協会の役割	▶ 還付後に、その分の弁済業務保証金を供託する場合において前記 8 の弁済業務保証金準備金をこれに充ててなお不足するとき ⇒その不足額に充てるため、社員に対し、納付している弁済業務保証金分担金の額に応じ、特別弁済業務保証金分担金を保証協会に納付すべきことを通知しなければなりません。
社員の役割	▶ 上記の通知を受けた社員は、その通知を受けた日から1か月以内に、その通知された額の特別弁済業務保証金分担金を保証協会に納付しなければなりません。 ⇒社員は、上記の期間内に納付しないときは、社員の地位を失います。

ひっかけポイント

「事務所の一部廃止により保証協会が保証金を取り戻す際にも公告が必要」 という手にはのらないように！

ここに注意して学習

営業保証金と弁済業務保証金は同じ部分と異なる部分があります。特に異なる部分については正確に暗記しておきましょう。

10 広告規制と契約締結時期の制限

重要度▶A

現在、建築確認申請中の賃貸マンションの広告を出したり、契約をしたりできるの？

A:建築確認の後でないと広告はできませんが、契約は可能です。

1 広告・受注の際には取引態様の別を明示する？

宅建業者が広告を出す際と、注文を受けた際には、取引態様の別を明示しなければなりません。

時期	規制内容	罰則等
広告するとき（そのつど）	取引態様の別（自ら売主・交換か代理媒介して売買・貸借・交換かの別）の明示が必要	刑事罰なし（監督処分の対象）
注文を受けたら遅滞なく		

▶ 媒介の依頼者から「名前を伏せてほしい」と言われたとしても媒介であること（取引態様の別）を伏せて広告することはできません。
▶ 注文を受けた際の取引態様の別の明示は**口頭でもよい**。
▶ 注文者に取引態様の別が明らかな場合でも省略できません。
▶ 注文者が**宅建業者の場合**でも省略できません。
▶ 自ら貸借、転貸（サブリース）の場合は明示する義務がありません。

2 誇大広告・虚偽広告は犯罪になる？

規制対象	規制内容	罰則等
▶ 物件の、①所在、②規模、③形質 ▶ 現在または将来の、④利用の制限、⑤環境、⑥交通その他の利便、⑦代金・借賃等の対価の額や支払方法、⑧代金・交換差金に関する金銭の貸借のあっせん	**著しく事実に相違**する表示、または、**実際のものより、著しく優良か有利**であると誤認させるような表示	刑事罰あり（業務停止処分または免許取消処分の対象）

▶ **注文がなかった場合でも処罰の対象**となります。
▶ **取引が成立しなかった場合でも処罰の対象**となります。
▶ 宅地または建物に係る現在または将来の制限の一部を表示しないことにより誤認させることも禁止されています。

30

3 建築確認前では広告できない？

時期	規制内容	罰則等
宅地造成または建築工事の完了前	工事に関し必要とされる許可・建築確認等があった後でなければ、広告をしてはなりません。	刑事罰なし（監督処分の対象）

4 広告開始時期の制限と契約締結時期の制限の比較

	広告開始時期の制限	契約締結時期の制限
制限時期	建物の建築(あるいは宅地造成)に関する工事の完了前では、その工事に必要な確認(あるいは許可)があるまで。	
制限対象	すべての取引	売買・交換およびその媒介・代理（貸借は含みません）

ひっかけポイント

「建築確認申請中でも賃貸物件であれば広告できる」という手にはのらないように！

ここに注意して学習

広告に関しては、①取引態様の明示義務、②誇大広告禁止、③開始時期、④契約締結時期との異同の4つの点で整理しましょう。

11 媒介・代理契約

重要度▶A

マンションの貸借を媒介することを依頼されたら、賃貸人に媒介契約書を交付しないと宅建業法違反？

A:貸借の媒介では媒介契約書の交付は義務付けられていません。

1 媒介・代理契約にはどんな種類があるの？

一般媒介・代理	他の業者に重ねて依頼することができる契約 さらに以下の2つに分類されます。 ①明示**義務**のある一般媒介 ▶ 依頼した他の業者を明示する**義務のある**契約 ②明示**義務**のない一般媒介 ▶ 依頼した他の業者を明示する**義務のない**契約
専任媒介・代理	他の業者に重ねて依頼することができない契約
専属専任媒介・代理	他の業者だけでなく自ら取引することもできない（自己発見取引 禁止の**特約**）契約

他の業者にも依頼しているのね。特に伝えなくてもいいよ（非明示型）

宅建業者

他の業者にも依頼しているならそれを伝えてほしいな（明示型）

宅建業者

どこの業者が媒介・代理してもいいので、どんどん売ってきて！

依頼者

2 媒介・代理契約の期間の上限がそれぞれ違う？

一般媒介・代理	当事者間で自由に決められます。
専任媒介・代理	▶ 上限は3か月です。 ▶ 3か月を超える部分は無効です。3か月に短縮されます。 ▶ 更新することも可能です。ただし、依頼人の申出がある場合に限られます（両者の合意により更新）。
専属専任媒介・代理	▶ 更新期間の上限も3か月です。

3 宅建業者は依頼者に報告する義務が？

一般媒介・代理	専任媒介・代理	専属専任媒介・代理
契約を締結した宅建業者は、その契約の目的物である宅地または建物の売買または交換の申込みがあったときは、遅滞なく、その旨を依頼者に報告しなければなりません。形式は文書でも口頭でも可		
	上記に加え 2週間に1回以上、業者は依頼者に対して報告必要 （休業日を含む）	上記に加え 1週間に1回以上、業者は依頼者に対して報告必要 （休業日を含む）
	形式は文書でも口頭でも可	

4 一般以外は指定流通機構に登録する義務がある？

一般媒介・代理	専任媒介・代理	専属専任媒介・代理
登録する義務はありません。	契約締結の日から7日以内に登録しなければなりません。	契約締結の日から5日以内に登録しなければなりません。
	休業日数は算入しません。	

5 指定流通機構に登録する内容は？

次の事項を登録する必要があります。

▶ 媒介・代理契約の目的物である宅地・建物の所在、規模、形質、売買すべき価額
▶ その宅地または建物に係る都市計画法その他の法令に基づく制限で主要なもの
▶ 専任媒介・代理契約が宅地または建物の交換の契約に係るものである場合にあっては、その宅地または建物の評価額
▶ 専任媒介・代理契約が専属専任の契約である場合にあっては、その旨

6 依頼者と指定流通機構へ通知等が必要？

依頼者へ	登録をした宅建業者は、登録を証する書面※1 を**遅滞なく依頼者**に引き渡さなければなりません。
指定流通機構へ	登録をした宅建業者は、登録に係る宅地または建物の売買または交換の**契約が成立したときは、遅滞なく、**①登録番号、②宅地または建物の取引価格、③売買または交換の契約の成立した年月日を**指定流通機構に通知しなければなりません。**※2

※1 この**書面を発行するのは指定流通機構**です。
※2 宅地の所在や売主・買主の氏名などは通知する**必要がありません。**

7 媒介・代理契約書面には取引士の記名押印は要らない？

目 的	契約をめぐるトラブル防止が目的です。
交付の相手	売買・交換の媒介の**依頼者に交付**します。 ▶ 依頼者が宅建業者であっても書面※1 の交付を省略できません。 ▶ **一般媒介契約であっても交付**しなければなりません。
交付時期	売買・交換の媒介契約締結後、**遅滞なく交付**します。
方 法	宅建業者の記名押印※2 が必要です。 ▶ 取引士の記名押印は不要です。
交付場所	特に決まりはありません。

※1 **依頼者の承諾**を得た場合は、**電磁的方法**（電子メールによる方法、Web でのダウンロードによる方法、CD-ROM の交付等）により提供することができます。
※2 旧姓が併記された免許証の交付を受けた日以降は、旧姓を併記または旧姓を使用することができます。なお、政令使用人については、宅建業の免許内容に関する変更の届出書が受理された日以降は、媒介・代理契約書面について旧姓を併記または旧姓を使用することができます。さらに、同書面に記載する代表者および政令使用人と取引士が同一人物の場合は、いずれも旧姓併記、旧姓使用または現姓使用として表記を統一するか、どちらかを旧姓併記とし、もう一方を旧姓使用または現姓使用としなければなりません。ただし、業務の混乱及び取引の相手方等の誤認を避けるため、恣意的に現姓と旧姓を使い分けることは、厳に慎むべきとされています。
　このルールは重要事項説明書面と 37 条書面にも適用されます。

8 契約書に記載すべき内容は？

次の事項を記載しなければなりません。

> ①物件を特定するために必要な事項
> ②売買すべき価額、または評価額 ※1
> ③媒介の種類(一般・専任・専属専任の別)
> ④建物状況調査を実施する者のあっせんに関する事項 ※2
> ⑤有効期間
> ⑥解除・媒介契約違反の場合の措置
> ⑦指定流通機構への登録に関する事項
> ⑧報酬額と支払時期 ※3
> ⑨標準媒介契約約款に基づくか否か。基づかない場合はその旨。

※1 宅建業者が、売買すべき価額または評価額について意見を述べるときには、必ず、その根拠を示さなければなりません（口頭で可）。

※2 実際には、媒介契約書に「建物状況調査を実施する者のあっせんの有無」について記載します。また、宅建業者は、購入希望の依頼者（交換により既存住宅を取得しようとする依頼者を含む）が建物状況調査を実施する場合には、あらかじめ物件所有者の同意を得ておく必要があります。

※3 建物状況調査を実施する者のあっせんは、媒介業務の一環であるため、宅建業者は、依頼者に対し建物状況調査を実施する者をあっせんした場合において、報酬とは別にあっせんに係る料金を受領することはできません。

ひっかけポイント

ひっかけ
二重否定
読み間違え

「一般媒介の場合は契約書面の作成義務がない」という手にはのらないように！

ここに注意して学習

合格ポイント

媒介契約は、①契約期間、②報告義務、③探索方法、④契約書面の記載事項の4つを整理してまとめましょう。

12 報酬額の制限

重要度▶A

古い空家の売却を依頼されたけど、評価額が安いから報酬額の上限も低くて赤字になってしまう。なんとかならない？

A：一定の要件を満たせば現地調査費用も報酬額として受け取れます。

1 売買・交換を媒介・代理したときの報酬額の上限は？

宅建業者

【売主（個人）から媒介の依頼を受けて、1,000万円の建物売買契約を成立】

▶ 1,000万円×3/100＋6万円

　　　　　　　　＋消費税(10%)

　　　　＝　39万6,000円

②報酬請求

①売買契約成立

依頼者（売主）　　　　　　　買主

①基準となる代金・価額を算出する	交換で価額に差があるときは**高い方**を基準にします。	
	代金や価額に消費税が含まれている場合、**消費税分を差し引いて計算**します。税込価格÷1.1	
②報酬基準額を計算する	《課税事業者》	
	200万円以下の場合	代金・価額の5%×1.1※
	200万円を超え400万円以下の場合	(代金・価額の4%＋2万円)×1.1※
	400万円を超える場合	(代金・価額の3%＋6万円)×1.1※
	※ 免税事業者の場合は、1.1ではなく1.04で計算します。	

ケース	上限額
当事者の一方だけと媒介契約を締結している場合	②で計算した額
当事者双方と媒介契約を締結している場合	双方からそれぞれ②で計算した額
当事者の一方だけと代理契約を締結している場合	②で計算した**限度額の2倍**
当事者双方と代理契約を締結している場合	双方からそれぞれ②で計算した**限度額の2倍**※

※ ただし、その合計額が②で計算した限度額の2倍を超えることができません。

③受領できる
上限額

2 低廉な空家等の売買・交換の媒介・代理における特例

安いこと	代金または交換に係る宅地もしくは建物の価額（消費税を含まない。）が 400 万円**以下**のもの。
費用が掛かる	通常よりも現地調査等の費用を要すること。

《媒介の場合の計算》

空家等の売主または交換を行う者が依頼者※1 であった場合は、その者から受領できる報酬の額（消費税等相当額を含む。）は、**通常の計算方法により算出した金額**と、その「**現地調査等に要する費用に相当する額**」※2 を合計した金額となります。

ただし、その依頼者から受ける報酬の額は 18 万円の 1.1 倍に相当する金額を超えることができません。

> 【売主A（個人）から媒介の依頼を受けて、200 万円の建物売買契約を成立】
> ①通常の方法で報酬額を計算する
> 　200 万円×5／100＝10 万円
> ②現地調査費用を上乗せする（ただし、18 万円を超えることはない）
> 　（実際の現地調査費用が 15 万円の場合）
> ⇒10 万円（通常の報酬額）＋（現地調査費用分）≦18 万円
> 　　よって、**現地調査費用分として 8 万円を受領できる。**
> ⇒10 万円（通常の報酬額）＋8 万円（現地調査費用分）＋消費税（10%）
> 　　　　　　　　　　　　　　　　　　　　　　　　　　　　　＝19 万 8,000 円
> 　（実際の現地調査費用が 5 万円の場合）
> ⇒10 万円（通常の報酬額）＋5 万円（現地調査費用分）＋消費税（10%）
> 　　　　　　　　　　　　　　　　　　　　　　　　　　　　　＝16 万 5,000 円

《代理の場合の計算》

空家等の売主または交換を行う者が依頼者※1 であった場合は、その者から受領できる報酬の額（消費税等相当額を含む）は**媒介における通常の計算方法により算出した金額**と**空家等の媒介における特別の計算方法により算出した金額**を合計した金額となります。

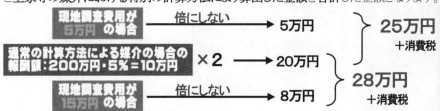

ただし、宅建業者がその売買または交換の相手方から報酬を受ける場合においては、その報酬の額と代理の依頼者から受ける報酬の額の合計額が、媒介における通常の計算方法により算出した金額と、空家等の媒介における特別の計算方法により算出した金額を合計した金額を超えてはなりません。

※1 空家等の**売主または交換を行う者である依頼者**に限ります。つまり、買主側から依頼を受けた場合は通常の方法による報酬額しか受領できません。

※2 「当該現地調査等に要する費用に相当する額」とは、人件費等を含み、宅建業者は、媒介契約の締結に際し、あらかじめ報酬額について空家等の売主または交換を行う者である依頼者に対して説明し、両者間で合意する必要があります。

3 貸借を媒介・代理した場合の報酬額の計算方法

		居住用建物以外	居住用建物※1
借賃※2を基準として算出する報酬限度額	媒介	貸主・借主合わせて1か月分 ＋消費税(10%)	貸主・借主合わせて1か月分 ＋消費税(10%) かつ **依頼者の承諾ない限り一方から半月分＋消費税(10%)**
	代理	貸主・借主合わせて1か月分 ＋消費税(10%)	貸主・借主合わせて1か月分 ＋消費税(10%)
権利金等※3を基準として算出する報酬限度額	媒介	権利金等が授受されている場合は、権利金等の額を代金とみなして、売買の場合の報酬計算にしたがって算出した額以内	適用されません
	代理		

※1 専ら居住の用に供する建物を指し、居住の用に供する建物で事務所、店舗その他居住以外の用途を兼ねるものは含まれません。

※2 貸借に係る消費税等相当額を含まないものとし、その媒介が使用貸借に係るものである場合においては、その宅地または建物の通常の借賃をいいます。また、報酬の合計額が限度額内であれば依頼者の双方からどのような割合で報酬を受けてもよく、また、依頼者の一方のみから報酬を受けることもできます。

※3 権利金等とは、どのような名義であっても、権利設定の対価として支払われる金銭であって、返還されないものをいい、いわゆる権利金、礼金等賃貸借契約終了時に賃貸人から賃借人に返還されない金銭はこれに該当します。しかし、いわゆる敷金等賃貸借契約終了時に賃貸人から賃借人に返還される金銭はこれに該当しません。

4 報酬額以外は原則として受領できない？

原則	宅地または建物の売買、交換または貸借の代理または媒介に関し、前記1・2・3の方法によるほか、報酬を受けることができません。 (例：案内料、申込料や依頼者の依頼によらずに行う広告料等)
例外	▶ **依頼者の依頼**によって行う広告の料金に相当する額は**報酬とは別に受領**することができます。 ▶ **依頼者の特別の依頼**により行う**遠隔地における現地調査**や**空家の特別な調査等**に要する実費の費用に相当する額の金銭を、依頼者から提供された場合にこれを受領すること等、依頼者の特別の依頼により支出を要する特別の費用に相当する額の金銭で、その負担について**事前に依頼者の承諾**があるものを別途受領することができます。

ひっかけポイント

「双方代理した場合にそれぞれ媒介契約で受け取れる額の2倍ずつ受領できる」という手にはのらないように！

ここに注意して学習

計算方法さえマスターすれば必ず得点できる分野なので絶対に捨てないようにしましょう。

13 重要事項説明書面と37条書面

重要度▶A

重要事項説明書面や契約書面は、作成するのも説明するのも記名するのも取引士の資格がないとできないの？

A：作成するのは取引士でなくてもできます。

1 重要事項説明書面と37条書面の方式を比較

宅建業者は、売買・交換・貸借の媒介・代理、または自ら売買・交換する際に、物件を取得・賃借する者に対して事前に物件にまつわる情報を伝え（重要事項説明書面の交付）、契約が成立した場合は契約内容を記した書面(37条書面)を契約当事者に交付する義務があります。

	重要事項書面	37条書面
目 的	物件を取得・賃借しようとする者の契約を締結するか否かの判断材料	契約成立後の紛争の防止
書面作成	取引士に書面を作成する義務はありません。 ▶ 宅建業者が作成します。	
記 名	取引士による書面への記名が必要です。 ▶ 押印までは義務付けられていません。 ▶ 取引士本人が記名しなければなりません。 ▶ 複数の宅建業者が1つの取引に関与している場合、交付義務のあるすべての業者の取引士が連名で記名しなければなりません。	
書面交付	**契約が成立するまでに交付**	**契約締結後に遅滞なく交付**
	▶ 相手方の承諾を得ていれば電磁的方法により提供することもできます。 ▶ 取引士本人が交付する義務まではありません。 ▶ 相手方が宅建業者であっても書面の交付は省略できません。 ▶ 重要事項説明書面を交付していても37条書面は省略できません。 ▶ 交付場所についてのルールはありません。 ▶ 複数の宅建業者が1つの取引に関与している場合、すべての宅建業者に交付義務があります。ただし、そのうちの1つが代表して交付することができます。	

	重要事項説明・同書面	37 条書面
書面交付 の相手方	交付する相手方は以下の表のとおりです(交換についても交付義務がありますが、出題頻度が低いので割愛しています。)。	

取引の種類	重要事項説明書面等	37 条書面等
自ら売買	買主となろうとする者	相手方当事者※1
自ら貸借	不要	
売買の媒介	買主となろうとする者	契約の両当事者※2
貸借の媒介	借主となろうとする者	
売買の代理	買主となろうとする者	相手方当事者および代理を依頼した者※2
貸借の代理	借主となろうとする者	

※1 売買契約の買主が宅建業者の場合、売主に対して重要事項説明書面等を交付する義務は負いませんが、37 条書面等を交付する義務はあります。

※2 賃貸借契約で貸主・借主双方に別々の宅建業者が媒介・代理した場合でも、媒介・代理をした宅建業者のすべてに、貸主・借主の双方に37条書面を交付する義務があります。

義務者	**宅建業者**(取引士の義務ではありません)

2 契約前に重要事項を説明する必要がある?

宅建業者は、前記の重要事項説明書面の交付相手に対して、契約が成立するまでの間に、取引士をして、説明をさせなければなりません。ただし、**相手方が宅建業者の場合は説明する必要がありません。**

説明方法	説明は対面によることが原則ですが、**次の要件をすべて満たすとテレビ会議等のITを活用することもできます。** ①取引士と説明を受けようとする者(相手方)が、書類や説明内容について十分に理解できる程度に映像を視認できること ②双方が発する音声を十分に聞き取ることができ、双方向でやりとりできる環境において実施していること ③取引士により記名された重要事項説明書面等を相手方にあらかじめ交付(電磁的方法による提供を含む。)していること ④相手方が、重要事項説明書等を確認しながら説明を受けることができる状態にあること(映像・音声の状況について、取引士が重要事項の説明を開始する前に確認しなければなりません。) ⑤取引士が、取引士証を提示し、相手方がその取引士証を画面上で視認できたことを確認していること ▶ 取引士は、IT を活用した重要事項の説明を開始した後、映像を視認でき

	ないか、音声を聞き取ることができない状況が生じた場合には、直ちに説明を中断し、その状況が解消された後に説明を再開しなければなりません。
義務者	宅建業者には**取引士に説明させる義務**があります（**取引士の義務ではありません**）。 ▶ 複数の宅建業者が 1 つの取引に関与している場合、すべての宅建業者に説明義務があります。ただし、そのうちの1つが代表して説明することができます。 ▶ **37 条書面の交付時に説明義務はありません。**仮に説明する場合でも取引士にさせる義務はありません。
担当者	重要事項説明書面を**交付する義務を負う宅建業者に所属する取引士** ▶ 専任の取引士である必要はありません。 ▶ 重要事項説明書面を交付する義務のない自ら貸借する宅建業者等の取引士が説明しても義務を果たしたことにはなりません。
取引士証	説明を担当する取引士は、**相手方から請求がなくても取引士証を提示しなければなりません。** ▶ **住所欄をシール等で隠すことはできます。** ▶ 取引士証を亡失した場合、その再交付を受けるまで説明できません。
その他	▶ **相手方も宅建業者の場合は説明する必要がありません。** ▶ 相手方が説明を省くことに承諾した場合でも省略できません。 ▶ 相手方が熟知していても説明を省くことができません。 ▶ 説明しない場合は無過失でも宅建業法違反になります。 ▶ 説明場所についてのルールはありません。

3 重要事項説明書面の記載内容

①すべての取引で記載が必要なもの（交換については出題頻度が低いので**割愛しています。以下同じ。**）

	記載内容
1	**登記された権利の種類および内容**ならびに登記名義人または登記簿の表題部に記録された所有者の氏名（法人にあっては、その名称） ▶ 移転登記の申請時期までは記載する必要がありません。
2	飲用水、電気およびガスの供給ならびに排水のための施設の整備の状況（これらの施設が整備されていない場合においては、その整備の見通しおよびその整備についての特別の負担に関する事項）

3	工事の完了時における形状・構造(図面が必要なときは、図面を添付)
	▶ 宅地…造成工事完了時におけるその宅地に接する**道路の構造および幅員**
	▶ 建物…工事完了時におけるその建物の主要構造部、内装および**外装**の構造または仕上げならびに設備の設置および構造
4	**代金、交換差金および借賃以外**に授受される金銭の**額**および当該金銭の授受の**目的**
	▶ **37 条書面では授受の時期も記載します。**
	▶ 保管方法までは記載しなくてよい。
5	契約の解除に関する事項
	▶ 37 条書面にも**定めがあれば**記載します。
6	損害賠償額の予定または違約金に関する事項
	▶ 37 条書面にも**定めがあれば**記載します。
7	支払金または預り金を受領しようとする場合において、保証協会が行う一般保証業務等の保全措置を講ずるかどうか、およびその措置を講ずる場合におけるその措置の概要
	▶ 「支払金または預り金」とは、代金、交換差金、借賃、権利金、敷金その他いかなる名義をもって授受されるかを問わず、宅建業者の相手方等からその取引の対象となる宅地または建物に関し受領する金銭をいいます。
	▶ ただし、次のものは除かれます。①受領する額が **50 万円未満**のもの、②保全措置(62 頁参照)が講ぜられている手付金等、③売主または交換の当事者である宅建業者が登記以後に受領するもの、④報酬。
8	盛土規制法により指定された**造成宅地防災区域内**にあるときはその旨
9	土砂災害警戒区域等における土砂災害防止対策の推進に関する法律により指定された**土砂災害警戒区域内にあるときはその旨**
10	津波防災地域づくりに関する法律により指定された**津波災害警戒区域内にあるとき**はその旨
11	水防法施行規則 11 条 1 号の規定により当該宅地または建物が所在する市町村の長が提供する図面に当該宅地または建物の位置が表示されているときは、**当該図面における当該宅地または建物の所在地**
	▶ 水害ハザードマップ上のどこに所在するかについて消費者に確認せしめるもので、取引の対象となる宅地建物の位置を含む水害ハザードマップを、洪水・内水・高潮のそれぞれについて提示し、その宅地建物の概ねの位置を示します。

②**建物の貸借では記載しなくてよいもの※**

	記載内容
1	都市計画法、建築基準法等に基づく制限に関する事項の概要
	▶ 都市計画法上の建築制限や建築基準法上の用途地域等の規制、防火地域・準防火地域内の規制、**容積率および建蔽率の制限の概要**等です。

2	急傾斜地の崩壊による災害の防止に関する法律における急傾斜地崩壊危険区域内にある旨および立木竹の伐採には都道府県知事等の許可を受けなければならないこと
3	津波防災地域づくりに関する法律における**津波防護施設区域における行為の制限、指定津波防護施設の改築等についての届出、指定避難施設に関する届出、管理協定の効力の概要** ▶ 津波災害警戒区域内にある旨は建物貸借の場合にも記載が必要なことと混同しないようにしましょう。
4	**私道に関する負担に関する事項**（前面道路が私道の場合は、私道所有者の通行承諾を得たり、負担金が必要な場合があります。）
5	長期優良住宅の普及の促進に関する法律における容積率の特例

※ 上記以外にも本書の「法令上の制限」で説明する法令による規制があります。

《特殊なもの》（記載義務の有無により「必要」「不要」と表記。以下同じ。）

法令名	記載内容	宅地		建物	
		売買	貸借	売買	貸借
新住宅市街地開発法	31 条（新住宅市街地開発事業により造成された宅地における建築義務）	必要	不要	必要	不要
	32 条 1 項（造成宅地等に関する権利の処分の制限）	必要	必要	必要	必要
新都市基盤整備法	39 条（新都市基盤整備事業に係る土地整理における仮換地指定に伴う従前の宅地の使用収益の制限）（使用収益停止処分に伴う使用収益の制限）	必要	必要	必要	不要
	50 条（建築物の建築義務）	必要	不要	必要	不要
	51 条 1 項（開発誘導地区内の土地等に関する権利の処分の制限）	必要	必要	必要	必要
流通業務市街地の整備に関する法律	5 条 1 項（流通業務地区内における流通業務施設以外の施設の建設等の制限）	必要	必要	必要	不要
	37 条 1 項（流通業務団地造成事業により造成された敷地における流通業務施設の建設義務）	必要	不要	必要	不要
	38 条 1 項（造成敷地等の処分の制限）	必要	必要	必要	必要

③宅地・建物の売買の場合だけ記載が必要なもの

	記載内容
1	手付金等を受領しようとする場合における保全措置（62 頁参照）の概要

2	代金または交換差金に関する金銭の貸借のあっせんの内容およびそのあっせんに係る金銭の貸借が成立しないときの措置
	▶ 37条書面にも定めがあれば記載します。
3	宅地または建物が種類または品質に関して契約の内容に適合しない場合におけるその不適合を担保すべき責任の履行に関し保証保険契約の締結等を講ずるかどうか、およびその措置を講ずる場合におけるその措置の概要
	▶ 37条書面にも定めがあれば記載します。
	▶ 具体的には、①保証保険契約または責任保険契約の締結、②保証保険または責任保険を付保することを委託する契約の締結、③銀行等が連帯して保証することを委託する契約の締結のうちのいずれかの措置の概要を記載します。

④宅地・建物の貸借の場合にだけ記載が必要なもの

	記載内容
1	契約期間および契約の更新に関する事項
2	借地借家法に規定する定期借地権の適用を受けるものを設定しようとするとき、または定期建物賃貸借もしくは高齢者の居住の安定確保に関する法律の規定の適用を受ける終身建物賃貸借をしようとするときは、その旨
3	宅地または建物の用途その他の利用に係る制限に関する事項(建物が区分所有権の目的である場合は、専有部分の用途その他の利用の制限に関する規約の定めの内容を除く。)
4	敷金その他いかなる名義をもって授受されるかを問わず、契約終了時において精算することとされている金銭の精算に関する事項
	▶ その保管方法についてまでは記載する必要がありませんが、どのように精算するかについては記載しなければなりません。
5	宅地または建物(区分所有建物を除く)の管理が委託されているときは、その委託を受けている者の氏名(法人にあっては、その商号または名称)および住所(法人にあっては、その主たる事務所の所在地)
	▶ 賃貸住宅の管理業務等の適正化に関する法律による登録業者である場合に限り、その登録番号も記載しなければなりません。

⑤その他特殊なパターン

記載内容	宅地		建物	
	売買	貸借	売買	貸借
1 建物について、石綿の使用の有無の調査の結果が記録されているときは、その内容 ▶ 記録されていることだけではなく、その内容まで記載する必要がある点に注意しましょう。	不要	不要	必要	必要

	記載内容	宅地		建物	
		売買	貸借	売買	貸借
2	建物(昭和56年6月1日以降に**新築**の**工事に着手した**ものを除く。)が建築物の耐震改修の促進に関する法律に規定する基本方針のうち法定の技術上の指針となるべき事項に基づいて、一定の有資格者等が行う**耐震診断を受けたものであるときは,その内容** ▶ 耐震診断を実施する義務まではありません。	不要	不要	必要	必要
3	建物が住宅の品質確保の促進等に関する法律に規定する住宅性能評価を受けた新築住宅であるときは、その旨 ▶ 新築住宅の売買の場合に、「設計住宅性能評価書」および「建設住宅性能評価書」の交付の有無を記入し、住宅性能評価制度を利用しているか否かを記載します。	不要	不要	必要	不要
4	台所、浴室、便所その他の建物の設備の整備の状況 ▶ 事業用でも居住用でも記載が必要です。	不要	不要	不要	必要
5	契約終了時における当該宅地の上の建物の取壊しに関する事項を定めようとするときは、その内容	不要	必要	不要	不要
6	**建物状況調査**(実施後1年が経過していないものに限る。)を実施しているかどうか、およびこれを実施している場合におけるその**結果の概要**	不要	不要	必要	必要
7	設計図書、点検記録その他の建物の建築および維持保全の状況に関する書類の保存の状況	不要	不要	必要	不要

⑥**区分所有建物の場合の追加事項**

	記載内容	分譲	貸借
1	**専有部分の用途**その他の利用の制限に関する規約の定め(案を含む)があるときは、その内容	必要	必要
2	一棟の建物およびその敷地の管理が委託されているときは、その委託を受けている者の氏名(法人の場合はその商号または名称)および住所(法人の場合はその主たる事務所の所在地) ▶ 委託された業務の内容までは記載する必要がありません。 ▶ 管理を受託している者が、マンションの管理の適正化の推進に関する法律44条の登録を受けている者である場合には、その登録番号も記載しなければなりません。	必要	必要

	記載内容	分譲	貸借
3	一棟の建物の敷地に関する権利の種類、内容	必要	不要
4	共用部分に関する規約の定め(案を含む)があるときは、その内容	必要	不要
5	一棟の建物またはその敷地の一部を特定の者にのみ使用を許す旨の規約(専用使用権。これに類するものを含む)の定め(その案を含む)があるときは、その内容 ▶ 使用する者の氏名・住所までは記載する必要がありません。	必要	不要
6	一棟の建物の計画的な維持修繕のための費用の積立てを行う旨の規約の定め(案を含む)があるときは、その内容とすでに積立てられている額 ▶ 修繕積立金等や管理費用についての滞納があるときはその額も記載しなければなりません。	必要	不要
7	建物の所有者が負担しなければならない通常の管理費用の額	必要	不要
8	一棟の建物の計画的な維持修繕のための費用、通常の管理費用、その他の建物の所有者が負担しなければならない費用を特定の者のみ減免する旨の特約の定め(案を含む)があるときは、その内容 ▶ 買主が減免対象者ではなくても記載する必要があります。	必要	不要
9	一棟の建物の維持修繕の実施状況が記録されているときは、その内容 ▶ 記録が保存されていない場合はその旨を記載します。	必要	不要

《旧姓使用について》

旧姓が併記された免許証の交付を受けた日以降は、旧姓を併記または旧姓を使用することができます。詳細は34頁を参照して下さい。

ひっかけポイント

ひっかけ
二重否定
読み間違え

「マンションの共用部分に関する規約の定めがあるときは貸借の場合も説明しなければならない」という手にはのらないように!

ここに注意して学習

合格ポイント

重要事項説明は、方法と内容の2つに分けて整理しましょう。内容については、近年の改正点と区分所有建物の追加事項が重要です。

4 契約締結時期の制限・37条書面

宅地建物の契約段階にもルールがあります。まずは、建築確認前などの未完成物件の場合は売買・交換の契約の締結が制限されます（貸借には制限がありません）。次に、契約に際しては法定の記載がされている書面（データ含む）を交付する義務があります（貸借を含みます）。

①契約締結時期の制限

原則	宅建業者は、工事の完了前の物件を取引できません。 《制限される取引》 <table><tr><td>自ら売買・交換</td><td rowspan="3">制限される</td></tr><tr><td>代理して売買・交換</td></tr><tr><td>売買・交換を媒介</td></tr><tr><td>自ら貸借</td><td rowspan="3">制限されない</td></tr><tr><td>代理して貸借</td></tr><tr><td>貸借を媒介</td></tr></table>
例外	工事に関し必要とされる都市計画法上の開発許可、建築基準法上の建築確認その他法令に基づく許可等の処分等があった後であれば取引できます。

＊宅建業者間の取引にも適用されます。

②必ず記載しなければならない事項

売買・交換	貸借
①当事者の氏名・住所 ▶ 当事者に保証人は含まれません。	
②物件を特定するために必要な表示 ▶ 工事完了前の建物については、重要事項の説明の時に使用した図書を交付することにより行うことができます。	
③既存建物であるときは、建物の構造耐力上主要な部分等の状況について当事者の双方が確認した事項※	記載の必要なし
④物件の引渡時期	
⑤代金・交換差金・借賃の額、支払時期、支払方法	
⑥移転登記の申請時期	記載の必要なし

※ 「既存建物であるときは、建物の構造耐力上主要な部分等の状況について当事者の双方が確認した事項」について
「当事者の双方が確認した事項」は、原則として、建物状況調査等、既存住宅についての専門的な第三者による調査が行われ、その調査結果の概要を重要事項として宅建業者が説明した上で契約締結に至った場合のその「調査結果の概要」をいい、これを37条書面に記載します。これ以外の場合については、「当事者の双方が確認した事項」は

「無」として書面に記載しなければなりません。

　ただし、当事者の双方が写真や告知書等をもとに既存住宅の状況を客観的に確認し、その内容を価格交渉や担保責任の免除に反映した場合等、既存住宅の状況が実態的に明らかに確認されるものであり、かつ、それが法的にも契約の内容を構成していると考えられる場合には、その事項を「当事者の双方が確認した事項」として書面に記載することもできます。

《旧姓使用について》

旧姓が併記された免許証の交付を受けた日以降は、旧姓を併記または旧姓を使用することができます。詳細は34頁を参照して下さい。

③契約当事者間で定めた場合に必ず記載する事項

売買・交換	貸借
⑦代金、交換差金・借賃以外の金銭の額、授受の時期、授受の目的	
▶ 重要事項説明書面には授受の時期以外を記載します。	
⑧契約の解除に関する内容	
⑨損害賠償額の予定、違約金に関する内容	
⑩天災その他不可抗力による損害の負担(危険負担)に関する内容	
⑪代金・交換差金についての金銭の貸借のあっせんが不成立に終わったときの措置	記載の必要なし
⑫契約不適合責任の内容	
⑬租税その他の公課の負担に関する内容	
⑭契約不適合責任の履行に関し講ずべき保証保険契約の締結その他の措置の内容	

▶ ④⑤⑥⑩⑫⑬は重要事項説明書面では記載事項となっていません。

ひっかけポイント

「損害賠償額の予定をしなかった場合でもその旨を記載しなければならない」という手にはのらないように！

ここに注意して学習

　37条書面の記載事項と重要事項説明書面の記載事項を比較して整理しましょう。

14 その他業務上の規制

> 勧誘する際に「今買えば必ず儲かる」との断定的なことを言った場合は刑事罰があるの？

A:刑事罰はありませんが、監督処分の対象にはなります。

1 宅建業者がやってはいけない禁止事項

	禁止内容	罰則
1	宅建業者は、取引の関係者に対し、信義を旨とし、誠実にその業務を行わなければなりません。	なし ただし、指示処分等対象行為
2	宅建業者は、その業務に関してなすべき**宅地・建物の登記・引渡し**、または取引に係る対価の支払いを、不当に遅延する行為をしてはなりません(宅建業法44条)。 ▶ 媒介を依頼した他の宅建業者へ報酬を支払うことを拒む行為は上記に違反しません。	6月以下の懲役・100万円以下の罰金
3	宅建業者やその使用人・従業者は、正当な理由なくして、業務上知り得た秘密を他に漏らしてはなりません。宅建業者が宅建業をやめたり、使用人・従業者が退職したりした後も同じです。 ▶ 個人情報の保護に関する法律16条2項に規定する個人情報取扱事業者に該当しない場合でも、同様にこの義務が課せられています。	50万円以下の罰金

↓罰則なし
媒介・代理契約
報酬の支払い

媒介・代理業者

売買契約
代金支払・登記・引渡し

宅建業者　**↑罰則あり**　宅建業者

4	宅建業者はその業務に関して知り得た**重要な事項**について、**故意**に事実を告げず、または不実のことを告げてはなりません。  ▶ 重要な事項とは、①重要事項説明(法35条)の対象となる事項、②供託所等に関する説明事項、③37条書面に記載すべき事項、④その他、宅地建物の所在、規模、形質、現在もしくは将来の利用の制限、環境、交通等の利便、代金、借賃等の対価の額もしくは支払方法その他の取引条件またはその宅建業者もしくは取引の関係者の資力もしくは信用に関する事項であって、その相手方等の判断に重要な影響を及ぼすこととなるもの	2 年以下の懲役・300万円以下の罰金
5	宅建業者はその業務に関して不当に高額の報酬を**要求**してはなりません。 ▶ 実際には国土交通大臣が定める額を超えない報酬を受け取ったとしても、不当に高額の報酬を要求する行為自体が禁止されているので、宅建業法に違反します。	1 年以下の懲役・100万円以下の罰金
6	宅建業者は宅地建物の売買、交換または貸借の代理または媒介に関して受けることのできる上限額を超えて報酬を受けてはなりません。	100 万円以下の罰金
7	宅建業者は、手付について**信用の供与**をすることにより、契約締結を**誘引**する行為をしてはなりません。たとえば、手付金の後払いを認める、立て替える、貸し付ける、分割払いを認める、といった行為は、手付について信用の供与にあたります。 ▶ 信用の供与自体が禁止されているので、実際に売買契約の成立には至らなかったとしても宅建業法に違反します。	6 月以下の懲役・100万円以下の罰金
8	宅建業者または代理人・使用人・その他の従業者は、宅建業に係る契約の締結の勧誘をするに際し、その相手方等に対し、利益を生ずることが確実であると誤解させるべき断定的判断を提供する行為をしてはなりません。故意でなくても処分されます。	なし ただし、業務停止処分対象行為

9	宅建業者または代理人・使用人・その他の従業者は、宅建業に係る契約を締結させ、または宅建業に係る契約の申込みの撤回もしくは解除を妨げるため、その相手方等を威迫してはなりません。	なし ただし、業務停止処分対象行為
10	宅建業者または代理人・使用人・その他の従業者は、宅建業に係る契約の締結の勧誘をするに際し、次のことをしてはなりません。 ▶ 契約の目的物である**宅地または建物の将来の環境や交通その他の利便**について誤解させるべき断定的判断を提供すること ▶ 正当な理由なく、契約を締結するかどうかを判断するために必要な時間を与えることを拒むこと ▶ 勧誘に先立って宅建業者の商号や名称および勧誘を行う者の氏名ならびに契約の締結について勧誘をする目的である旨を告げずに、勧誘を行うこと ▶ 宅建業者の相手方等が契約を締結しない旨の意思（勧誘を引き続き受けることを希望しない旨の意思を含みます。）を表示したにもかかわらず、勧誘を継続すること ▶ 迷惑を覚えさせるような時間に電話したり訪問すること ▶ 深夜または長時間の勧誘その他の私生活または業務の平穏を害するような方法によりその者を困惑させること	なし ただし、業務停止処分対象行為
11	相手方等が契約の申込みの撤回を行うに際し、すでに受領した預り金を返還することを拒むことをしてはなりません。	なし ただし、業務停止処分対象行為
12	相手方等が手付を放棄して契約の解除を行うに際し、正当な理由なく、契約の解除を拒みまたは妨げることをしてはなりません。	なし ただし、業務停止処分対象行為

2 供託所等の説明は重要事項説明とは別？

物件の情報を説明する重要事項説明とは別に、取引に関わる宅建業者の信用情報として
共託所等の説明が必要です。

営業保証金を供託している場合	保証協会に加入している場合
① 営業保証金を供託した主たる事務所の もよりの供託所 ② その所在地	① 社員である旨 ② 当該一般社団法人(保証協会)の名称 ③ 住所および事務所の所在地 ④ 保証協会が弁済業務保証金を供託した 供託所およびその所在地

- 供託した額までは説明する必要はありません。
- 説明は口頭でも可。
- 取引士が説明する必要はありません。
- 相手方が宅建業者である場合は説明する必要がありません。

3 制限行為能力者の行為でも取り消せない？

個人業者の宅建業者(未成年者を除
く)が宅建業の業務に関し行った行為
は、行為能力の制限によっては取り消
すことができません。
たとえば、被保佐人個人が宅建業の
免許を取得して、宅建業の業務を行
った場合、それを理由に契約を取り消
すことができません。

保佐人

取消し ✕

宅建業者
(被保佐人)

保佐人の同意なく
宅建業に関し行った契約等

相手方

ひっかけ
二重否定
読み間違え

ひっかけポイント

「勧誘に際して手付を減額することは手付についての信用の供与に
あたる」という手にはのらないように！

合格 ポイント

ここに注意して学習

常識的な事項が多いので、そうでないものだけを暗記するにとどめ
ましょう。

15 従業者

物件を案内していたらお客様に従業者証明書を提示しろと言われた。提示する義務があるのかな?

A:提示する義務があります。

1 従業者証明書を携帯させないと罰金刑?

宅建業者の義務	▶ 宅建業者は、従業者※1 に、従業者証明書を携帯させなければ、その者をその業務に従事させてはなりません。 ▶ 従業者証明書を発行した者については、すべて従業者名簿に記載しなければなりません。
従業者の義務	従業者は、取引の関係者の**請求があったとき**は、従業者証明書を**提示しなければなりません**。※2
宅建業者への制裁	50 万円以下の罰金 業務停止処分

※1 従業者には、事務所等において宅建業者の業務に従事する者のほか、代表者(いわゆる社長)、非常勤の役員、単に一時的に事務の補助をする者が含まれます。なお、単に一時的に業務に従事する者に携帯させる証明書の有効期間は、他の者と異なり業務に従事する期間に限って発行します。

※2 取引士は、取引の関係者から従業者証明書の提示の請求があったときは、**取引士証の提示をもってこれに代えることができません**。

2 従業者を教育するのも宅建業者の役割？

宅建業者は、その従業者に対し、その業務を適正に実施させるため、必要な教育を行うよう努めなければなりません。

法的性質	**努力義務**(違反しても直接的な制裁はありません)
努力義務者	宅建業者
一般社団法人による研修	宅建業者を直接または間接の社員とする一般社団法人は、取引士その他宅建業に従事する従業者(従事しようとする者も含む)がその職務に関し必要な知識と能力を効果的かつ効率的に習得できるよう、法令、金融その他の多様な分野に係る体系的な研修を実施するよう努めなければなりません。

ひっかけポイント

「一時的なアルバイトの場合は従業者証明書を携帯させなくてもよい」という手にはのらないように！

ここに注意して学習

出題頻度の低い分野ですが、従業者証明書と取引士証の役割の違いと監督処分・罰則の違いは意識して学習しましょう。

16 クーリング・オフ

> 先週、自社のマンションを内覧したお客様から駅前の喫茶店で購入の意思を伝えられた。クーリング・オフされないためには？

A:クーリング・オフできる旨の書面を交付して告知しましょう。

1 クーリング・オフってなに？

内容	ある一定の状況の下で契約を結んだ者に、法定の期間内に限り、契約を解消することを認める制度です。
目的	適正な情報なしに、あるいは、強引に勧められて熟慮せずに契約を結んだ者に、自分のした決定に対して考え直す機会を与えることです。

2 一般消費者を守るのがクーリング・オフ？

買主や申込者がクーリング・オフをするには原則として次の要件を満たす必要があります。

契約当事者の要件	売主:宅建業者
	買主・申込者:**宅建業者以外**
契約・申込の場所の要件	事務所等**以外** ▶ 喫茶店等 ▶ 事務所等において買受けの申込みをし、事務所等以外の場所において売買契約を締結した場合は、クーリング・オフできません。つまり、**買受けの申込み場所を基準**にします。
主張できる人の要件	▶ 買受けの申込みをした者 ▶ 売買契約を締結した買主

3 クーリング・オフできなくなる場所

事務所等で買受けの申込み、または売買契約を締結した場合にはクーリング・オフできません。事務所等とは次の場所です。

場所の要件	専任の取引士	土地に定着する建物内に設置
事務所(本店、支店、継続的に業務を行うことができる施設を有する契約締結権限を有する使用人を設置する場所)	置かれている場所に限る	要件になっていない※1
継続的に業務を行うことができる施設を有する場所で事務所以外の場所		要件になっていない※1
一団の宅地建物の分譲を行う**案内所**※2		要件になっている
売却する宅地建物の代理や媒介の依頼を受けた他の業者の事務所または継続的に業務を行うことができる施設を有する事務所以外の場所		要件になっていない※1
一団の宅地建物の分譲の代理や媒介の**依頼を受けた他の業者の案内所**※2		要件になっている
宅建業者が案内所等で売買契約に関する説明をした上での移動先の宅地建物に関する**展示会場または催事場**※2		要件になっている
相手方が宅地建物の売買契約に関する説明を受ける旨を**申し出た場合におけるその相手方の自宅または勤務先**	—	要件になっていない※1

※1 当然に土地に定着している施設内にあることが想定されていると思われます。

※2 別荘地等の販売におけるテント張り、仮設小屋等の一時的かつ移動容易な施設は案内所に含まれません。それに対して、マンション分譲の場合のモデルルーム・戸建分譲の場合のモデルハウス等は案内所に含まれます。

事務所

専任の取引士がいる
土地に定着する案内所等

買主から申し出た場合の
買主の自宅・勤務先

4 通知を出して8日経てばクーリング・オフできない？

クーリング・オフできる旨の一定の記載がある書面※1を交付した上で、申込みの撤回等を行うことができる旨およびその申込みの撤回等を行う場合の方法を告げます。

売主業者

告げられた日から起算して8日を経過するとクーリング・オフできなくなります。※2

申込者・買主

※1　書面には、①申込者等の氏名（法人の場合は商号・名称）・住所、②売主業者の商号・名称・住所・免許証番号、③告げられた日から起算して8日を経過する日までの間は、宅地建物の引渡しを受け、かつ、その代金の全部を支払った場合を除き、書面によりクーリング・オフできること、④クーリング・オフがあったときは、宅建業者は、それに伴う損害賠償または違約金の支払を請求することができないこと、⑤クーリング・オフは、その旨を記載した書面を発した時に効力が生じること、⑥クーリング・オフがあった場合において、その買受けの申込みまたは売買契約の締結に際し手付金その他の金銭が支払われているときは、宅建業者は、遅滞なく、その全額を返還すること、を記載します。

※2　8日を経過した場合にはもはや申込みの撤回や締結された契約の解除ができなくなるという意味ではなく、その場合には、民法の原則に基づく申込みの撤回または契約の解除によることとなります。

5 引渡しを受け代金を払うとクーリング・オフできない？

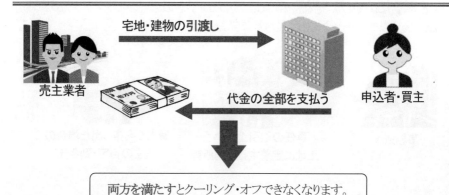

宅地・建物の引渡し

売主業者

代金の全部を支払う

申込者・買主

両方を満たすとクーリング・オフできなくなります。

6 クーリング・オフの意思表示には書面が必要?

方法	書面で行わなければなりません。
効果	▶ 申込みの撤回または契約の解除の効力は**書面を発した時**に生じます。 ▶ 受領した手付金その他の金銭をすみやかに返還しなければなりません。 ▶ **申込みの撤回等に伴う損害賠償または違約金の支払を請求することができません。**

7 違反した場合のまとめ

行為	処分等
クーリング・オフの要件に反する、申込者等に不利な内容を特約した場合	無効
クーリング・オフの適用がある場所で契約締結等を行った場合において、相手方に対してクーリング・オフをしない旨の合意を取り付ける行為	合意があってもクーリング・オフできる。
クーリング・オフ制度の適用がある場所で契約締結等を行ったにもかかわらず、相手方に対して、クーリング・オフができない旨を告げる行為やクーリング・オフをするには損害賠償または違約金が発生するなどを告げる行為	指示処分、業務停止処分
クーリング・オフを妨げるため相手方等を威迫する行為	
クーリング・オフを行うに際し、すでに受領した預り金を返還することを拒む行為	

ひっかけポイント

「宅建業者から申し出た場合の、買主の自宅で買受けの申込をした場合にはクーリング・オフできない」という手にはのらないように!

ここに注意して学習

複雑な事例問題が出題されます。問題に慣れておくことも忘れずに。

17 損害賠償額の予定・手付金・保全措置

保全措置を講じれば、代金の 20%を超える手付でも受領していいのかな？

A:保全措置を講じても手付として受け取ることはできません。

1 損害賠償・違約金の予定額は 20%が上限？

契約当事者の要件	売主:宅建業者 買主:宅建業者以外
額の上限	代金の額の 20%
違反行為	当事者の債務の不履行を理由とする契約の解除に伴う損害賠償の額を予定し、または違約金を定めるときは、これらを合算した額が代金の額の 20%を超えることとなる定めをしてはなりません。
違反した場合	違反する特約は代金の 20%を超える部分が無効となります。 ▶ クーリング・オフや手付額の特約のように、買主にとって不利な場合に限るという要件が課せられていません。 ▶ 予定額を定めなかった場合は、損害賠償額を立証して請求することができます。また、その際の賠償額に上限はありません。

＊ 民法における損害賠償額の予定の制度(127 頁参照)では 20%という上限がありません

2 手付の額も 20%が上限？

売買契約

売主業者

手付金の受領

買主

契約当事者の要件	売主:宅建業者 買主:**宅建業者以外**
手付額の上限	代金の額の20%
違反行為	売主業者は、売買契約の締結に際して、代金の額の 20%を超える額の手付を受領することができません。
性 質	▶ 宅建業者が、売買契約の締結に際して手付を受領したときは、その手付がいかなる性質のものであっても**解約手付の性質を有**します。 ▶ 解約手付とは、当事者の一方(相手方)が契約の履行に着手するまでは、買主はその手付を放棄して、宅建業者はその倍額を現実に提供して契約の解除をすることができる手付のことをいいます。 ▶ 契約の**相手方が契約の履行に着手した後**は解約手付で契約を解除できません。
違反した場合	上記の内容に反する特約で**買主に不利なものは無効**となります。

＊ 民法における手付金制度の場合(132 頁参照)、20%という上限はなく、自動的に解約手付となるという規定もありません。

3 手付金等を受領するには保証人が必要？

①手付金等の保全措置

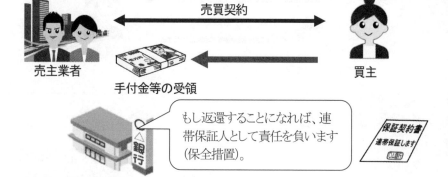

売買契約

売主業者　　　　　　　　　　　　　　　　　買主

手付金等の受領

もし返還することになれば、連帯保証人として責任を負います（保全措置）。

保証契約書
連帯保証します
○△前

契約当事者の要件	売主:宅建業者 買主:**宅建業者以外**
違反行為	宅建業者は、自ら売主となる宅地建物の売買に関してその引渡しまたは所有権の登記が行われるまでの間は、**保全措置を講じた後**でなければ、**原則として、**買主から**手付金等を受領する**ことができません。
保全措置が必要な手付金等とは？	手付金、中間金、内金等の名目を問わず、**売買代金として、売買契約締結の日から**物件の引き渡し前までに支払われるものをいいます。
保全措置をするのはいつ？	買主から手付金等を**受領する前**にしなければなりません。
違反した場合	宅建業者が保全措置を講じないときは、買主は手付金等を支払う必要がありません。

②保全措置の方法

保全措置とは	手付金等の返還債務について法定の機関が保証人になったり、売却物件の引渡しが完了するまで手付金等を預かっていたりする制度です。社長個人が保証人となる方法は採れません。	
	実際の方法	①銀行等による保証 ②保険事業者による保証保険 ③指定保管機関による保管（完成物件のみ）

③保全措置が要らない場合

売主業者

売買契約

手付金等の額が

買主

保全措置する
ことなく受領で
きます。

工事中！
未完成 ⇒ 代金の **5%以下かつ1,000万円以下**

完 成 ⇒ 代金の **10%以下かつ1,000万円以下**
または
買主に移転登記等をする

宅地の造成または建築に関する工事が完了しているか否かについては、売買契約時において判断すべきであり、また、工事の完了とは、単に外観上の工事のみならず内装等の工事が完了しており、居住が可能である状態を指します。

ひっかけポイント

「未完成物件の場合も指定保管機関による保管を行えば手付金等を受領できる」という手にはのらないように！

ここに注意して学習

保全措置が必要な「手付金等」と上限が規制される「手付金」を混同しないようにしましょう。

18 自己の所有に属しない物件の売買契約締結制限

停止条件が付いている売買契約で仕入れた他人の不動産は、一般の人に売ってはいけないの？

A：停止条件付きの売買契約では転売できません。

1 他人物や未完成の不動産を売却するのは難しい？

① 他人物の場合

─ 条件付き⇒売主業者は②の契約ができない。

①売買契約 ─

─ 予約付き⇒売主業者は②の契約ができる。

②売買契約（予約含む。）

売主業者　　　　　　　　　　　　　　　　　　　　買主

契約当事者の要件	売主：宅建業者 買主：**宅建業者以外**
違反行為	売主業者は、自己の所有に属しない物件（他人物）の売買契約（**予約も含みます**）を締結してはなりません。
例外	▶ 宅建業者が物件を取得する「契約」（予約を含みますが、その効力の発生が条件に係るものを除きます。）を締結している場合※1 ▶ 宅建業者が物件を取得できることが明らかな場合※2

※1　**物件の引渡しや登記を受けている必要はありません。**

※2　物件について、宅建業者が買主となる売買契約その他の契約であって、その物件の所有権をその宅建業者が指定する者に移転することを約するものを締結しているときなど。

②未完成物件の場合

契約当事者の要件	売主:宅建業者 買主:**宅建業者以外**
違反行為	売主業者は、自己の所有に属しない物件(未完成)の売買契約(予約も含みます)を締結してはなりません。
例外	▶ 未完成物件の売買契約であっても、銀行等による保全措置または保険事業者との間において締結する保証保険契約が講じられている場合(62頁参照)

2 未完成物件のまとめ

	いつまで	対象行為	効果
広告の開始時期	許可等を受けるまで	売買その他 (貸借も含む。)	広告ができない。
契約の締結時期	許可等を受けるまで	自ら売買・交換 代理して売買・交換 媒介して売買・交換	売買・交換の契約ができない。
手付金等の保全	完成時または所有権の登記時まで	自ら売買 (買主が宅建業者以外に限る。)	保全措置を講じなければ手付金等を受領できない。
自己の所有に属しない物件の売買契約締結の制限	保全措置が講じられるまで	自ら売買 自ら売買予約 (買主が宅建業者以外に限る。)	売買および売買予約ができない。

ひっかけポイント

「所有者から土地の購入の予約をした宅建業者が,その土地を宅建業者以外に停止条件付きで売買できない」という手にはのらないように!

ここに注意して学習

未完成物件については、①広告開始時期、②契約の締結時期、③手付金等の保全、④自己の所有に属さない場合の契約制限の4つが絡み合っています。整理しておきましょう。

19 担保責任についての特約の制限その他

重要度▶A

中古物件の売買の仲介をする際の契約書に「契約不適合責任は当該契約日から2年間とする」と記載しても大丈夫かな？

A：引渡し日から2年以上であれば有効です。

1 契約不適合責任についても制約が？

契約当事者の要件	売主：宅建業者 買主：宅建業者以外
違反行為	売主業者は、売買契約において、その目的物が種類または品質に関して契約の内容に適合しない場合におけるその不適合を担保すべき責任に関し、民法に規定する責任追及期間※より、買主に不利となる特約をしてはなりません。
例外	責任追及の期間を引渡しの日から2年以上とする特約は有効です。
違反した場合	買主に不利な特約は無効となり民法が適用されます。 たとえば、「契約不適合の責任は、目的物の引渡しの日から1年以内に売主にその旨を通知しなければならない」とする特約は無効となり、民法の規定により買主が契約不適合を知った時から1年間となります。

※ 民法566条では、「買主がその不適合を知った時から1年以内にその旨を売主に通知しないときは、買主は、その不適合を理由として、履行の追完の請求、代金の減額の請求、損害賠償の請求及び契約の解除をすることができない」としています。ただし、売主が引渡しの時にその不適合を知り、または重大な過失によって知らなかったときは、この規定が適用されない旨も定めています（136頁参照）。

2 ローンで販売した場合はすぐに解除できない？

契約当事者の要件	売主:宅建業者 買主:**宅建業者以外**
違反行為	賦払金の支払の義務が履行されない場合には、30 **日以上の相当の期間を定めてその支払を書面で催告**し、その期間内にその義務が履行されないときでなければ、賦払金の支払の遅滞を理由として、契約を解除し、または支払時期の到来していない賦払金の支払を請求することができません。
違反した場合	違反する特約は**無効**となります。 ▶ クーリング・オフや手付額の特約のように、**買主にとって不利な場合に限るという要件が課せられていません。**

3 所有権留保等は禁止されている？

契約当事者の要件	売主:宅建業者 買主:**宅建業者以外**
違反行為	割賦販売に係る不動産を買主に引き渡すまで(その不動産を引き渡すまでに代金の額の 30%を超える額の金銭の支払を受けていない場合は、**代金の額の 30%を超える額**の金銭の支払を受けるまで)に、登記その他引渡し以外の売主の義務を履行しなければなりません。
例外	買主が、その不動産につき所有権の登記をした後の代金債務について、抵当権もしくは先取特権の登記を申請し、または保証人を立てる見込みがないときは履行する義務はありません。

ひっかけポイント

「契約不適合責任に関する特約事項が無効だったときは引渡しから**2 年間となる**」という手にはのらないように！

ここに注意して学習

契約不適合責任については 2020 年に民法が大幅に改正されたので、宅建業法と比較して整理しましょう。

20 監督処分と罰則

先日、勤め先の宅建業者が重要事項説明書面の不備等で知事から指示処分を受けた。これはネットで公開されたりするのかな？

A:指示処分の場合は公告されません。

1 宅建業者に対する監督処分

監督処分	処分者※4	対象行為
指示処分 ※1	国土交通大臣 または 都道府県知事 （免許権者でなく てもよい）	①取引の関係者に対し損害を与える行為、または損害を与えるおそれが大であること ②取引の公正を害する行為、またはそのおそれが大であること ③他の法令違反行為 ④勤務する取引士が監督処分を受け宅建業者に帰責事由があること ⑤宅建業法違反行為 ⑥履行確保法違反行為
業務停止 ※2		①前記指示処分の対象行為①②に該当（認可宅地建物取引業者の行う取引一任代理等に係るものに限る。） ②前記指示処分の対象行為③④に該当 ③宅建業法のうち重要な規定違反行為 ④指示違反行為 ⑤処分（報告要求）違反行為 ⑥不正または著しく不当な行為
免許取消 ※3	免許権者	①免許基準について欠格事由にあたるとき ②不正手段により免許を取得したとき ③業務停止処分対象行為で情状が特に重いとき、または業務停止処分に違反したとき ④免許を受けてから1年以内に事業を開始せず、または引き続き1年以上事業を休止したとき（**正当な理由の有無を問わない**） ⑤免許換えの手続きを怠ったとき ⑥廃業等の届出がなく、その事実が判明したとき ⑦免許の条件に違反したとき（裁量）

※1 将来の発生防止または法を遵守するように方針等を示し、自主的な努力を促す措置。

※2 1年以内の期間で宅建業を営むことを一時的に禁止する措置。

※3 宅建業者に付与した免許を剥奪する措置。

※4 **国土交通大臣**は、その免許を受けた宅建業者が消費者の利益保護に係わる規定に違反した場合において、**指示・業務停止・免許取消**の処分をしようとするときは、あらかじめ、**内閣総理大臣に協議**しなければなりません。また、内閣総理大臣は、消費者保護行政を反映するため、上記の監督処分に関して**意見**を述べることができます。

2 取引士に対する監督処分

監督処分	処分者	対象行為
指示処分 ※1 事務禁止 ※2	都道府県知事 （登録先の知事 でなくてもよい）	①宅建業者に自己が専任の取引士として従事している事務所以外の事務所の専任の取引士である旨の表示をすることを許し、その宅建業者がその旨の表示をしたとき ②他人に自己の名義の使用を許し、その他人がその名義を使用して取引士である旨の表示をしたとき ③取引士として行う事務に関し不正または著しく不当な行為をしたとき。 ④指示処分に従わないとき（事務禁止）
登録消除 ※3	登録先の 都道府県知事	①登録欠格事由に当てはまった場合 ②不正の手段により登録を受けたり、取引士証の交付を受けたりしたとき ③指示の対象行為で情状が特に重いとき ④事務禁止処分に違反したとき ⑤取引士証の交付を受けていない者が取引士としてすべき事務を行い情状が特に重いとき

※1 宅建業法の遵守、違反行為の是正等の方針を示しこれを実施させる措置。

※2 1年以内の期間で取引士としてすべき事務を一時的に禁止する措置。

※3 取引士資格登録簿からその取引士または取引士資格者の氏名等を抹消し、その地位（資格）を剥奪する措置。

3 監督処分するには聴聞をしなければならない？

聴聞とは？	行政庁が行政処分を行うに先立って、その処分により不利益を受ける者に対し事前の告知、弁解、防御の機会を与える手続です。
対象処分	宅建業者に対する**指示**、業務停止、免許取消の処分 取引士に対する**指示**、事務禁止、登録消除の処分
方 法	▶ 聴聞期日の 1 週間前までに通知をし、聴聞の期日と場所を公示します。 ▶ 聴聞の期日における審理は**公開**により行われます。

4 違反行為はネットで晒される？（公告）

公告とは？	公的な機関が業者名・処分内容を公表することです。
対象処分	宅建業者に対する業務停止、免許取消の処分 ▶ 宅建業者に対する指示処分、**取引士に対する監督処分**は公告の対象とはなっていません。
方 法	国土交通大臣の処分：官報 都道府県知事の処分：公報またはウェブサイト

5 免許権者・登録先知事以外が処分すると通知報告が？

免許権者以外の業務を管轄する知事でも、業務停止と指示処分ができます。それを免許権者に知らせる必要があります。取引士の場合も同様に、業務を管轄する知事が登録先の知事に知らせる必要があります。

誰が	通知する場合	誰に
国土交通大臣	国土交通大臣が知事免許の宅建業者に業務停止処分※	免許権者である都道府県知事に通知
処分した都道府県知事	《宅建業者》 免許権者以外の都道府県知事が指示・業務停止処分をした場合 《取引士》 登録先以外の都道府県知事が指示・事務禁止処分をした場合	《宅建業者》 免許権者である国土交通大臣または都道府県知事に報告・通知 《取引士》 登録先の都道府県知事に通知

※ 取引一任代理等に係る場合

6 指導・助言・勧告という名の事実上の強制？

目　的	宅建業の適正な運営を確保し、または宅建業の健全な発達を図ること
性　質	指導・助言・勧告に法的拘束力はありません。
誰が誰に	▶ 国土交通大臣はすべての宅建業者に対して。 ▶ 都道府県知事は管轄する都道府県内で宅建業を営む宅建業者に対して。

7 大臣や知事は報告を求め検査できる？

目　的		宅建業者と取引士が宅建業法その他関係法令を順守して宅建業の適正な運営を確保しているかどうかを行政庁が把握し指導監督するため。	
権　限		▶ 報告要求 ▶ 立入検査(取引士は除かれます。)※1	
誰が誰に	国土交通大臣	▶ すべての宅建業を営む者 ▶ すべての取引士	
	都道府県知事	▶ 管轄する都道府県内で宅建業を営む者 ▶ 登録を受けている取引士 ▶ 管轄する都道府県内で事務を行う取引士	
	内閣総理大臣	▶ 国土交通大臣免許の宅建業者※2	

※1 立入検査をする職員は、その身分を示す証明書を携帯し、関係人の請求があったときは提示しなければなりません。

※2 内閣総理大臣は、一般消費者である買主・借主の利益の保護を図るために特に必要があると認められるときに限り報告要求・立入検査が許されます。ただし、あらかじめ、国土交通大臣に協議しなければなりません。

8 監督処分とは別に裁判所による刑事罰も？

①刑事罰

刑罰等の内容	対象行為
3年以下の懲役 300万円以下の罰金※1	▶ 不正手段による免許取得 ▶ 名義貸しで他人に営業させた ▶ 業務停止処分に違反して営業 ▶ 無免許営業
2年以下の懲役 300万円以下の罰金※1	▶ 重要な事実の不告知等の禁止違反

※1 法人等の代表者・代理人・従業者がその業務に関して対象行為を犯した場合は、その
個人に対する罰則とは別にその法人等に対して1億円以下の罰金刑が科せられます

刑罰等の内容	対象行為
1年以下の懲役 100万円以下の罰金※2	▶ 不当に高額の報酬を要求
6月以下の懲役 100万円以下の罰金※2	▶ 営業保証金供託の届出前の事業開始(事務所新設の場合に準用) ▶ 誇大広告等の禁止違反 ▶ 不当な履行遅延の禁止違反 ▶ 手付の信用供与による契約締結の誘引の禁止に違反
100万円以下の罰金※2	▶ 免許申請書類への虚偽記載 ▶ 無免許で宅建業者として営業表示・広告する行為 ▶ 名義貸しで他人に営業表示・広告させる行為 ▶ 専任の取引士の設置要件を欠く行為(2週間以内に必要な措置をとらない場合も同様) ▶ 報酬の限度額を超える報酬を受領する行為
50万円以下の罰金※2	▶ 変更の届出・案内所等の届出・信託会社の営業の届出を怠り、または虚偽の届出行為 ▶ 37条書面について必要な記載・記名・交付を怠る行為 ▶ 報酬額の掲示義務違反 ▶ 従業者に従業者証明書を携帯させない行為 ▶ 標識の掲示義務違反 ▶ 宅建業者の守秘義務違反※3 ▶ 使用人その他の従業者の守秘義務違反※3 ▶ 従業者名簿の備付け義務違反・記載不備・虚偽記載 ▶ 帳簿の備付け義務違反・記載不備・虚偽記載 ▶ 国土交通大臣・都道府県知事に報告を求められたのに

報告しなかった等
- ▶ 国土交通大臣・都道府県知事の立入検査の拒否・妨害・忌避
- ▶ 取引士が国土交通大臣・都道府県知事から報告を求められたのに報告しない行為

※2　法人等の代表者・代理人・従業者がその業務に関して対象行為を犯した場合は、その個人に対する罰則とは別に、その法人等に対して上表に記載した罰金刑が科せられます。

※3　告訴がなければ公訴を提起できません。

②秩序罰

以下の行為を行った取引士は **10 万円以下の過料**に処せられます。

①登録消除・取引士証失効による取引士証の返納義務に違反
②事務禁止処分による取引士証の提出義務に違反
③**重要事項説明で取引士証の提示義務に違反**

なお、秩序罰とは、行政上の軽微な義務違反に対して、犯罪とまではされずに科される罰則のことをいいます。また、過料は、刑罰ではなくあくまで行政上の罰則ですので、科料とは異なり前科にはなりません。

ひっかけポイント

「指示処分を受けたら免許権者により公告される」という手にはのらないように！

ここに注意して学習

公告、通知、指導について整理して覚えましょう。

21 住宅瑕疵担保履行法

> 新築住宅の販売を媒介する場合も、供託や保険契約などの措置をとらなければならないの？

A：自ら売主となる場合だけです。媒介業者にはその義務はありません。

1 新築販売の業者がする資力確保措置とは？

新築住宅の売主等は、住宅の品質確保の促進等に関する法律に基づき、住宅の主要構造部分等の契約不適合について、10年間の契約不適合責任を負います。

この責任の履行の確保等を図るため、売主業者は、保証金の供託、または保険に加入すること(資力確保措置)が義務付けられています。

なお、資力確保措置は**買主が宅建業者の場合は適用がありません**。

①供託

内容	供給した新築住宅の補修に要する費用等の支払いが履行できるように、過去の供給戸数に応じて算定された金額の現金等を供託所に預け置くものです。
説明	**宅建業者**は、**自ら売主となる新築住宅**の買主に対し、新築住宅の**売買契約を締結するまでに**、その住宅販売瑕疵担保保証金の供託をしている供託所の所在地その他住宅販売瑕疵担保保証金に関し国土交通省令で定める事項について、これらの事項を記載した**書面を交付して説明**しなければなりません。
供託額	基準日から過去10年間にさかのぼり引き渡した新築住宅の戸数※に応じて算定した額の保証金

※ 販売新築住宅のうち、その床面積の合計が 55 ㎡以下のものは、その2戸をもって1戸とします。

②保険

内容	国土交通省が指定する住宅瑕疵担保責任保険法人との間で、瑕疵が判明した場合に保険金を支払うことを約した保険契約を締結するもの
要件	▶ **宅建業者が保険料を支払います。** ▶ 宅建業者の瑕疵担保責任の履行による損害を填補します。 ▶ 宅建業者が相当の期間を経過しても契約不適合責任を履行しない場合には買主の請求に基づき損害を填補します。 ▶ 保険金額が 2,000 万円以上 ▶ 10 年以上の期間有効な契約

2 定期的に免許権者に報告する義務がある？

内　容	宅建業者は、年1回の基準日※に、供託や保険契約の締結状況を国土交通大臣または都道府県知事に対して報告する義務があります。
届出内容	基準日※に、当該基準日までの過去10年間に引き渡した新築住宅の戸数、そのうち供託により履行確保措置を講じた戸数および保険加入により履行確保措置を講じた戸数、その内容を証する供託書の写しまたは保険契約を証する書類など
届出期限	**基準日から3週間以内**
罰　則	▶ 届出しない場合や虚偽の届出をした場合は50万円以下の罰金 ▶ 供託等の資力確保措置を講じていない場合、届出をしていない場合はその**基準日の翌日から50日を経過した日**から新たに**請負契約、売買契約**をすることができません。 ▶ 契約をすると1年以下の懲役または100万円以下の罰金

※ 3月31日が基準日となります。基準日に、実際に供託している供託金の額が過去の供給戸数に応じて供託すべき金額を上回った場合は、その部分を供託所から取り戻すことができますが、不足が生じれば供託金の積増しが必要になります。

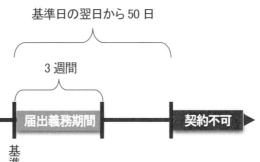

基準日の翌日から50日

3週間

届出義務期間　　契約不可

基準日

国土交通大臣または都道府県知事

年1回基準日の状況を届出

宅建業者

ひっかけポイント

「供託所の所在地等について記載した書面の交付と説明を新築住宅の引渡しまでに行えばよい」という手にはのらないように！

ひっかけ　二重否定　読み間違え

ここに注意して学習

合格ポイント

資力確保措置と届出と供託所等の説明の3つが重要です。

Part2　権利関係

民法の三大原則

権利能力平等の原則	すべての人は等しく権利義務の帰属主体となる資格(権利能力)を有すること
私的自治の原則	私法上の法律関係については、個人が自由意思に基づき自律的に形成することができること
所有権絶対の原則	所有権は、何ら人為的拘束を受けず、侵害するあらゆる他人に対して主張することができる完全な支配権であること

出　題	問1〜問14(14問)
合格ライン	9問以上正解
最低学習時間	2か月
出題頻度の高いもの	意思表示　代理　物権変動　建物区分所有法　不動産登記法　債務不履行と契約不適合責任　不法行為　相続　賃貸借

1 権利能力・意思能力・制限行為能力

重要度▶B

> 土地を購入したあなたに、保佐人と名乗る人から連絡があり、同意がないから取り消したいと言われたら、どうすれば？

A:被保佐人であることを積極的に隠していた場合は取り消せません。

1 権利を主張できるのは人だけ？（権利能力）

権利能力とは	権利・義務の主体となるための地位・資格をいいます。民法はすべての「人」に対して平等に権利能力を認めています。			
人とは	人とは**自然人**と**法人**をいいます。			
	自然人	原則	生身の人間で、出生から死亡※するまで。	
		例外	**不法行為に基づく損害賠償請求、相続、遺贈**について胎児は**生まれたものとみなされます。**	
	法人	原則	自然人以外で、法律上、権利・義務の主体になることができるものをいいます。	
		例外	権利能力なき社団（組織がしっかりとした団体など）の財産は、社団の構成員に**総有的**に帰属します。つまり、債権者に対して構成員は個人責任を負いません。ただし、**不動産については個人名義（代表者等）で登記する**か、**社団構成員全員の共有名義で登記し**なければなりません。	
	※　失踪宣告があった場合は死亡したものとみなされます。失踪宣告とは、不在者の生死不明の状態が長期化した場合に、利害関係人の地位を確定するため、一定要件下で不在者を死亡したものとして扱い、相続、再婚、遺族補償、死亡保険金等の効果を生じさせる制度です。 なお、失踪者が生存することの証明があった場合、家庭裁判所は、本人または利害関係人の請求により、失踪宣告を取り消します。そして、その取消しは、**失踪の宣告後その取消し前に善意でした契約等の効力に影響を及ぼしません**。善意であったことが要求されるのは契約等の相手方だけでなく、その一方当事者の相続人であった者にも要求されます（大判昭和13年2月7日）。			
効果	効果が帰属しません。			

2 乳児は契約しても無効？（意思能力）

定　義	効　果
意思能力とは、自分の行っていることの意味を理解できる能力	意思能力のない者の行った行為は**無効**です。取り消すことはできません。

3 未成年者は一人前とはいえない？（制限行為能力）

①要件と保護者の選任等

	未成年者	成年被後見人	被保佐人	被補助人
要件	18歳未満の者	精神上の障害により事理を弁識する能力を**欠く常況**にある者	精神上の障害により事理を弁識する能力が**著しく不十分**なる者	精神上の障害により事理を弁識する能力が**不十分**なる者
		一定の者※1の請求により**家庭裁判所が開始の審判**		
保護者	法定代理人※2	成年後見人※3	保佐人※3	補助人※3

※1 本人・配偶者・四親等内の親族・検察官等の請求が必要です。ただし、被補助人に関しては、本人以外の者の請求により**補助開始の審判**をするには、**本人の同意**がなければなりません。

※2 未成年者に対する法定代理人は、親権者（通常は父母）または未成年後見人がなります。未成年後見人は、親権者の**遺言による指定**や家庭裁判所により選任されます。

※3 家庭裁判所が審判において職権で選任します。

②保護の方法

同意	制限行為能力者が行う契約等を肯定する意思表示をいいます。同意を与えた上での契約等は取り消すことができなくなります（**成年被後見人の場合は除く**）。
取消	制限行為能力者が行った契約等の効果を後で否定することをいいます。**取り消すとはじめから無効な契約等だった**ということになります。
追認	取り消すことができる制限行為能力者の行為を確定的に有効なものとする意思表示をいいます。**追認すると取り消すことができなくなります**。
代理	制限行為能力者に代わって契約等を成立させるための意思表示を行い、あるいは意思表示を受けることによって、その法的な効果が制限行為能力者に直接生じる制度をいいます。代理権の範囲は法律に定められています。

③同意権・取消権

未成年者	成年被後見人	被保佐人	被補助人
原則 法律行為をするには法定代理人の同意が必要です。 ▶ 同意がなかった場合は取り消すことができます。	**原則** 法律行為を取り消すことができます。 ▶ 同意があった場合でも取り消すことができます。	**原則** **一定の法律行為**※1 をするには保護者の同意が必要です。 ▶ 同意（または許可）がなかった場合は取り消すことができます。	**原則** **特定の法律行為**※2 をするには保護者の同意が必要です。 ▶ 同意（または許可）がなかった場合は取り消すことができます。
例外 ①単に権利を得または義務を免れる法律行為、②法定代理人が処分を許した財産（お小遣い等）の処分行為、③**法定代理人が許可した特定の営業行為**の3つについては同意が不要です。	**例外** 日用品の購入その他日常生活に関する行為については取り消すことができません。	**例外** ▶ 保護者（保佐人・補助人）が被保護者（被保佐人・被補助人）の利益を害するおそれがないにもかかわらず同意をしない場合は、家庭裁判所が同意に代わる許可を与えることができます。 ▶ 日用品の購入その他日常生活に関する行為については、同意は不要です。	

制限行為能力者が行為能力者であることを信じさせるため**詐術**を用いたときは、その行為を**取り消すことができません。**

※1 ① 元本を領収し、または利用する。
   ② 借財または保証をする。
   ③ **不動産その他重要な財産に関する権利の得喪を目的とする行為をする。**
   ④ 訴訟行為をする。
   ⑤ 贈与、和解または仲裁合意をする。
   ⑥ 相続の承認もしくは放棄または遺産の分割をする。
   ⑦ 贈与の申込みを拒絶し、遺贈を放棄し、負担付贈与の申込みを承諾し、または負担付遺贈を承認する。
   ⑧ 新築、改築、増築または大修繕をする。
   ⑨ 一定期間（土地5年、建物3年）を超える賃貸借をする。
   ⑩ **上記①〜⑨に掲げる行為を**制限行為能力者の法定代理人としてする。
   ▶ 家庭裁判所は、本人や配偶者等の請求により、前記①〜⑩に掲げる行為以外でも同意を必要とする旨の審判をすることができます。

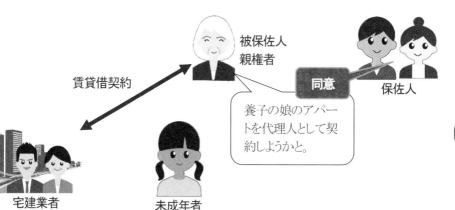

※2 特定の法律行為とは、保佐人の同意を要する行為(前記※1 を参照)の一部に限ります。また、本人(被補助人)以外の者の請求によって、補助人に対して同意権を付与する場合には、本人(被補助人)の同意が必要となります。

④追認権

未成年者	成年被後見人	被保佐人	被補助人
原則			
保護者が追認すると取り消すことができなくなります。			
例外			
▶ 全部または一部の履行、履行の請求等があったときは、追認をしたものとみなされます(法定追認)。			
▶ 制限行為能力者の相手方は、その保護者に対し、**1か月以上の期間**を定めて、その期間内にその取り消すことができる行為を追認するかどうかを確答すべき旨の催告をすることができ、**期間内に確答を発しないときは、その行為を追認したものとみなされます。**			
			相手方は、被保護者(被保佐人・被補助人)に対しては、上記の期間内にその保護者の追認を得るべき旨の催告をすることができ、被保護者がその期間内にその追認を得た旨の通知を発しないときは、その行為を取り消したものとみなされます。

⑤代理権

未成年者	成年被後見人	被保佐人	被補助人
《代理権の有無》 保護者(親権者・未成年後見人・成年後見人)は被保護者(子・成年被後見人等)の財産関係の法律行為について代理権を有します。		**《代理権の有無》** 本人、配偶者、四親等内の親族等の請求により、特定の法律行為について家庭裁判所が保護者(保佐人・補助人)に代理権を付与することができます。※1	
《被保護者の行為を目的とする場合》 被保護者(子・成年被後見人・被保佐人・被補助人等)の行為を目的とする債務を生ずべき場合※2には、**本人の同意を得なければなりません。**			
《利益相反行為》 親権者や未成年後見人と子の間の**利益が相反する行為**については、特別代理人を選任することを家庭裁判所に請求しなければなりません(未成年後見において後見監督人がいる場合は請求不要です)。	**《利益相反行為》** 成年後見人と成年被後見人との**利益が相反する行為**については、保護者は、特別代理人を選任することを家庭裁判所に請求しなければなりません(後見監督人がいる場合は請求不要です)。	**《利益相反行為》** 保護者(保佐人・補助人)と被保護者(被保佐人・被補助人)との**利益が相反する行為**については、保護者は、臨時の保護者の選任を家庭裁判所に請求しなければなりません(保佐監督人・補助監督人がいる場合は請求不要です)。	
	《居住用不動産についての許可》 保護者は、被保護者に代わって、その**居住**の用に供する建物またはその敷地について、売却、賃貸、賃貸借の解除または抵当権の設定その他これらに準ずる処分をするには、**家庭裁判所の許可を得なければなりません。**		

※1 本人(被保佐人・被補助人)以外の者の請求によって、保佐人・補助人に対して代理権を付与するときは、本人の同意が必要となります。

※2 子・成年被後見人・被保佐人・被補助人等の行為を目的とする債務を生ずべき場合とは、前者を労務者とする雇用契約や受任者とする委任契約を締結する場合等をいいます。

⑤後見制度

後見には成年後見と未成年者にそれを保護・監護する親権者が欠けたときなどに行われる未成年後見があります。

	未成年後見	成年後見
後見開始の審判の要件	未成年者に対して親権を行う者がないとき、または、親権者が管理権を有しないとき	精神上の障害により事理を弁識する能力を欠く常況
後見人の選任	未成年者に対して最後に親権を行う者は、**遺言**により未成年後見人を指定することができます（原則）。それがない場合等は、親族等の利害関係人の請求によって、家庭裁判所が選任します。 ▶ 未成年後見人が複数の場合は共同して権限を行使します。	家庭裁判所は職権で成年後見人を選任します。 ▶ 後見人は配偶者等に限定されません。 ▶ 必要があれば、複数の成年後見人を選任することもできます。
後見人在職中の事務	被後見人の財産を管理し、その財産に関する法律行為について被後見人を代表します。ただし、被後見人の行為を目的とする債務を生ずべき場合には、本人の同意を得なければなりません。	
	身上についての監護教育する義務と、居所指定権・懲戒権・職業許可権があります。	成年被後見人の婚姻・離婚・養子縁組・離縁などについて権限はありません（原則）。
		居住の用に供する建物等について、売却等の処分をするには、家庭裁判所の許可が必要です。
後見監督人の職務	①後見人の事務の監督 ②後見人が欠けた場合の選任請求 ③急迫時の必要な処分 ④利益相反行為についての被後見人の代表	

ひっかけポイント

意思無能力者の行為は「取り消すことができる」という手にはのらないように！

ここに注意して学習

制限行為能力は宅建業法の免許基準や登録基準にも関連する重要な知識です。

2 意思表示

重要度▶A

購入した土地について、所有者と名のる人から連絡が。どうやらだまされて転売された土地だったようで、取り戻したいと…。

A：善意・無過失であることを証明できれば勝ち目があります。

1 錯誤・詐欺・強迫による意思表示は取り消せる？

AがBに不動産を売却した後、BがそれをCに転売した場合

	AB間での効力	第三者Cが↓	取消しをCに対抗できるか
錯誤	売買契約 A←（取消し）→B 表意者・表意者 無効になる	善意・無過失	できない※
		悪意・有過失	できる
詐欺		善意・無過失	できない※
		悪意・有過失	できる
強迫		善意・無過失	できる
		悪意・有過失	

※ 第三者は契約の時に善意・無過失であればよく、その後に悪意・有過失となっても保護されます。また、第三者は善意・無過失でありさえすればよく、登記を備えていなくても保護されます。

《第三者が詐欺・強迫した場合は？》

相手方に対する意思表示について第三者が詐欺を行った場合、相手方が善意・無過失のときは取り消すことができません。それに対して、強迫の場合は相手方が善意・無過失のときでも取り消すことができます。

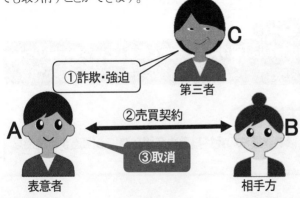

詐欺取消…善意・無過失の相手方に対抗できない
強迫取消…善意・無過失の相手方に対抗できる

84

2 錯誤には二種類ある？

錯誤の種類	表示内容の錯誤:意思表示に対応する意思を欠く錯誤 基礎事情の錯誤:表意者が法律行為の基礎とした事情についてのその認識が真実に反する錯誤
取消しの要件	▶ その錯誤が法律行為の目的及び取引上の社会通念に照らして**重要**なものであること ▶ 錯誤が表意者の**重大な過失**によるものでないこと※1 ▶ 基礎事情の錯誤の場合は、その事情が法律行為の基礎とされていることが**表示されていた**ときに限り、取り消すことができます。※2

Part
2
権利関係

※1 ただし、①相手方が表意者に錯誤があることについて悪意または重過失によって知らなかったときや、②相手方が表意者と同一の錯誤に陥っていたときは取消しできます。

※2 基礎事情が**黙示的**に表示されているときでも錯誤を理由に取り消すことができます。

3 嘘を付いたら無効？（意思表示の無効）

A が B に不動産を売却した後、B がそれを C に転売した場合

	AB 間での効力	第三者 C が↓	無効を C に対抗できるか
虚偽表示	売買契約 A ── 無効 ── B 表意者 取り消さなくても無効	善意	できない※1
		悪意	できる
心裡留保※2		善意	できない※1
		悪意	
公序良俗違反		善意	できる
		悪意	

※1 第三者は**契約の時に善意**であればよく、その後に悪意となっても保護されます。**第三者は善意でありさえすれば、過失があっても、登記を備えていなくても保護されます。**

※2 表意者が**真意**ではないことを知りながらする意思表示（心裡留保）は原則として有効ですが、相手方が、真意ではないことを知り（悪意）、または知ることができた（有過失）ときは無効です。

4 相手方と通謀すると虚偽表示？

要　件	▶ 有効な意思表示があるかのような外観を当事者が作り出したこと ▶ 意思表示の外観から推断されるような内心的効果意思が当事者間に存在しないこと ▶ 表意者が自分でそのことを知っていること ▶ 真意と異なる表示をすることについて相手方と通謀すること

5　虚偽表示で無効となっても第三者に迷惑かけたらダメ？

虚偽表示は契約当事者間では無効ですが、虚偽の見た目を信じて取引関係に入った第三者には「無効だから不動産を返せ」等とはいえません。

ただし、すべての第三者が保護されるわけではなく、以下の者が第三者として保護されます。

第三者とは？	虚偽表示の当事者およびその承継人（相続人など）以外の者で、虚偽表示の外形について新しく**法律上の利害関係**をもつようになった者をいいます。「法律上の利害関係」とは、虚偽表示によって無効になることで権利を失ったり義務を負う立場を意味します。
第三者に あたる具体例	① Aが所有する甲土地につき、仮装譲受人B名義の甲土地を差し押さえたBの債権者C ② Aが所有する甲土地につき、AとBの間には債権債務関係がないにもかかわらず、両者が通謀の上でBのために抵当権を設定し、その旨の登記がなされた場合に、Bに対する貸付債権を担保するためにBから転抵当権の設定を受けた債権者C ③ AとBが通謀の上で、Aを貸主、Bを借主とする金銭消費貸借契約を仮装した場合に、当該仮装債権をAから譲り受けたC ④ Aが所有する甲土地につき、仮装譲受人Bから悪意のCへ、さらにCから譲り受けた善意のD

6 保護されない第三者もいる？

法律上の利害関係を有しない者として、保護されない者もいます。

第三者に あたらない 具体例	① Aが所有する甲土地につき、仮装譲受人Bが甲土地の所有権を有しているものと信じてBに対して金銭を貸し付けたC ② Aが所有する甲土地につき、仮装譲受人Bが甲土地上に建物を建築してこれを賃借したC※

※ 最判昭和57年6月8日

　土地の仮装譲受人Bがその土地上に建物を建築してこれをCに賃貸した場合、その建物賃借人Cは、仮装譲渡された土地については法律上の利害関係を有するものとは認められないから、民法94条2項所定の第三者にはあたりません。

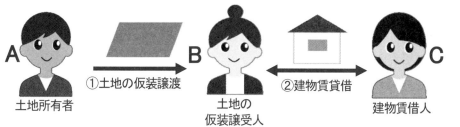

A　土地所有者　　①土地の仮装譲渡　　B　土地の仮装譲受人　　②建物賃貸借　　C　建物賃借人

ひっかけポイント

虚偽表示の無効、詐欺の取消も、それを信頼して取引関係に入った第三者は「登記があれば保護される」という手にはのらないように！

ここに注意して学習

超頻出分野です。特に虚偽表示と錯誤が重要です。また、出題の中心は判例です。重要な判例は事案と共に結論をしっかり覚えましょう。

3 代理

代理人のふりをした人と建物の売買契約をしてしまった。すでにその人は代金を持ち逃げしてしまった。どうすれば？

A:表見代理を主張して建物を手に入れることもできます。

1 代理が成立するとどうなるの？（代理の要件と効果）

要件	▶ 代理権の授与 ▶ 本人のためにすることを示す ▶ 代理人による有効な代理行為(契約)
効果	代理行為の効果が本人に帰属します。

2 誰でも代理人になれるの？（代理人の選任と要件効果）

選任	法定代理	一定の関係（未成年の親等）、協議（父母の協議による親権者等）、裁判所による指定(後見人等)
	任意代理	委任契約、請負契約、組合契約、雇用契約等
要件と効果	▶ 任意代理の場合、意思能力さえあれば制限行為能力者でも代理人とすることができます。 ▶ 制限行為能力を理由にして、代理人の行った契約等を取り消すことはできません。ただし、制限行為能力者が、他の制限行為能力者の法定代理人だった場合には、その制限行為能力者が、他の制限行為能力者を本人としてした行為（法定代理としてした行為に限ります。）について取り消すことができます。	

3 死亡すると代理権は消滅する？（代理権の消滅）

		死亡	破産	後見開始	解約告知※1
任意代理	本人	消滅する		消滅しない	消滅する
	代理人			消滅する※2	
法定代理	本人	消滅する	消滅しない	消滅しない	
	代理人		消滅する	消滅する	

※1 委任契約は、委任者と受任者との間の信頼関係に基づいて成立するものであるため、特に理由は必要とせず、いつでも、どちらからでも解除することができます。

※2 新たに代理権を与える場合は、代理人が制限行為能力者や破産者でもかまいませんが、代理人になってから、こうした事情が発生した場合には代理権は自動的に消滅します。

4 代理人の代理人？（任意代理と法定代理の比較）

	任意代理	法定代理
復任権	原則:復代理人を選任できません。 例外:①本人の許諾を得たとき、または②やむを得ない事由があるときは、復代理人を選任できます。	自己の責任で復代理人を選任することができます。
代理人の責任	代理人は、復代理人の代理行為により本人に損害を生じさせたとき、債務不履行責任を負います。	原則:復代理人に過失があれば、法定代理人に過失がなくても責任を負います。 例外:やむを得ない事由があるときは、選任・監督責任のみを負います。
復代理人の権限	▶ 復代理人は、その権限内の行為について、**本人を代表**します。 ▶ 復代理人は、本人及び第三者に対して、**その権限の範囲内において**、代理人と同一の権利を有し、義務を負います。 ▶ 復代理人は、**本人の名**で代理行為を行い、その効果は本人に帰属します。	

Part
2
権利関係

5 自己契約・双方代理・利益相反行為は無権代理？

自己契約	Aから不動産売却の代理権を与えられたBが、自ら買主となってAB間に売買契約を成立させる場合のように、**同一人物が代理人でもありその契約の相手方でもある行為**をいいます。
双方代理	Bが一方では売主Aの代理人となり、他方では買主Cの代理人となってAC間に売買契約を成立させる場合のように、**同一人物が契約当事者双方の代理人となる行為**をいいます。
利益相反行為	Aが、Bの代理人として、Aの借入金債務を被担保債権とする抵当権をB所有の不動産上に設定する契約を、債権者Cとの間で締結する場合のように、**代理人と本人との利益が相反する行為**をいいます。
効果	原則：無権代理とみなされます。 例外：次のいずれかの場合は無権代理とはなりません。 　　①本人があらかじめ**許諾**した場合 　　②移転登記等の**債務の履行**（利益相反行為は除く）

6 代理人と名乗らずに契約すると効果帰属しない？

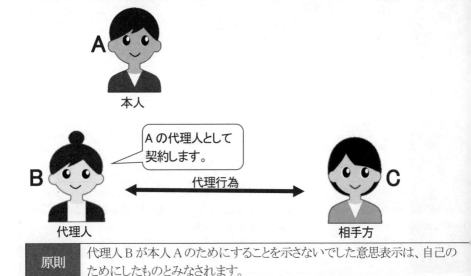

A
本人

Aの代理人として
契約します。

B
代理人　　　代理行為　　　相手方　C

原則	代理人Bが本人Aのためにすることを示さないでした意思表示は、自己のためにしたものとみなされます。
例外	相手方Cが、代理人Bが本人Aのためにすることを知り、または知ることができたときは、AC間に効果が帰属します。

7 代理人が相手方から騙されたら？

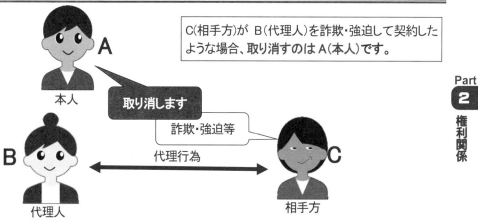

C（相手方）が B（代理人）を詐欺・強迫して契約したような場合、取り消すのは A（本人）です。

原則	意思表示の効力が意思の不存在、詐欺や強迫等によって影響を受けるような場合には、その事実の有無は、B（代理人）を基準に判断します。
例外	特定の法律行為をすることを委託された B（代理人）がその行為をしたときは、A（本人）は、自ら知っていた事情（または過失により知らなかった事情）について、代理人が知らなかったことを主張することができません。

8 無権代理人と契約した相手方が採れる手段は？

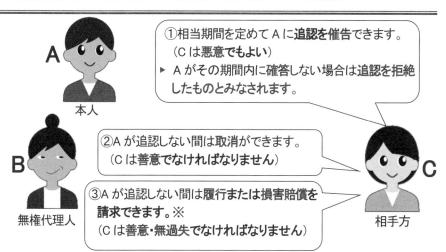

①相当期間を定めて A に**追認**を催告できます。
（C は悪意でもよい）
▶ A がその期間内に確答しない場合は**追認を拒絶**したものとみなされます。

②A が追認しない間は**取消**ができます。
（C は**善意**でなければなりません）

③A が追認しない間は**履行または損害賠償を請求**できます。※
（C は**善意・無過失**でなければなりません）

※ B が自分に**代理権がないことを知っていた**とき、C は**善意**であればよく**無過失までは要求されません**。なお、B が制限行為能力者だった場合は責任追及できません。

3 代理 91

9 代理人が代金を着服したら？（代理権の濫用）

A
本人

代理人が自己または第三者の利益を図る目的で**代理権の範囲内の行為をした場合でも、相手方がその目的について悪意または過失があれば無権代理行為とみなされます。**

Aの不動産の売却⇒無権代理とみなされる

B
代理人

代金を着服してにげちゃおうかな。

Bのことだから代金は使い込むだろうな。

C
相手方

10 無権代理の後に相続があると？（無権代理と相続）

無権代理人が本人を相続した場合	**無権代理行為は相続とともに当然有効となります。** ただし、本人が無権代理行為の追認を拒絶していた場合は有効になりません。
本人が無権代理人を相続した場合	**無権代理行為は当然には有効となりません。** ただし、相手方が善意・無過失の場合、無権代理人に対して追及できた責任（不動産のような特定物の場合は損害賠償責任のみ）を、それを相続した本人に対しても追及できます（通説）。
共同相続した場合	無権代理人が本人を他の相続人とともに共同相続した場合、無権代理行為の追認は共同相続人全員が共同して行う必要があるので、無権代理人の相続分に相当する部分についても無権代理行為が当然に有効となることはありません。

1 無権代理でも本人が責任を取る場合が？（表見代理）

表見代理とは、代理権がないにもかかわらず、あたかも代理権があるかのように見える場合に、信頼して取引関係に入った者を保護するため、代理の効果を認める制度です。

A
責任あり

Aの責任※
①代理人が権限外の行為をした。
②以前、**代理権を与えていた**。
③代理権を与えていないのに**与えたかのような表示**※を行った。

Cができること
Cが善意・無過失（①の場合は「信ずべき正当な理由」が要件）のときは、本人に効果を帰属させることができます。

B
無権代理人

無権代理行為

C
相手方

Part
2
権利関係

※ 代理権を与えた旨の表示とは、ある人が自分の代理人であることを一般に信頼させるような行為をすることを許容する場合をすべて含みます。たとえば、AからBに「白紙委任状」を交付することは、その目的がどうであっても、Bからその白紙委任状を見せられたCに対しては、AはBを自分の代理人とする旨を表示したことになります。

《代理権授与の表示による表見代理＆権限外の行為の表見代理》
表示の範囲外の行為をした場合（③＋①）や、以前与えていた代理権の範囲外の行為をした場合（②＋①）に、Bに代理権があると信ずべき正当な理由がCにあるときも表見代理が成立し、Aは責任を負わなければなりません。

ひっかけポイント

ひっかけ
二重否定
読み間違え

代理人が騙されたときは「代理人が取り消せる」という手にはのらないように！

ここに注意して学習

合格ポイント

ほぼ毎年出題されます。確実に1点ゲットしましょう。自己契約と双方代理、無権代理と表見代理が特に重要です。

4 条件と期限

重要度▶C

所有するマンションが2,000万円以上で売却できれば、お勧めの物件を購入するという契約は有効?

A:停止条件付の売買契約として有効です。

1 条件・期限とは?

条件	成否不確実な事実に関するもの	停止条件…法律行為の効力の発生に関する条件 解除条件…法律行為の効力の消滅に関する条件
期限	成否確実な事実に関するもの	確定期限…到来することが確実でその時期が確定しているもの 不確定期限…到来することは確実だがいつくるかわからないもの

住宅ローンの審査が通らなかったら、この売買契約はなかったことにしましょう。

解除条件

A
売主

売買契約

B
買主

自宅が2,000万円以上で売れたら、そのマンションの引渡と代金支払いを完了しましょう。

停止条件

2 条件が成就するのを邪魔されたら？

やってはいけないこと	やってしまった場合
条件付の契約の各当事者は、条件が成就した場合にその契約から生ずる相手方の利益を害することができません。	条件が成就することによって不利益を受ける当事者が故意にその条件の成就を妨げたときは、相手方は、その**条件が成就したものとみなす**ことができます。

Part 2 権利関係

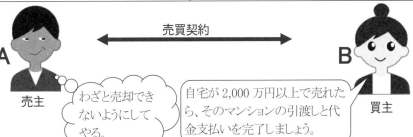

売主 A　←　売買契約　→　B 買主

わざと売却できないようにしてやる。

自宅が2,000万円以上で売れたら、そのマンションの引渡しと代金支払いを完了しましょう。

3 条件が成就する前に死亡したら？

条件の成否が未定である間における当事者の権利義務は、一般の規定に従い、**処分**し、**相続**し、もしくは**保存**し、またはそのために**担保を供する**ことができます。

処分	条件付き権利を譲渡したり、放棄したりすること
相続	条件付きの権利を相続すること
保存	仮登記などの対抗要件の具備、時効の更新、妨害の排除、訴えの提起などをすること
担保	条件付きの債権に抵当権や保証人を付けたりすること

ひっかけポイント

ひっかけ
二重否定
読み間違え

停止条件の成否未定の間に死亡して相続が開始された場合に、「相続人はこの契約の権利・義務を相続することができない」という手にはのらないように！

ここに注意して学習

合格ポイント

期限は時効や債務不履行に、条件は宅建業法の自ら売主制限や相続でも出てくる重要な制度です。しっかり理解しておきましょう。

5 時効

重要度▶A

購入した土地にマンションを建設するため現地調査に行ったら、隣の家の塀が境界線を越えてこちら側に。どうすれば？

A:時効が完成する前に塀の撤去を要請するべきです。

1 時効が完成するとその効力は起算日にさかのぼる？

時効の効力	時効の種類	起算日	派生的効果
起算日にさかのぼります。	取得時効の場合	取得時効が完成すると起算点※から権利を有していたことになります（原始取得）。	それまでの占有は不法占拠ではなくなります。
	消滅時効の場合	消滅時効が完成するとその起算点の日の翌日から権利を有していなかったことになります。	それまでの遅延損害金も支払う必要がなくなります。

※ 取得時効の起算点は、時効援用者において任意に選択したり、時効完成の時期を早めたり遅らせたりすることはできず、起算点は占有開始時に固定されます。

2 時効は援用しないと効力が生じない？

内 容	当事者が援用しなければ、裁判所がこれによって裁判をすることができません。
当事者とは？	時効により直接に利益を受ける者をいいます。 ▶ 消滅時効にあっては、保証人(D)、物上保証人(C)、第三取得者(E)その他権利の消滅について正当な利益を有する者をいいます（次頁の図を参照）。 ▶ 後順位抵当権者(F)は、先順位抵当権者の被担保債権の消滅時効を援用できません。
時効の援用ができない場合	消滅時効が完成した後に債務を承認した債務者は、承認した時点において時効完成の事実を知らなくても、信義則上消滅時効を援用できません。

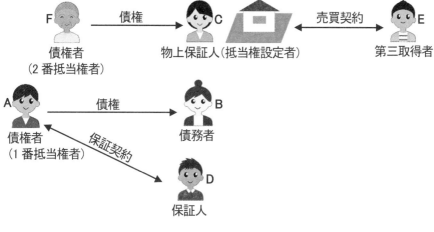

3 あえて時効を援用しないという選択もあり？

内　容	関連知識
時効の利益はあらかじめ放棄することができません。ただし、**時効完成後に放棄することはできます。**	▶ 主債務者が主債務の消滅時効の利益を放棄しても、保証人や物上保証人は主債務の消滅時効を援用することができます。 ▶ 時効が完成していることを知らない場合には弁済がされても時効利益の放棄があったと推定することは許されません。

4 時効はいつ止まり、いつ再スタートするの？

①定義

時効の完成猶予	法律に定める事由があるまでは時効が完成しないこと
時効の更新	時効が一から新たな進行を始めること

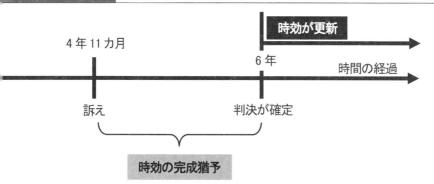

②完成猶予の後に更新されるもの

完成猶予事由	更新
裁判上の請求※1	判決が確定した時に更新の効力が生じ、新たにその進行を始めます。
支払督促※1	権利関係が調書に記載される等して確定すると確定判決と同一の効力を有し、更新の効力が生じ、新たにその進行を始めます。
民事訴訟法 275 条 1 項による訴え提起前の和解・民事調停法による調停・家事事件手続法による調停※1	
破産手続参加・再生手続参加・更生手続参加※1	
強制執行※2	未回収の債権が残る限り、強制執行等のたびに、その手続きが終了した時に更新の効力が生じ、新たにその進行を始めます。
担保権の実行※2	
民事執行法 195 条の競売※2	
民事執行法 196 条による財産開示手続※2	

※1 確定判決等を得ることなく手続きが終了した場合も、手続終了後 6 か月を経過するまでは時効は完成しません。

※2 申立ての取下げ等によってその手続きが終了した場合も、手続終了後 6 か月を経過するまでは時効は完成しません。

《支払督促とは？》

金銭、有価証券、その他の代替物の給付に係る請求について、債権者の申立てにより、その主張から請求に理由があると認められる場合に、支払督促を発する手続です。債務者が支払督促を受け取ってから 2 週間以内に異議の申立てをしなければ、裁判所は、債権者の申立てにより、支払督促に仮執行宣言を付さなければならず、債権者はこれに基づいて強制執行の申立てをすることができます。

なお、支払督促に対する異議の申立期間は、支払督促に仮執行宣言が付されるまでです。また、仮執行宣言の付された支払督促に対する異議の申立期間は、仮執行宣言の付された支払督促を受け取ってから 2 週間以内です。

③完成猶予の効果だけが認められるもの

完成猶予事由	完成猶予の効果等
仮差押え・仮処分	その事由が終了した時から 6 か月を経過するまでの間は、時効は、完成しません 。
催告※1	▶ 催告時から6か月を経過するまでの間は、時効は、完成しません。 ▶ 催告によって時効の完成が猶予されている間にされた再度の催告は、時効の完成猶予の効力を有しません。
協議を行う旨の書面による合意※2	次に掲げる時のいずれか早い時までの間は、時効は、完成しません。

	▶ その合意があった時から1年を経過した時
	▶ その合意において当事者が協議を行う期間（1年に満たないものに限る。）を定めたときは、その期間を経過した時
	▶ 当事者の一方から相手方に対して協議の続行を拒絶する旨の通知が書面でされたときは、その通知の時から6か月を経過した時

※1 催告とは、債務者に対して履行を請求する債権者の意思の通知をいいます。たとえば、家賃を滞納する賃借人に郵便で早く払うように通知するような場合です。

※2 催告と異なり、協議を行う旨の書面による合意で時効の完成が猶予されている間にされた再度の合意にも、時効の完成猶予の効力が認められます。ただし、その効力は、時効の完成が猶予されなかったとすれば時効が完成すべき時から通じて5年を超えることができません。

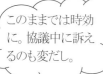

このままでは時効に。協議中に訴えるのも変だし。

協議続行中は時効の完成を猶予することに合意するわ。

協議中

A　B

データでOK!

協議を続ける旨の合意書面の

時効の完成猶予

④更新の効果だけが認められるもの

更新事由	完成猶予の効果等
権利の承認	更新時から新たにその進行を開始します。 ▶ 承認をするには、相手方の権利についての処分につき行為能力の制限を受けていないことまたは権限があることを要しません。 ▶ 被担保債権の存在を物上保証人が債権者に対して承認することは、権利の承認に当たりません（最判昭和62年9月3日）。 債権者A 消費貸借契約 BはAに〇月〇日に〇〇万円を返済する。 主たる債務者B BはAから借金していますね。必ず返済させます。 ⇒承認にはならず・更新しない 物上保証人

Part 2 権利関係

5 時効 99

5 どうすれば他人の物が自分の物に？（取得時効の要件）

占有の態様	占有開始時の主観	期間
所有の意思をもって平穏かつ公然 に占有を継続すること	善意・無過失	10年間
	限定なし	20年間

▶ 賃借権などの所有権以外の財産権については、「自己のためにする意思」をもって平穏 かつ公然に権利を行使することが要件となります。具体的には、「土地の継続的な用益と いう**外形的事実**が存在し、かつ、それが賃借の意思に基づくことが**客観的に表現されて** いるときは、土地賃借権の時効取得が可能である。」とするのが判例です。

▶ 時効による所有権の取得は、新しい所有権の取得である原始取得となります（登記は移 転登記）。そのため、農地の時効取得の場合、農地法の許可は不要です。

▶ 占有者が目的物を途中で他の人に賃貸しても、賃貸人の占有は継続します。

▶ 占有期間中に、譲渡等により占有者が代わった場合、占有者の承継人は、自己の占有 に前の占有者（前主）の占有を併せて主張することができます。その際、占有者の善意か つ無過失という要件は、前主の占有開始の時点で判断します。

占有者

B

Bが5年間占有継続
善意・無過失で開始

占有承継者

C

Cが5年間占有継続
占有承継時に悪意で開始

A 所有者

前主Bの占有の態様をCが承継します。
▶ Bの善意・無過失での占有を引き継ぎ、 残り5年で時効取得します。

6 消滅時効はどのタイミングから起算するの？

債権の種類	具体例	起算点
確定期限付 き債権	10月1日に代金 を支払う。	客観的起算点：10月1日 主観的起算点：10月1日※
不確定期限 付き債権	Aが死亡したとき にBがCに100 万円を支払う	客観的起算点：Aが死亡した日 主観的起算点：Aの死亡をCが知った時
期限の定め のない債権	契約を取消し、 原状回復として 代金を返還する	客観的起算点：債権成立の時 主観的起算点：債権者が債権の存在を知った時

※ 暦日で定められる確定期限の到来は公知の事実なので、債権者もその到来の時に知ることになるから、主観的起算点も期限到来の時の 10 月 1 日となります。

何年経てば時効によって消滅するの？

債権の種類	時効期間
債 権	▶ 債権者が権利を行使することができることを知った時から 5 年間 ▶ 権利を行使することができる時から 10 年間
確定判決または確定判決と同一の効力を有するものによって確定した権利	10 年間
債権または所有権以外の財産権（抵当権等）	権利を行使することができる時から 20 年間※1
所有権	消滅時効にかかりません。
取消権	▶ 追認できる時から 5 年間 ▶ 行為の時から 20 年間
不法行為から生じた損害賠償請求権	▶ 被害者またはその法定代理人が損害及び加害者を知った時から 3 年間※2 ▶ 不法行為の時から 20 年間

※1 抵当権は債務者及び設定者との関係では、その担保する債権と同時でなければ時効により消滅しませんが、第三取得者及び後順位抵当権者との関係では、被担保債権と離れて 20 年の消滅時効にかかります。

※2 人の生命または身体を害する不法行為による場合は 5 年間となります。

ひっかけポイント

時効が完成した後に債務を承認しても、「善意・無過失ならば時効を援用できる」という手にはのらないように！

ここに注意して学習

取得時効は物権変動と、消滅時効は連帯債務や連帯保証と関連するので重要です。要件をしっかりと整理して覚えましょう。

6 占有・所有・共有

重要度▶B

兄と母と私が共同で相続した家屋を取り壊して賃貸用マンション
を建築するには？

A：兄と母の同意を得なければ建築できません。

1 物を所持しているだけでも権利が発生？（占有）

占有と 占有権	占有	自分が利益を受ける意思で物を現実的に支配している事実 状態
	占有権	本権※の有無と無関係に占有に基づいて認められる権利
※ 本権とは、占有することを事実上正当化する権利のことをいいます。所 有権、賃借権、質権などがその例です。		
自主占有と 他主占有	自主占有	権原の性質上所有の意思※がある占有
	他主占有	所有の意思がない占有
※ 所有の意思とは、所有者として占有する意思をいいます。これがあるか どうかは、権原の性質（または占有に関する事情）によって外形的客観 的に判断されます。		

2 占有権を根拠に訴えることが？（占有訴権）

占有権をもつと占有回収の訴え、保持の訴え、保全の訴え等を行使できます。

占有回収 の訴えとは	占有者が占有を自己の意思に基づかないで全面的に奪われた場合に、 **占有の回復と損害賠償を請求すること**を占有回収の訴えといいます。 ▶ 占有が善意の特定承継人（直接の侵奪者からの買主など）に移転した 場合は、その者に対して占有の回復を請求できません。また、占有回 収の訴えは、侵奪の時から1年以内に行使しなければなりません。
占有保持 の訴えとは	占有が部分的に妨害されている場合に、**妨害者に対し妨害の除去と損害 賠償を請求すること**を占有保持の訴えといいます。 ▶ 妨害の存在する間またはそれがやんだ後 1 年以内に行使しなけれに なりません。また、損害賠償は相手方に故意または過失があるときだい 請求できます（判例・通説）。

| 占有保全の訴えとは | 占有に対する妨害が発生する危険がある場合に、**将来に向けて妨害予防措置または損害賠償の担保を請求すること**を占有保全の訴えといいます。 |
| | ▶ 危険が存する間はいつでも行使できます。 |

3 隣近所とは仲良く？（所有権と相隣関係）

所有権とは、ある特定の物を全面的に支配する権利をいい、**法律の範囲内において自由に使用・収益・処分をすることができる権利**です。しかし、土地等の場合は近隣との関係上、多くの制限が課せられています（相隣関係）。

①隣地立入り

内容	土地の所有者は、次の目的のため必要な範囲内で、隣地を使用できます。
	1.境界やその付近における障壁、建物その他の工作物の築造・収去・修繕
	2.境界標の調査または境界に関する測量
	3.隣地の竹木の枝の切取り
要件	① **住家**については、その**居住者の承諾**が必要です。
	② 隣地の所有者と使用者に**事前の通知**が必要です。
	▶ 事前通知が困難なときは、**事後に遅滞なく**通知することができます。
方法効果	使用の日時、場所および方法は、隣地所有者・使用者のために**損害が最も少ないもの**を選ばなければなりません。
	▶ 使用により隣地所有者・使用者に損害⇒**償金請求**できます。

②隣地の通行権

隣地の有償通行権	土地の所有者は、他の土地に囲まれて公道に通じない場合や、池沼、河川等を通らなければ公道に出ることができないときは、その土地を囲んでいる他の土地を通行することができます。
	▶ 通行の場所と方法は、**通行権を有する者のために必要であり、他の土地のために損害が最も少ないものを選ばなければなりません**。また、必要があるときは、通路を開設することができます（状況により自動車による通行も含む）。
	▶ 通行権を有する者は、その通行する他の土地の損害に対して**償金を支払わなければなりません**。
隣地の無償通行権	**土地の分割や一部譲渡**によって公道に通じない土地が生じたときは、その土地の所有者は、公道に出るため、他の分割者の所有地のみを通行することができます。この場合、**償金を支払う必要はありません**。

③ライフラインの設備の設置権と使用権

内容	土地所有者は継続的給付を受けるため必要な範囲内で次のいずれかの権利を有します。 ① 他の土地（隣地に限られない）に設備を設置する権利（設置権） ② 他人が所有する設備を使用する権利（使用権）	給水管を引き込みたいが承諾が得られない。 X土地（土地の所有者）Y土地（他の土地）Z土地（他の土地）配水管

要件	① 設置権や使用権を行使しなければ**電気・ガス・水道水等の供給の継続的給付（継続的給付）**を受けることができないとき ② 他の土地の所有者・使用者（賃借人等）に事前の通知が必要です。※ ▶ 他人の設備に所有者とは別の使用者がいたとしても通知は不要です。 ▶ 通知の相手方が不特定・所在不明の場合も通知が必要です。

方法効果	① 設備の設置・使用の場所や方法は、他の土地または他人が所有する設備（他の土地等）のために**損害が最も少ないもの**を選ばなければなりません。 ② 設備を設置する際に損害が生じた場合（**一時的なものと永続的なものがあり**ます。）には**償金を支払う**必要があります。 ▶ 設備の設置の承諾料を求められても応ずる義務はありません。 ▶ 土地の分割または一部譲渡に伴い、分割者または譲渡者の所有地のみに設備の設置をしなければならない場合、永続的なものの償金は支払う必要がありません。 ③ 他人が所有する設備を使用する場合、設備の使用開始の際に損害が生じた場合に、償金を支払う必要があります。 ④ 利益を受ける割合に応じて設備の修繕・維持等の費用を負担します。

※ 設備の設置工事等のために一時的に他の土地を使用する場合には、前記①の隣地の使用のルールも守る必要があり、**この場合の通知は事後通知も許されます。**

④竹木の枝の切除及び根の切取り

枝	隣地の竹木の枝が境界線を越えるときは、その所有者に、切除させることができます。ただし、次のいずれかの場合には、枝を自ら切り取ることができます。 　1.竹木の所有者に越境した枝を切除するよう**催告**したが、竹木の所有者が相当の期間内に切除しないとき 　2.竹木の所有者を知ることができずまたはその所在を知ることができないとき 　3.急迫の事情があるとき ▶ 竹木が共有物である場合、各共有者が越境している枝を切り取れます。
根	隣地の竹木の根が境界線を越えるときは、その根を切り取ることができます。

⑤その他の相隣関係

雨水	土地の所有者は、直接に雨水を隣地に注ぐ構造の屋根その他の工作物を設けてはなりません。
排水	高地の所有者は、その高地が浸水した場合にこれを乾かすため、または自家用もしくは農工業用の余水を排出するため、公の水流または下水道に至るまで、低地に水を通過させることができます。この場合、低地のために損害が最も少ない場所および方法を選ばなければなりません。
境界標	① 土地の所有者は、隣地の所有者と共同の費用で、境界標を設けることができます。 ② 境界標の設置および保存の費用は、相隣者が等しい割合で負担します。ただし、測量の費用は、その土地の広狭に応じて分担します。 ② 境界線上に設けた境界標、囲障、障壁、溝および堀は、相隣者の共有に属するものと推定されます。
目隠し	建物を築造するには、境界線から 50 センチメートル以上の距離を保たなければなりません。また、境界線から1メートル未満の距離において他人の宅地を見通すことのできる窓または縁側(ベランダを含む)を設ける者は、目隠しを付けなければなりません。

* 上記以外にも多数相隣関係の規定がありますが、宅建士試験で出題が予想されるものだけを載せています。

4 1つの物を複数で所有するともめる？（共有）

共有とは、複数の人が1つの物を所有することをいいます。

共有物の使用	① 各共有者は、**共有物の全部**につき、その**持分に応じた使用**をすることができます。 ② 共有物を使用する共有者は、別段の合意がある場合を除き、他の共有者に対し、**自己の持分を超える使用の対価を償還する義務**を負います。 ③ 共有者は、**善良な管理者の注意**をもって、共有物の使用をしなければなりません。 ▶ 他の共有者との協議に基づかないで、自己の持分に基づいて現に共有物を占有する共有者に対して、他の共有者は当然には共有物の明渡しを請求することはできません(判例)。
譲渡	持分には、譲渡性があり各共有者はその**持分を自由に譲渡**することができます。 ▶ 共有物**全部の譲渡**には原則として**全員の同意**が必要です

死亡等	① 共有者の 1 人が、その持分を放棄したときは、その共有持分は、他の共有者に帰属します。
	② 共有者の 1 人が死亡し、相続人がいなかった場合、その共有持分は他の相続財産とともに特別縁故者への財産分与の対象となり、なお相続財産が残存することが確定すると他の共有者に帰属します。
分割	① 各共有者は、**いつでも共有物の分割を請求することができます。** ▶ **5 年以内**で分割を禁止する特約ができます（更新する場合も同様）。 ② 共有物の分割について共有者間に協議が調わないとき、または**協議をすることができないとき**（共有者の一部が不特定・所在不明など）は、次のいずれかの方法で分割を裁判所に請求することができます。 1.共有物の現物を分割する方法（**現物分割**） 2.共有者に債務を負担させて、他の共有者の持分の全部または一部を取得させる方法（**賠償分割**） 上記の方法により共有物を分割することができないとき、または分割によってその価格を著しく減少させるおそれがあるときは、裁判所は、その競売を命ずることができます（**競売分割**）。

5 共有物の管理は単独・過半数・全員のいずれか？

	内容・具体例	決議要件
保存行為	現状を維持する行為 ▶ 共有物の不法占拠者へ明け渡しを請求すること※1 ▶ 無権限で登記簿上所有名義を有する者に対する抹消請求	単独
狭義の 管理行為※2	利用改良行為 ▶ 共有物の利用者を決めること※3 ▶ 管理者※4 を選任すること	**持分価格** **の過半数** **の賛成**
軽微変更	形状または効用の著しい変更を伴わない変更行為 ▶ 砂利道のアスファルト舗装 ▶ 建物の外壁・屋上防水等の大規模修繕工事 ▶ **短期の賃貸借契約の設定**※5、賃貸借契約の解除	
重大変更	形状もしくは効用またはその両方を著しく変更する行為 ▶ **長期（更新する）の賃貸借契約の設定**※5 ▶ 共有物の売買契約・取消・解除 ▶ **建物の建替え、増改築**	全員の 同意

※1 不法占拠者に損害賠償を請求する場合、**持分の割合**を超えて請求できません。

※2 管理の費用は、持分に応じて各共有者が負担します。ある共有者がこの負担義務を1年以内に履行しないときは、他の共有者は、相当の償金を支払ってその共有者の持分を取得することができます。

※3 管理に関する事項の決定が、共有者間の決定に基づいて共有物を使用する共有者に**特別の影響を及ぼすべきときは、その共有者の承諾**が必要です。

※4 管理者は、管理に関する行為(軽微変更を含む)をすることができます。また、管理者は、共有者が共有物の管理に関する事項を決定した場合には、これに従ってその職務を行わなければなりません。この義務に違反すると、共有者に対して効力を生じませんが、善意(決定に反することを知らない)の第三者には無効を主張することができません。

※5 以下の表の右欄の期間を超えない短期の賃借権等(地上権も含む)の設定は、持分の価格の過半数で決定、**超える場合は全員の同意**が必要です。

樹木の植栽または伐採を目的とする山林の賃借権等	10年
上記に掲げる賃借権等以外の土地の賃借権等	5年
建物の賃借権等	3年
動産の賃借権等	6か月

借地借家法の適用のある賃借権の設定(正当事由を更新等の要件とする契約)は共有者全員の同意が必要です。

ひっかけポイント

共有者の1人が死亡して相続人も特別縁故者もいない場合は、その持分は『国庫に帰属』するという手にはのらないように!

ここに注意して学習

共有は2023年施行の民法で大幅に改正されました。建物区分所有法と類似した規定が多くなったので比較して覚えましょう。

7 建物区分所有法

取引先のマンション管理会社の知人から相談を受けた。苦情が絶えないのでペット飼育禁止にしようかと…。

A:75%以上の賛成を得て規約を変更する必要があります。

1 区分所有法ならではの用語

区分所有権	一棟の建物に構造上区分された数個の部分で独立して住居、店舗、事務所または倉庫その他建物としての用途に供することができる各部分(規約共用部分を除く)を目的とする所有権
専有部分	区分所有権の目的たる建物の部分
共用部分	▶ 専有部分以外の建物の部分 ▶ 専有部分に属しない建物の附属物 ▶ 規約共用部分。ただし、登記をしなければ第三者対抗力がありません。
建物の敷地	▶ 建物が所在する土地 ▶ 区分所有者が規約による建物および建物が所在する土地と一体として管理または使用をする庭、通路その他の土地
敷地利用権	専有部分を所有するための建物の敷地に関する権利。敷地利用権が数人で有する所有権その他の権利である場合には、**区分所有者は、その有する専有部分とその専有部分に係る敷地利用権とを分離して処分することができません。ただし、規約に別段の定めがあるときはそれによります。**

2 管理者は選挙で選ばれる？

誰が？	**区分所有者である必要もなく、自然人でも法人でも、1人でも複数でも**かまいません。
選任と解任	区分所有者は、**規約に別段の定めがない限り集会の決議(過半数)**によって、管理者を選任し、または解任することができます。特に任期はありません。

権限	▶ 共用部分等を保存し、集会の決議を実行し、ならびに規約で定めた行為をする権利と義務があります。 ▶ 管理者はその職務に関し区分所有者を代理します。管理者の代理権に加えた制限は、善意の第三者に対抗することができません。 ▶ 管理者は、規約または集会の決議により、その職務に関し、区分所有者のために、原告または被告となることができます。 ▶ 管理者は、原告または被告となったときは、遅滞なく、区分所有者にその旨を通知しなければなりません。 ▶ 管理者は、規約に特別の定めがあるときは、共用部分を所有することができます。

3 規約を変えるには4分の3以上の賛成が?

設定 変更 廃止	区分所有者および議決権の各4分の3以上の多数による集会の決議によります。ただし、それが一部の区分所有者の権利に特別の影響を及ぼすべきときは、その承諾を得なければなりません。
公正証書での設定	最初に建物の専有部分の全部を所有する者は、公正証書によって次のものに限って単独で規約を定めることができます。 ▶ 規約による共用部分(建物の部分または附属の建物) ▶ 規約による建物の敷地(庭、通路その他の部分) ▶ 専有部分と敷地利用権を分離処分できること ▶ 区分所有者が複数の専有部分を所有している者の敷地利用権を専有部分の床面積の割合によらずに定めること ただし、これらの事項を第三者に対抗するためにはその旨の登記が必要です。
保管	▶ 管理者が保管しなければなりません。ただし、管理者がないときは、建物を使用している区分所有者またはその代理人で規約または集会の決議で定めるものが保管しなければなりません。 ▶ 規約を保管する者は、利害関係人の請求があったときは、正当な理由がある場合を除いて、規約の閲覧を拒んではなりません。 ▶ 保管場所は、建物内の見やすい場所に掲示しなければなりません。ただし、通知する必要はありません。

4 集会を開くには手続が必要？

招集	▶ 管理者が招集
	▶ 管理者は、少なくとも**毎年1回**集会を**招集**しなければなりません。
	▶ **区分所有者の5分の1以上**で**議決権の5分の1以上**を有するものは、管理者に対し、会議の目的たる事項を示して、集会の招集を請求することができます。ただし、この定数は、規約で**減ずる**ことができます。
	▶ 管理者がないときは、区分所有者の5分の1以上で、議決権の5分の1以上を有するものは、集会を招集することができます。ただし、この定数は、規約で**減ずる**ことができます。
招集の通知	▶ 会日より**少なくとも1週間前**に、会議の目的たる事項を示して、各区分所有者に発しなければなりません。ただし、この期間は、規約で**伸縮**することができます。
	▶ 規約に特別の定めがあるときは、建物内の見やすい場所に掲示してすることができます。
招集手続の省略	区分所有者全員の同意があるときは、招集の手続を経ないで開くことができます。

5 大事なことは集会で決議します

決議事項の制限	集会においては、原則としてあらかじめ通知した事項についてのみ、決議をすることができます。ただし、区分所有者全員の同意により開いた集会の場合はこのような制限がありません。
議決権と議事	▶ 各区分所有者の議決権は規約に別段の定めがない限り**専有部分の床面積の割合**によります。
	▶ 集会の議事は、規約に別段の定めがない限り、原則として**区分所有者および議決権の各過半数**で決します。
	▶ 専有部分が数人の共有に属するときは、共有者は、議決権を行使すべき者1人を定めなければなりません。
	▶ **占有者**は、集会に出席して**意見を述べる**ことができます。しかし、**決議に参加する**ことはできません。

6 忙しい現代人は集会に出席できない？（特殊な方法）

議決権の行使の方法	集会は？	要件
書面による議決権の行使	開催することが前提	規約または集会の決議は不要
代理人による議決権の行使		
電磁的方法(ネット回線を利用する方法)による議決権の行使		規約または集会の決議(**過半数**)が必要
書面や電磁的方法による決議	開催しないことが前提	区分所有者全員の**承諾**

7 覚えておきたい決議事項ラインナップ

決議要件	決議事項	規約で別段の定め
単独	建物の価格の半分以下が**滅**失した場合の共用部分および自己の専有部分の復旧(復旧・建替えの決議があった場合は除く)	できる
過半数	共用部分の**軽微な変更**(その形状または効用の著しい変更を伴わない変更行為)	
	建物の価格の半分以下が**滅**失した場合の復旧決議	
4分の3以上	建物の価格の半分以上に相当する部分が**滅**失した場合の復旧の決議	できない
	共用部分の**重大な変更**(その形状または効用の著しい変更を伴わない変更行為を除く)	区分所有者の定数は過半数まで下げられる
5分の4以上	建替え決議	できない

8 規約や集会決議事項はみんなで守りましょう

次の者には、規約・集会の決議の効力が及びます。
①区分所有者、②区分所有者の特定承継人、③占有者(建物や敷地等の使用方法について)

ひっかけポイント

規約の保管場所は、「各区分所有者に通知」するとともに見やすい場所に掲示しなければならないという手にはのらないように！

ここに注意して学習

確実に1点ゲットしましょう。全員の同意が必要なもの、決議要件が過半数ではないものを優先的に覚えましょう。

8 物権変動

購入した土地について、売主の兄から連絡が。その土地は弟が相続後に勝手に登記して売却したものなので半分は自分の物だと。

A：遺産分割協議の有無によっては兄の主張が通ります。

1 先に登記をしたほうが勝つ関係？

以下の事例ではBとCは対抗関係に立ち、取得時の善意・悪意にかかわらず、先に登記をした方が所有権を取得し、第三者に対抗できます。

①不動産が二重に譲渡された場合

②不動産売買が取り消された後に売却された場合

③不動産売買が解除された後に売却された場合

④時効が完成した後に売却された場合

B ← ①時効が完成（Bは援用可能） A ──②売却──→ C

⑤遺産分割協議後に(元)持分を売却された場合

B ← ①遺産分割によりBがすべてを相続 A ──②売却──→ C

相続による権利の承継は、**遺産の分割によるものかどうかにかかわらず（つまり遺言による場合も含め）**、法定相続分を超える部分については、登記、登録その他の対抗要件を備えなければ、第三者に対抗することができません。

場　面		結果
取消	取消前の第三者	詐欺・錯誤：善意・無過失の第三者が保護 強迫：第三者は保護されない 制限行為能力：第三者は保護されない
	取消後の第三者	対抗関係※
解除	解除前の第三者	第三者は対抗要件を備えれば保護される（悪意でもよい）
	解除後の第三者	対抗関係※
時効完成	時効完成前の第三者	時効期間が経過すれば登記なくして時効取得を主張できる
	時効完成後の第三者	対抗関係※
遺産分割	遺産分割前の第三者	法定相続分を超える部分については
	遺産分割後の第三者	対抗関係※

※ 対抗関係とは先に登記等の対抗要件を備えた方が所有権等の権利を取得する関係をいいます。**悪意であっても取得できます。**

2 相続と登記

以下の事例ではBとCが対抗関係にならず、登記の有無では所有権の帰属が決まらないものです。

①被相続人が生前に売却した不動産を単独で相続した場合

▶ BはAの売主という立場も相続するので、Cに相続した不動産を引渡す義務が発生します。

②共有関係の相続財産を相続人の一人が勝手に売却した場合の他の相続人の持分

▶ Aの持分についてはCに売却できますが、Bの持分については勝手に売却できないので、BはCに対して自分の持分を対抗できます（その際に登記は不要）。

《当事者類似の関係》

▶ B→A→Cと転々譲渡された場合で、登記が未だBにあったとしても、BとCは対抗関係ではないので、Cは登記なくしてBに対して所有権を主張できます。

3 悪い奴は登記があっても勝てない？（背信的悪意者）

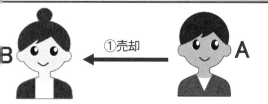

①売却

B ← A

C

不法占有者
無権利者
背信的悪意者

B は登記がなくても、C に対して所有者であることを対抗できます。

対抗するのに登記がいらない場合

▶ 買主が、所有権の取得を売主や売主の**相続人**に対抗する場合

▶ 共同相続の相続人が、**自己の相続分**を第三者に対抗する場合

▶ 所有権の取得を、**不法行為者**※1 や**無権利者**※2、**背信的悪意者**※3 に対して対抗する場合

※1 不法行為者…何らの権原なくして他人所有の家屋を不法占有する者等

※2 無権利者…登記情報上の所有者として表示されているにすぎない架空の権利者等

※3 背信的悪意者…他人が山林を買い受けて約 23 年間占有している事実を知っている者が、買主が所有権取得登記を経由していないのに乗じ、買主に高値で売り付けて利益を得る目的で、その山林を売主から買い受けてその旨の登記を経た等の事情のある場合等

ひっかけポイント

詐欺で取り消された後に取引関係に入った第三者が保護される場合も「善意でなければならない」という手にはのらないように！

ここに注意して学習

ほぼ毎年出題されます。確実に1点ゲットしましょう。登記がなければ対抗できない第三者については判例がとても重要です。

9 即時取得と権利外観法理

家具付きのマンションを購入した後に、真の所有者と名乗る人から、マンションも家具も返せと言われたら？

A:購入時に善意・無過失であることを証明できれば勝ち目があります。

1 他人の物が直ちに自分の物になる制度がある？

即時取得とは	**動産**の占有に公信力を与え動産取引の安全をはかる制度。 ▶ 不動産の登記には公信力が認められていません。したがって、登記を信頼して、登記上の所有者から不動産を買い取っても、本当の所有者に対しては権利を主張できません。
即時取得の要件	①動産であること ②有効な取引による取得であること ③相手方に処分権限がないこと ④**平穏・公然・善意・無過失に占有を取得**したこと
即時取得の効果	取引によって外形上取得される所有権または質権が真実に取得されます。

B ①Aに動産を預けている。 A

②それを悪用してCに売却

C 善意無過失

2 不動産でも即時に取得できる場合も？（権利外観法理）

権利外観法理とは	真の権利者Aが自分以外の者Bが権利者であるかのような外観を作り出したときは、それを信頼した第三者Cは保護されるべきであり、自らその外観を作った権利者は権利を失ってもやむを得ないという法原理をいいます。 虚偽表示（民法94条2項）や表見代理（民法110条）など民法では同様の法原理が採用されている規定があります。
権利外観法理の要件	①虚偽の外観（登記名義）を作り出した者に帰責性があること ②その外観を信頼した者が保護に値すること（善意・無過失）
権利外観法理の機能	動産の場合は、不動産と異なり頻繁に取引されるので、売主が所有権を持っていないために、買主が購入した物を取り戻されてしまうという事態をできる限り避けないと、経済活動に支障が出ます。そこで、権利者としての外観（占有）を信頼して目的物の引渡しを受けた者に所有権を取得させる即時取得があります。 しかし、不動産については、即時取得は適用されないので、民法94条2項や110条の類推適用による権利外観法理が機能します。ただし、即時取得と異なり、虚偽の外観を作り出した者に帰責性が要件となっています。

Part
2
権利関係

 B ①A名義になっているのを長期間放置 **帰責事由** A ②それを悪用してCに売却 C **善意無過失**

ひっかけポイント

ひっかけ
二重否定
読み間違え

「善意・無過失で建物を購入した者は即時にその所有権を取得する」
という手にはのらないように！

ここに注意して学習

合格ポイント

即時取得も権利外観法理も出題頻度は高くはありませんが、即時取得が不動産に適用されない点と、権利外観法理は真の所有者側に帰責性を要求する点が重要です。

10 不動産登記法

重要度▶A

中古物件の売却の依頼を受け登記事項証明書を調べたら、10年以上前の日付で「所有権移転請求権仮登記」なるものが。

A:仮登記の抹消をしておかないと対抗要件で負ける可能性があります。

1 登記手続は共同申請が原則？

①共同申請主義

原 則	権利に関する登記の申請は、法令に別段の定めがある場合を除き、登記権利者及び登記義務者が共同してしなければなりません。
例 外	①判決による登記、②相続※・合併による登記、③登記名義人の氏名等の変更(更正)の登記、④所有権の保存の登記などは、一定の者が単独で登記を申請することができます。

※ 所有権の登記名義人について相続の開始があったときは、その相続により所有権を取得した者は、自己のために相続の開始があったことを知り、かつ、その所有権を取得したことを知った日から3年以内に、所有権の移転の登記を申請しなければなりません。遺贈(相続人に対する遺贈に限る)により所有権を取得した者も同様です。**改正点**

②代理権の消滅の特例

不動産登記法における例外	登記の申請をする者の委任による代理人の権限は次に掲げる事由によっては消滅しません。 ▶ 本人の死亡 ▶ 本人である法人の合併による消滅 ▶ 本人である受託者の信託に関する任務の終了 ▶ 法定代理人の死亡またはその代理権の消滅もしくは変更

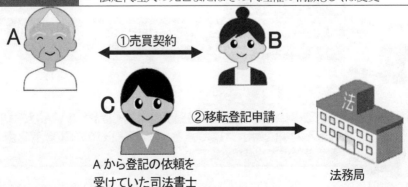

2 地目や地積の登記は義務？（表示の登記）

①表示の登記に対抗力はあるか？

原則	対抗力なし
例外	借地上の建物の登記については、表示の登記であっても、借地権の**対抗力**を有します。

②変更の登記等の申請期間

表題部所有者の氏名等の変更の登記または更正の登記	表題部所有者の氏名もしくは名称または住所についての変更の登記または更正の登記は、表題部所有者以外の者は、申請することができません（申請時期の制限はない）。
土地の表題登記の申請等	▶ 新たに生じた土地または表題登記がない土地の所有権を取得した者は、その所有権の**取得の日から 1 月以内**に、表題登記を申請しなければなりません。 ▶ 土地が滅失したときは、表題部所有者または所有権の登記名義人は、その**滅失の日から 1 月以内**に、その登記を申請しなければなりません。
地目または地積の変更の登記の申請	地目または地積について変更があったときは、表題部所有者または所有権の登記名義人は、その**変更があった日から 1 月以内**に、その変更の登記を申請しなければなりません。
建物の表題登記の申請等	▶ 新築した建物または区分建物以外の表題登記がない建物の所有権を取得した者は、その**所有権の取得の日から1月以内**に、表題登記を申請しなければなりません。 ▶ 区分建物である建物を新築した場合において、その所有者について相続その他の一般承継があったときは、相続人その他の一般承継人も、被承継人を表題部所有者とするその建物についての表題登記を申請することができます。 ▶ 建物が滅失したときは、表題部所有者または所有権の登記名義人（共用部分である旨の登記または団地共用部分である旨の登記がある建物の場合にあっては、所有者）は、その**滅失の日から1月以内**に、その登記を申請しなければなりません。

3 土地を分けたり（分筆）くっつけたり（合筆）

分筆または合筆の登記	原則	表題部所有者または所有権の登記名義人以外の者は、申請できません。
	例外	▶ 一筆の土地の一部が別の地目となったとき、または地番区域を異にするに至ったときには、登記官は、職権で、分筆の登記をしなければなりません。 ▶ 地図を作成するため必要があるときは、表題部所有者または所有権の登記名義人の異議がないときに限り、登記官は、職権で、分筆・合筆の登記をすることができます。
合筆の登記の制限		次の場合は合筆の登記ができません。 ▶ 相互に接続していない土地 ▶ 地目または地番区域が相互に異なる土地 ▶ 表題部所有者または所有権の登記名義人が相互に異なる土地 ▶ 表題部所有者または所有権の登記名義人が相互に持分を異にする土地 ▶ 所有権の登記がない土地と所有権の登記がある土地 ▶ 所有権の登記以外の権利に関する登記がある土地（権利に関する登記であって、合筆後の土地の登記記録に登記することができるものとして法務省令で定めるものがある土地を除く。）

4 はじめてする登記（保存登記）は誰ができる？

保存登記とは、所有権の登記のない不動産について、最初に行われる登記のことをいいます。注文住宅を新築した場合や、新築の建売住宅・新築マンションを購入した際に、所有権保存登記を行うことで、その建物の所有者が自分であると明示できます。
以下の者が申請できます。

原則	▶ **表題部所有者**またはその相続人その他の一般承継人 ▶ 所有権を有することが**確定判決**によって**確認**された者 ▶ **収用**により所有権を**取得**した者
例外	**区分建物**（マンション）にあっては、表題部所有者から所有権を**取得した者**も、登記を申請することができます。 この場合において、その建物が**敷地権付き**区分建物であるときは、その敷地権の**登記名義人の承諾**を得なければなりません。

5 とりあえず順番を確保する登記（仮登記）

仮登記が できるのは	▶ 登記の申請に必要な情報を登記所に提出することができないとき ▶ 権利の変動の請求権を保全しようとするとき
仮登記の 効力	仮登記には対抗力がありません。しかし、後に本登記に改めたときには、 その本登記の順位は仮登記の順位によります。

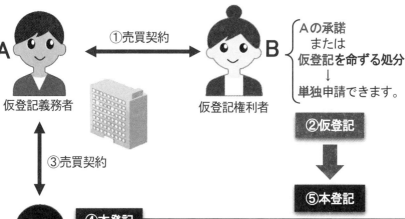

《仮登記から本登記にする場合》②⇒⑤

利害関係を有する第三者（C）がいる場合は、**その承諾が
あるときに限り、申請できます。**

▶ 第三者の承諾があるときとは、登記所にその第三者の
承諾情報またはこれに対抗することのできる裁判の謄
本を提出して登記申請がなされた場合をいいます。

ひっかけポイント

氏名・住所の変更の登記は「1か月以内にしなければならない」とい
う手にはのらないように！

ここに注意して学習

毎年1問出題されます。確実に1点ゲットしたいところですが、深入
りには注意しましょう。

11 弁済

都心で戸建住宅を借りている人から相談が。オーナーが地代を半年間も滞納しているようだ。どうすれば？

A:オーナーに代わり地主に地代を支払うことができます。

1 弁済とは

内容	債務者がその内容である給付を実現して債権者の利益を充足させる行為
効果	債権はその目的を達成して消滅します。
弁済が特定物の引渡しの場合	契約その他の債権の発生原因及び取引上の社会通念に照らしてその物の引渡しをすべき時の品質を定めることができない場合は、弁済者は、その引渡しをすべき時の現状でその物を引き渡さなければなりません。
弁済の場所	原則:債権者の現在の住所(ただし、特定物の引渡しの場合は債権発生の時にその物が存在した場所) 例外:別段の意思表示があるとき
弁済の費用	債務者が負担(原則)
弁済者の受取証書・債権証書の請求権	▶ 弁済と引換えに、弁済を受領する者に対して**受取証書の交付**を請求することができます。 ▶ 債権に関する証書がある場合は、全部の弁済をしたときに、**債権証書の返還**を請求することができます。

2 金の代わりに不動産で返す契約（代物弁済）

内容	本来の給付の代わりに他の給付を行うことで弁済の効果を認める制度です。
要件	①弁済者が債権者との間で ▶ 代物弁済は第三者も行うことができます。 ②債務者の負担した給付に代えて他の給付をすることにより債務を消滅させる旨の**契約**をします。 ▶ 代物弁済は諾成契約です。 ③弁済者が他の**給付**をします。 ▶ 不動産所有権の譲渡をもって代物弁済をする場合、原則として、**所有権移**

	転登記手続の完了を必要とします。
	▶ 既存債務の履行に代えて、小切手を振り出し、それにより既存債務を消滅させる合意は代物弁済となります。
効果	弁済と同一の効果が生じ、債権が消滅します。

3 受領権者としての外観を有する者に対する弁済

内容	受領権者※以外の者であって取引上の社会通念に照らして受領権者としての**外観**を有するものに対してする弁済をいいます。
要件	弁済者が弁済につき**善意・無過失**であること
効果	その**弁済は有効**となり、二重に弁済する必要がなくなります(免責)。
具体例	▶ 債権譲渡が無効であるときの譲受人 ▶ 詐称代理人 ▶ 預金証書その他の債権証書と印章を所持する者(窃盗・偽造でもよい) ▶ 戸籍上は相続人であるが真実の相続人でない者

※ 債権者及び法令の規定または当事者の意思表示によって弁済を受領する権限を付与された第三者をいいます。

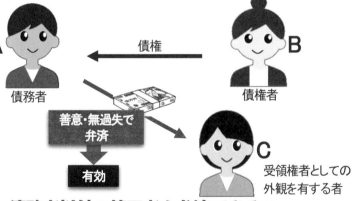

4 債務者以外の第三者も弁済できる?

第三者弁済とは	第三者が他人の債務を自己の名において弁済することをいい、**原則として、一定の例外を除き**することができます。
できない場合	①債務の**性質**が第三者の弁済を許さないとき ▶ 名優の演技、著名な学者の講演(絶対的一身専属的給付)や労働者の労働、受寄者の保管(相対的一身専属的給付)等 ②**当事者**が第三者の弁済を**禁止**し、または**制限**する旨の意思表示をしたとき

債務者の意思に反する場合	原則：弁済をするについて正当な利益を有しない第三者は弁済できません。
	例外：債務者の意思に反することを債権者が知らなかった場合は弁済できます。
債権者の意思に反する場合	原則：弁済をするについて正当な利益を有しない第三者は、弁済をすることができません。
	例外：第三者が債務者の委託を受けて弁済をする場合において、そのことを債権者が知っていたときは弁済できます。
正当な利益を有する者とは？	①正当な利益を有する具体例
	▶ 物上保証人、担保不動産の第三取得者、後順位抵当権者、地代の弁済についての借地上の建物賃借人※
	②正当な利益を有しない具体例
	▶ 親戚関係、友人関係
効 果	①第三者弁済が有効な場合
	▶ 債務者の債務は消滅し第三者は債務者に対し求償権を取得します。
	▶ 第三者は、この求償権の範囲内で、債権の効力及び担保として債権者が有していた一切の権利を行使することができます（債権者の承諾は不要、債権者代位権）。ただし、正当な利益を有しない第三者の弁済が有効となる場合（債権者が善意等）は、債務者への通知または債務者の承諾がなければ債権者に代位できません。
	②第三者弁済が無効な場合
	▶ 第三者は債権者に対して返還請求できます。

※ 地代の弁済について、借地上の建物賃借人（判例）
　借地上の建物の賃借人はその敷地の地代の弁済について法律上の利害関係を有するので、敷地の賃借人の意思に反して、地代を弁済することができます。

A 借地権設定者 ──地代請求権──▶ B 借地権者 ──賃料請求権──▶ C 建物賃借人

C は正当な利益を有する者にあたり、B に代わって弁済できます。

5 弁済の準備ができたら債権者に伝える？（弁済の提供）

内容	弁済の提供とは、債務者側において給付を実現するために必要な**準備をして、債権者の協力を求める**ことをいいます。
方法	提供は**債務の本旨**に従ってします。ただし、債権者があらかじめ受領を拒んだり、履行について債権者の協力が必要なときは、弁済の準備をしたことを通知して受領の催告をすることで提供したことになります。
効果	債務不履行を理由とする損害賠償・遅延利息・違約金を支払う必要がありません。

6 債権者が弁済を受領しない場合は？（供託）

供託とは	金銭などを供託所に提出して、その管理を委ね、最終的には供託所がその財産をある人に取得させることによって、一定の法律上の目的を達成しようとするために設けられている制度です。
要件	次のいずれかを満たすことが必要です。 ①**弁済の提供**をした場合において、債権者がその受領を拒んだとき ②債権者が弁済を受領することができないとき ③弁済者が**過失なく**債権者を確知できないとき※
具体例	▶ 支払日に地代・家賃を持参したが、地代・家賃の値上げや土地・建物の明渡要求などの理由で受領を拒否された場合 ▶ 地主・家主であると称する複数の者から地代・家賃の支払請求を受け、いずれの者に支払ってよいかわからない場合または地主・家主が死亡し、その相続人が誰であるか不明の場合

※ 弁済者に過失があったことを立証する責任は債権者側にあります。

ひっかけポイント

親族や友人は「法的利害関係人だから」債務者の意思に反してでも第三者弁済できるという手にはのらないように！

ここに注意して学習

弁済の提供は債務不履行の理解に、第三者弁済は抵当権消滅請求との関連で重要な知識です。

12 債務不履行と損害賠償

重要度▶A

中古物件を購入した知人から相談を受けた。「代金を全額支払ったのに、契約どおりに所有権移転登記をしてくれない」と…。

A:売主に帰責事由があれば損害賠償を請求できます。

1 契約に違反するとどんな責任が？（債務不履行）

債務不履行とは	債務者がその債務の**本旨に従った履行をしない**こと、または債務の履行が不能であることをいいます。**目的物の契約不適合や原始的不能**※も債務不履行となります。債務不履行には履行遅滞と履行不能があります。
履行遅滞	履行が可能であるのに履行期を過ぎてしまうことです。たとえば、10 月 16 日に建物を引き渡す約束をしたのに、その日までに引き渡せなかったような場合です。
履行不能	債権成立後に履行ができなくなった場合をいいます。たとえば、建物の売買契約が結ばれたが、売主側(債務者)の不注意で全焼してしまい、引き渡すことができなくなった場合です。
効 果	**①強制履行** 債権者は、民事執行法その他強制執行の手続に関する法令の規定に従い、直接強制、代替執行、間接強制その他の方法による履行の強制を裁判所に請求することができます。 **②損害賠償の請求** 債権者は、債務不履行によって生じた損害の賠償を請求することができます。「履行とともにする損害賠償」と「履行に代わる損害賠償」の 2 つがあります。

※ 契約に基づく債務の履行がその**契約の成立の時に不能**であった場合をいいます。たとえば、契約日前に売却物件が焼失していたような場合です。

2 損害賠償には２種類ある？

	内容	本来の債務との関係
履行に代わる損害賠償	債務が履行されたのに等しい経済的地位の回復を目的とする損害賠償（填補賠償）で次の場合に請求できます。 ▶ 履行不能 ▶ 債務者の明確な履行拒絶 ▶ 契約解除	本来の債務の履行を受けることと両立しません。
履行とともにする損害賠償	債務の履行がされたとしてもなお残る損害の回復を目的とする損害賠償です。	本来の債務の履行を受けることと両立します。

3 どこまで責任を問えるの？（損害賠償責任の範囲）

通常損害	債務不履行から通常生じる**通常損害**については、特に当事者が**予見すべきかどうかに関係なく**賠償の範囲となります。
特別損害	特別の事情によって生じた**特別損害**といえども、**当事者(債務者)がその事情を予見すべきであった**ときは賠償の範囲となります。

4 あらかじめ損害賠償の額を定めることができる？

内容	債務不履行があった場合に備えてあらかじめ損害賠償額を当事者間で決めておくことができます。
効果	▶ 裁判で損害額を証明しなくても予定した額を請求できます。 ▶ 予定額を定めても、履行の請求または契約の解除をすることができます。 ▶ **違約金は損害賠償額の予定と推定されます。**

5 損害賠償請求するために備えるべき要件は？

①履行期に遅れたこと（履行遅滞）

履行遅滞の場合は、履行期に遅れたことが要件となります。どのタイミングから遅れたことになるかは以下の表に従います。

	確定期限	不確定期限	期限の定めがない
意味	期限が確定している場合	いつ期限が到来するかが不確定な場合	期限が定められていない場合
具体例	○月○日に引き渡す	父が死亡したら、引き渡す	法律の規定に基づく債務（契約の解除に基づく原状回復義務、不当利得返還債務等）
いつから履行遅滞となるか	期限が到来した時から	期限が到来した後に**履行の請求を受けた時**または期限の到来したことを**知った時**の**いずれか早い時**から	債権者が**履行を請求した時**から

②同時履行の場合には相手方に同時履行の抗弁権がないこと（履行遅滞）

同時履行の関係にある場合、相手方が履行の提供をしなければ、自分の債務の履行を拒むことができます。自分の債務の履行の提供をしなければ、相手方に対して履行遅滞による債務不履行責任を追及できません。

《同時履行の関係にあるものと、ないもの》

同時履行の関係にある	同時履行の関係にない
▶ 契約解除による原状回復義務の履行 ▶ 弁済と受取証書の交付 ▶ 契約が取り消された場合の相互の返還義務 ▶ 請負契約の目的物の引渡しと報酬の支払い ▶ 借地借家法における建物買取請求権と土地の明渡し	▶ 被担保債権の弁済と抵当権の登記抹消手続 ▶ 弁済と債権証書の交付 ▶ 敷金返還請求と建物の明渡し ▶ 借地借家法における造作買取請求権と建物の明渡し

③債務者に帰責事由があること（履行遅滞・履行不能）

債務不履行が契約その他の債務の発生原因及び取引上の社会通念に照らして**債務者の帰責事由**によるものであることが、損害賠償を請求するためには必要です。

帰責事由とは？	債務者の故意または過失および信義則上これと同視されるような事由をいいます。たとえば、履行補助者の故意・過失などです。 ▶ 履行補助者とは、債務者が債務の履行をするにあたり使用する者をいいます。同居する賃借人の家族や建物転借人等です。
立証責任	債権者が履行遅滞の事実と損害の発生を主張・立証したときは、**債務者**は遅滞が自己の責めに帰すことのできない事由に基づくことを証明しなければ免責されません。
過失相殺	▶ 債務不履行またはこれによる損害の発生もしくは拡大に関して債権者に過失があった場合、裁判所は、これを考慮して、損害賠償の責任およびその額を定めます（過失相殺）。 ▶ **過失相殺は、債務者の主張がなくても、裁判所が自らの判断ですることができますが**、債権者の過失となるべき事実については、債務者において立証責任を負います。
金銭債務の特則	▶ 損害賠償額は、債務者が遅滞の責任を負った最初の時点における法定利率によって定め、約定利率が法定利率を超えるときは約定利率によって定めます。 ▶ 債権者は、損害の証明をする必要がありません。 ▶ 債務者は、不可抗力をもって抗弁できません。

Part 2 権利関係

ひっかけポイント

通常生すべき損害のうち、契約締結当時、「両当事者が予見していたものに限り」賠償請求できるという手にはのらないように！

ここに注意して学習

損害賠償額の予定は宅建業の自ら売主制限の理解に影響します。しっかりと理解して覚えましょう。

13 債務不履行と解除

> 建物を購入した直後、地震で倒壊した場合でも、代金は全額支払わないといけないのでしょうか？

A：引渡し前であれば契約を解除できます。

1 契約を解除するとどうなるの？

内容	契約の解除とは、契約が成立したのち、当事者の一方の意思表示によって契約関係を解消し、原状回復を行わせることを目的とした法律行為（単独行為）です。
行使	▶ 解除権の行使は相手方に対する意思表示にて行います。 ▶ 解除の意思表示は**撤回できません**。
原状回復	▶ 各当事者はその相手方を原状に復する（契約前の状態に戻す）義務を負います（同時履行の関係）。 ▶ **金銭を返還**するときは、その**受領の時**からの利息を加算しなければなりません。 ▶ **金銭以外の物を返還**するときは、その受領の時以後に生じた**果実をも返**還しなければなりません。
損害賠償	**解除権を行使しても損害賠償の請求をすることができます。**
第三者との関係	原状回復に際して第三者の権利を害することはできません。しかし、第三者が保護を受けるためには、その権利につき**対抗要件（不動産の場合は登記）**を備えている必要があります。

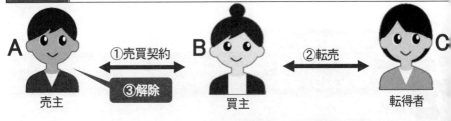

Ｃは対抗要件（移転登記等）を備えないとＡの原状回復請求に従わなければなりません。

2 契約解除するために備えるべき要件は？

債務不履行	当事者の一方がその債務を履行しないこと ▶ 債務者の帰責事由は要件となっていません。
催　告	相当の期間を定めてその履行の催告をし、その期間内に履行がないこと ▶ 次の場合は、債権者は催告なしで直ちに契約の解除をすることができます。 ①債務の全部の履行不能（一部が不能の場合は契約の一部を解除できる） ②債務者の明確な全部履行拒絶の表示（一部の履行拒絶を表示した場合は契約の一部を解除できる） ③債務の一部の履行が不能である場合または債務者がその債務の一部の履行を拒絶する意思を明確に表示した場合で、残存する部分のみでは契約をした目的を達することができないとき ④契約の性質または当事者の意思表示により、特定の日時または一定の期間内に履行をしなければ契約をした目的を達することができない場合において、債務者が履行をしないでその時期を経過したとき ⑤債務者がその債務の履行をせず、債権者が催告をしても契約をした目的を達するのに足りる履行がされる見込みがないことが明らかであるとき
軽微でない	前記の催告の期間を経過した時における債務の不履行がその契約および取引上の社会通念に照らして軽微でないこと
債権者の 帰責事由	債務の不履行が債権者の責めに帰すべき事由によるものであるときは、債権者は、契約の解除をすることができません。

ひっかけポイント

「契約解除前に取引関係に入った第三者は「善意であれば保護される」という手にはのらないように！

ここに注意して学習

ほぼ毎年出題されます。確実に1点ゲットしましょう。宅建業法の自ら売主制限の割賦販売契約の解除の特例の理解の前提となります。

14 贈与契約・売買契約と手付

売買契約後に、資金繰りが厳しくなったので、契約を解除した上で、預けた手付金を返してもらいたいとの連絡が。どうすれば？

A:買主は手付を放棄して解除することはできます。

1 贈与契約〜口約束では解除される？

書面によらない贈与	書面によらない贈与は、各当事者が解除をすることができます。 ▶ ただし、履行の終わった部分については解除できません。具体的には、**目的物が不動産の場合、引渡しがあれば登記は未了でも、逆に、引渡しがなくても登記がなされれば履行終了と解されます。**
贈与者の責任	贈与者は、種類、品質および数量につき契約の内容に適合した目的物を引き渡す債務があります。 ▶ 贈与者は現状のままで引き渡せばよい(原則)。 ▶ 引き渡された物等が契約不適合であった場合、受贈者は、債務不履行の一般的な救済である損害賠償請求、契約解除、または追完請求をすることができます。その際、贈与者の善意・悪意は、適合性の判断には影響しません。
負担付贈与	負担付贈与とは受贈者に一定の給付をすべき債務を課する贈与契約をいいます。 ▶ 双務契約に類似する側面があるので、契約の内容に応じて、双務契約に関する規定(同時履行の抗弁・危険負担・解除等)が準用されます。

2 売買契約における手付による解除

売買契約(代金:1,000 万円)

解約手付:200 万円

売主

倍額の 400 万円をお返ししますので、契約は解除します。

手付倍返し

手付 200 万円をそのままあげるので契約は解除します。

手付放棄

買主

解約手付とは	契約の当事者(売主・買主)が、自分の都合で自由に契約を解除できるとする約束のもとに交付される手付をいいます。
解約の制限	売買契約の当事者は、契約の相手方が履行に着手した後は、**手付によって契約を解除することはできません**。自分が履行に着手しているか否かは関係ありません。
解約の方法	売主が手付の倍額を償還して契約の解除をするためには、単に口頭により手付の倍額を償還する旨を告げその受領を催告するのみでは足りず、買主に現実の提供をすることを要します。

3 手付解除と債務不履行解除の違い

	手付解除	債務不履行解除
解除権の発生	手付金の交付	相手方の債務不履行
解除の時期	相手方が履行に着手するまで	債務不履行の後に可
損害賠償	**請求できません**	請求できます
手付金の行方	買主が解除した場合→手付放棄 売主が解除した場合→手付倍返し	**買主に返還されます** (原状回復義務)

ひっかけポイント

相手方が履行に着手していなくても「自らが履行に着手していた場合は手付による解除ができない」という手にはのらないように!

ここに注意して学習

合格 ポイント

宅建業法の自ら売主制限の手付の性質を理解する前提の知識となります。

15 売買契約と契約不適合責任

重要度▶A

買主から、購入した直後から壁にひび割れができ湿気によりカビが
ひどく何とかしてほしいと連絡が。どうすれば？

A:契約に適合しない性質上の欠陥があれば責任を負う場合があります。

1 売主は法的に重い責任を負っています

対抗要件を 備えさせる義務	買主に対し、登記、登録その他の売買の目的である権利の移転について の対抗要件を備えさせる義務を負います。
他人物売買	他人の権利（権利の一部が他人に属する場合におけるその権利の 一部を含む。）を売買の目的としたときは、その権利を取得して買主 に移転する義務を負います。 ▶ 移転することができない場合は、売主は他人物売買として債務不 履行責任を負います。
契約不適合責任	種類、品質または数量に関して、売買契約の内容に適合する目的物 （その権利を含む）を買主に引き渡さなければなりません（契約不適 合責任）。 ▶ 契約不適合責任に関する規定は任意規定なので、その責任を負 わない旨の特約も有効です。 ▶ しかし、知りながら告げなかった事実等については、その責任を 免れることができません。

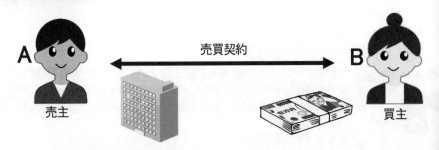

①対抗要件を備えさせる義務
②種類・品質・数量を契約内容に
　適合させる義務

2 契約不適合責任の内容～買主が主張できること

	内容	備考
追完請求	目的物の**修補・代替物の引渡・不足分の引渡し**を請求できます。	売主は、買主に不相当な負担を課するものでないときは、買主が請求した方法と異なる方法による履行の追完ができます。
代金減額	契約不適合の程度に応じて減額を請求できます。	買主が相当の期間を定めて**履行の追完の催告**をし、その期間内に履行の追完がない場合に請求できます（原則）。※
損害賠償 契約解除	**債務不履行**に基づく損害賠償請求と契約解除と同じ (128・131 頁参照)	

Part
2
権利関係

※ 例外として、①履行の追完不能、②履行追完を明確に拒絶、③契約の性質または当事者の意思表示により、特定の日時または一定の期間内に履行をしなければ契約をした目的を達することができない場合において、売主が履行の追完をしないでその時期を経過したとき、④買主が催告をしても履行の追完を受ける見込みが明らかにないときのいずれかの場合は催告が必要ありません。

3 契約不適合責任と当事者の帰責事由

	追完請求	代金減額	損害賠償	契約解除
売主の帰責事由の要否	不要		必要	不要
買主に帰責事由があった場合	請求できない		請求できる※	行使できない

※ 債務の不履行またはこれによる損害の発生もしくは拡大に関して債権者に過失があったときは、裁判所は、これを考慮して、損害賠償の責任及びその額を定めます。

4 責任追及は気付いてから1年以内に（期間制限）

対象	短期期間制限	適用除外	一般消滅時効
目的物の種類または品質に関しての契約不適合	買主が不適合を知った時から1年以内にその旨を売主に通知※	売主が引渡時にその不適合に関して悪意または重過失の場合は一般消滅時効が適用されます。	引渡時から10年または不適合を知った時から5年
権利に関する契約不適合	なし		
目的物の数量に関する契約不適合			

※ 不適合があることの通知のみでよく、損害賠償請求する旨や請求する損害額の算定の根拠までは示す必要がありません。

5 抵当権等の設定がある場合の責任

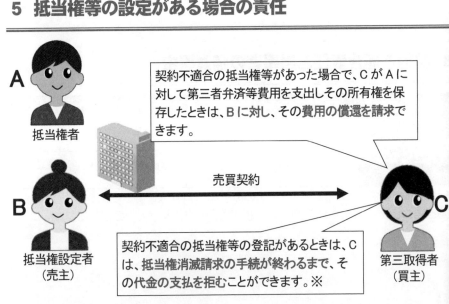

A
抵当権者

契約不適合の抵当権等があった場合で、CがAに対して第三者弁済等費用を支出しその所有権を保存したときは、Bに対し、その費用の償還を請求できます。

売買契約

B
抵当権設定者
（売主）

契約不適合の抵当権等の登記があるときは、Cは、抵当権消滅請求の手続が終わるまで、その代金の支払を拒むことができます。※

C
第三取得者
（買主）

※ Bは、Cに対し、遅滞なく抵当権消滅請求をすべき旨を請求することができます。

6 目的物の滅失等についての危険の移転

目的物※1 の	その目的物が	買主は
引渡前	当事者双方の責めに帰することができない事由によって滅失・損傷した場合※2	▶ 代金の支払いを拒むことができます。 ▶ 契約を解除できます。
履行提供したが買主が受領遅滞		▶ その滅失・損傷を理由として、担保責任を追及できません。 ▶ その際、買主は、代金の支払を拒むことができません。
引渡後		

Part
2
権利関係

※1 売買の目的として特定したものに限ります。

※2 買主の帰責事由によって目的物を引き渡せなくなった場合は、買主は、代金の支払いを拒むことができません。この場合において、売主は、目的物の引渡しを免れたことによって利益を得たときは、これを買主に償還しなければなりません。

引渡前に減失
B は、代金の支払いを拒み、契約を解除することができます。

売買契約

引渡後に減失
B はその滅失・損傷を理由に担保責任を追及できず、代金を支払う義務があります。

A 売主

B 買主

ひっかけポイント

「契約不適合が売主の責めに帰すべき事由により生じたものであることを証明した場合に限り」担保責任を追及できるという手にはのらないように！

ひっかけ
二重否定
読み間違え

ここに注意して学習

合格 ポイント

宅建業法の自ら売主制限の担保責任を理解する前提の知識となります。

16 委任契約と請負契約

重要度▶E

> 建設会社に依頼して完成した建物を購入した住民から重大な欠陥があるから契約を解除したいとの連絡が。どうすれば？

A：完成後の建物でも請負契約を解除して損害賠償請求できます。

1 請負契約と委任契約は似て非なるもの？

請負契約	委任契約
当事者の一方がある仕事を**完成**することを約し、相手方がその仕事の結果に対してその**報酬**を支払うことを約することによって、その効力を生ずる契約	当事者の一方が**法律行為をする**ことを相手方に委託し、相手方がこれを**承諾**することによって、その効力を生ずる契約

注文者

請負契約

> 建物を作って下さい。出来上がったら報酬を支払います。

請負人

委任者

委任契約

> 不動産を売ってきてください。契約に従って報酬を支払います。

受任者

2 請負と委任では報酬のもらい方が違う？

請負契約	委任契約
①報酬の支払時期	①報酬の支払時期
原則：仕事の目的物の引渡しと同時	原則：委任事務を履行した後（特約がなければ無報酬）
例外：物の引渡しを要しない場合は仕事が終わった後	例外①：期間によって報酬を定めたときは、その期間を経過した後
	例外②：成果報酬※及び引渡しを要する場合は、その成果の引渡しと同時
②仕事未完成における報酬	②仕事途中における報酬
以下の場合、既にした仕事の結果のうち可分な部分の給付によって注文者が利益を受ける場合、その割合に応じて報酬を請求することができます。	以下の場合、既にした仕事の割合に応じて報酬を請求することができます。
▶ 両当事者に帰責事由がないか、請負人にのみ帰責事由があり仕事が完成しなかった場合	▶ 両当事者に帰責事由がないか、受任者にのみ帰責事由があり仕事が終了しなかった場合
▶ 仕事の完成前に解除された場合	▶ 仕事の完成前に終了した場合（当事者の死亡も含む）
＊ 注文者だけの帰責事由で仕事が完成できなかった場合は、報酬の全額を請求できます。	＊ 委任者だけの帰責事由で仕事が終了できなかった場合は、報酬の全額を請求できます。

※ 成果報酬の場合は、請負契約の仕事未完成における報酬に関する規定が準用されます。

《委任事務処理が中途で終了した場合のまとめ》

委任者の帰責事由	受任者の帰責事由	報酬請求
なし	なし	既にした履行の割合に応じて請求できる
なし	あり	
あり	なし	全額の請求ができる
あり	あり	委任者の帰責事由の割合に相当する範囲で請求できる

3 請負人・受任者にはいろいろな義務がある？

請負契約	委任契約
①請負人の担保責任 **原則**:請負人は売主と同様の契約不適合の担保責任を負います（134頁参照）。 **例外**:注文者の供した材料の性質または注文者の与えた指図によって契約不適合となった場合は担保責任を負いません（請負人がそのことを知りながら告げなかったときは除く）。 ②担保責任の期間制限 **原則**:注文者がその不適合を**知った時から1年以内**にその旨を請負人に通知 **例外**:請負人が引渡時にその不適合に関して悪意または重過失の場合は一般の消滅時効が適用されます。	①受任者の注意義務 ▶ **善良な管理者の注意**をもって、委任事務を処理する義務を負います（無報酬であっても同じです）。 ②受任者による報告 ▶ 委任者が請求した時や委任終了時に、その処理状況・結果等を報告しなければなりません。 ③受任者による受取物の引渡し等 ▶ 委任事務の際に受領した金銭等を委任者に引き渡さなければなりません。 ▶ 委任者のために自己の名で取得した権利を委任者に移転しなければなりません。 ④受任者の金銭の消費についての責任 ▶ 委任者に引き渡すべき金額等を消費した場合、その消費した日以後の利息や賠償金を支払わなければなりません。

4 売買契約とは違う解除のルールがある？

請負契約	委任契約
①注文者による解除	①契約当事者による解除
▶ 仕事の完成前はいつでも損害を賠償して解除できます。	原則:各当事者はいつでも解除できます。
	条件:相手方に不利な時期に委任を解除した場合や、委任者が受任者の利益(専ら報酬を得ることによるものを除く)をも目的とする委任を解除した場合は、相手方の損害を賠償しなければなりません。
②請負人による解除	
▶ 注文者が破産した場合、請負人または破産管財人は解除できます。ただし、仕事の完成後は解除できません。	例外:やむを得ない事由がある場合は賠償する必要がありません。
③解除の効果	②解除の効果
契約した時点にさかのぼります。	将来に向かってのみ効果が生じます。

ひっかけポイント

ひっかけ
二重否定
読み間違え

「受任者は、有償の合意をしていない限り、善管注意義務を負わず、損害賠償義務も負わない」という手にはのらないように！

ここに注意して学習

合格ポイント

出題頻度は高くないですが、委任契約は宅建業法の媒介契約や代理契約の前提となる知識なので、きっちり理解しておきましょう。

17 債権譲渡

重要度▶E

得意の客から不動産担保付き債権譲渡の不動産投資について相談を受けました。不動産投資と債権譲渡にどんな関係が？

A：金融機関から住宅ローン債権を担保付きで購入することです。

1 債権譲渡と禁止・制限特約

債権譲渡とは債権の内容はそのままで第三者に債権を移転させる手続きのことをいいます

原則	債権も財産権なので自由に譲渡することができます。 ▶ 譲受人と譲渡人との合意によって成立する**諸成契約**です。 ▶ 債権譲渡契約によってその瞬間に債権は譲受人のところに移転します。 ▶ 譲渡制限特約をした債権でも譲渡できるのが原則です。 ▶ 債権の譲渡は、その意思表示の時に債権が現に発生している必要はありません。そのような債権が譲渡された場合、譲受人は、発生した債権を当然に取得します。
例外	① その性質上許されない場合（年金を受給する権利等）は譲渡ができません。 ② 譲渡制限特約付きの債権が譲渡された場合で、その特約がされたことを知り、または重大な過失によって知らなかった譲受人その他の第三者（債権の転得者も含む。）に対しては、債務者は、その債務の履行を拒むことができ、かつ、譲渡人に対する弁済その他の債務を消滅させる事由をもってその第三者に対抗することができます。 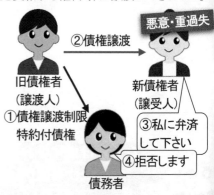 ▶ 債務者が債務を履行しない場合、その特約がされたことを知り、または重大な過失によって知らなかった譲受人その他の第三者が、相当の期間を定めて譲渡人への履行の催告をし、その期間内に履行がないときは、その第三者は債務者に対して弁済の請求ができます。 ▶ 債務者は履行地の供託所に供託することができ、その場合、遅滞なく、譲渡人および譲受人に通知しなければなりません。

2 債権譲渡の対抗要件

債権譲渡は口約束でも成立するので譲渡人・譲受人以外にはわかりません。それを知らせ
るための制度が通知・承諾という対抗要件です。

債務者に対抗するには	債権の譲受けを**債務者**に対抗するためには、**債務者に対する通知または債務者の承諾**が必要です。 ▶ 通知できるのは譲渡人です。譲受人が譲渡人を**代理**して通知することはできますが、**代位**して行うことはできません。 ▶ 承諾は譲渡人・譲受人のどちらにでもすることができます。
第三者に対抗するには	債権が二重に譲渡された場合の優劣は、**譲渡人から債務者への確定日付のある証書による通知**または**確定日付のある債務者の承諾**の有無で決めます。 ▶ 二重譲渡の場合で、確定日付のある証書による通知がともにある場合には、その到達の先後で決めます。 ▶ 確定日付のある証書による通知が同時に到達した場合、各譲受人はそれぞれ、譲受債権の全額について、債務者に弁済を請求することができます。
何を対抗できるの？	債務者は、誰が債権者になろうが今まで主張できた抗弁はすべて主張することができます。具体的には、単に同時履行の抗弁権のようなもののみならず、そもそも債権が不成立だったとか、取消、契約解除、弁済による消滅など、あらゆる主張を対抗することができます。 ▶ これらの抗弁事由は**対抗要件具備時までに存在していたもの**でなければなりません。

ひっかけポイント

「**譲渡制限特約付きの債権の譲渡は原則として無効**」という手にはのらないように！

ここに注意して学習

譲渡制限特約の効果、債権譲渡の債務者と第三者に対抗するための要件、譲受人に対抗できる内容の3点を整理して覚えましょう。

18 保証債務・連帯債務

重要度▶A

管理しているマンションの賃貸借契約が終了し明渡しも完了したが、内緒でペットを飼育していたようで損耗がひどい。

A:原状回復費用を賃借人だけでなく保証人にも請求できます。

1 保証

①保証契約とその成立

保証契約	主たる債務者が債務を履行しない場合に、代わりに債務を履行する旨を約する、債権者と保証人で締結される契約です。 ▶ 書面でしなければ無効です。 ▶ 主たる債務者の意思に反して結ぶこともできます。
個人根保証契約	一定の範囲に属する不特定の債務を主たる債務とする保証契約(根保証契約)であって保証人が法人でないものをいいます(例:建物賃貸借の保証人等)。 ▶ 極度額の定めのある書面でしなければ無効です。 ▶ 債権者が、保証人の財産について、金銭の支払を目的とする債権についての強制執行または担保権の実行を申し立てたときや、保証人が破産したとき、主たる債務者または保証人が死亡したときは、主たる債務の元本が確定し、その後の債務について、根保証人は負担を免れます。

②保証人の要件

原則	保証人としての資格・条件に制限はありません。
例外	▶ 主たる債務者が保証人を立てる義務を負う場合には、①**行為能力者**であり、かつ、②**弁済の資力を有する者**※でなければなりません。 ▶ 個人根保証の場合は法人以外でなければなりません。
※	弁済の資力を有しなくなった場合には、債権者はその条件を備える者に保証人を代えるよう請求することができます。ただし、債権者が保証人を**指名**していた場合は請求できません。

③保証債務の範囲

原則	主たる債務に関する利息、違約金、損害賠償その他その債務に従たるすべてを保証します。

例外	▶ 保証人は、その保証債務についてのみ、違約金または損害賠償の額を約定することができます。 ▶ 個人根保証の場合は極度額を上限とします。
判例	▶ 特定物の売買契約における売主のための保証人は、特に反対の意思表示のない限り、売主の債務不履行により契約が解除された場合の原状回復義務についても、保証する責任があります。 ▶ 期間の定めのある建物の賃貸借においで、賃借人のために保証人が賃貸人と保証契約を締結した場合には、反対の趣旨をうかがわせるような特段の事情のない限り、保証人が更新後の賃貸借から生ずる賃借人の債務についても保証の責めを負う趣旨で合意がされたものと解されます。

④保証人の負担と主たる債務の目的又は態様

原則	保証人の負担が債務の目的または態様において主たる債務より重いときは、主たる債務の限度に減縮されます。
例外	主たる債務の目的または態様が保証契約の締結後に加重されたときであっても、保証人の負担は加重されません。

⑤対外的効力

原則	債権者は、主たる債務の履行期到来後、主たる債務者及び保証人に対し、選択的または同時に請求できます。
例外	①債権者が保証人に債務の履行を請求したときは、保証人は、まず主たる債務者に催告をすべき旨を請求することができます(催告の抗弁権)。ただし、主たる債務者が破産手続開始の決定を受けたとき、またはその行方が知れないときは、この請求はできません。 ②債権者が主たる債務者に催告をした後でも、保証人が主たる債務者に弁済の資力があり、かつ、執行が容易にできることを証明した場合は、債権者は、まず主たる債務者の財産について執行をしなければなりません(検索の抗弁権)。 ▶ 連帯保証人の場合は催告の抗弁権も検索の抗弁権もありません。

⑥共同保証

原則	保証人が数人いる場合（共同保証）には、各保証人は、主たる債務の額を保証人の頭数で割った額についてのみ保証債務を負担します（分別の利益）。保証債務を履行した保証人は、主たる債務者に対して求償することができ、また、他の保証人に対しても、本来自分が負担すべき部分を超える部分について、求償することができます（保証人の求償権）。 ▶ Bの100万円の債務について、Cが保証人、Dが連帯保証人として保証した場合、債権者Aの請求に対して、Cは分別の利益を主張して50万円を弁済すればよいのですが、Dは100万円を弁済しなければなりません。
例外	連帯保証人は、保証人間に連帯の特約がなくても、分別の利益を有しません。

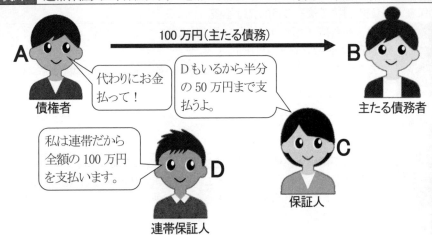

⑦主たる債務者について生じた事由の効力

原則	主たる債務者に対する**履行の請求**その他の事由による**時効の完成猶予および更新**は、保証人に対しても、その効力を生じます。
例外	①保証人は、主たる債務者が主張することができる抗弁をもって債権者に対抗することができます。 ②主たる債務者が債権者に対して相殺権、取消権または解除権を有するときは、これらの権利の行使によって主たる債務者がその債務を免れるべき限度において、保証人は、債権者に対して債務の履行を拒むことができます。

⑧保証人について生じた事由の効力

原則	保証人について生じた事由は、主たる債務者に対して影響を及ぼしません。
例外	主たる債務を消滅させる行為（弁済・代物弁済・供託・相殺・更改・受領遅滞）は主たる債務者に影響します。

2 連帯債務

1)連帯債務とは？

内容	数人の債務者が、同一内容の給付について、各人が独立に全部の給付をなすべき債務を負担し、そのうちの1人の給付があれば、他の債務者の債務も消滅する多数当事者の債務をいいます。
債権者との関係	数人が連帯債務を負担するときは、債権者は、その連帯債務者の1人に対し、または同時もしくは順次にすべての**連帯債務者**に対し、全部または一部の履行を請求することができます。
債務者間の関係	連帯債務者の1人が弁済し、その他自己の財産をもって共同の免責を得たときは、その連帯債務者は、その免責を得た額が自己の負担部分を超えるかどうかにかかわらず、他の連帯債務者に対し、その免責を得るために支出した財産の額(その財産の額が共同の免責を得た額を超える場合にあっては、その免責を得た額)のうち各自の負担部分に応じた額の求償権を有します。

2)連帯債務者の1人に生じた事由の影響

生じた事由	他の連帯債務者への影響
無効等	**影響なし** ▶ 連帯債務者の1人について法律行為の無効または取消しの原因があっても、他の連帯債務者の債務は、その効力を妨げられません。
履行の請求	**影響なし** ▶ 債権者が連帯債務者の1人に対して履行を請求した場合でも、その効力は、他の連帯債務者には及びません。
更改	**影響あり** ▶ 連帯債務者の1人と債権者との間に更改があったときは、債権は、全ての連帯債務者の利益のために消滅します。
免除	**影響なし** 連帯債務者の1人に対してした債務の免除は、他の連帯債務者に効力を及ぼしません。

混同	**影響あり** ▶ 連帯債務者の 1 人と債権者との間に混同があったときは、その連帯債務者は、弁済をしたものとみなされます。
時効の完成	**影響なし** ▶ 連帯債務者の 1 人のために時効が完成した場合でも、他の連帯債務者は、その義務を免れません。
自らの反対債権で相殺	**影響あり** ▶ 連帯債務者の 1 人が債権者に対して債権を有する場合において、その連帯債務者が相殺を援用したときは、債権は、全ての連帯債務者の利益のために消滅します。
他の連帯債務者の反対債権の負担部分	**影響あり** 債権者に対して債権を有する連帯債務者が相殺を援用しない間は、その連帯債務者の**負担部分の限度**において、他の連帯債務者は、債権者に対して債務の履行を拒むことができます。

【3,000 万円の連帯債務】
（負担部分平等）

D
債権者

←──── 1,500 万円（反対債権） ────

A
連帯債務者

A が相殺しないのなら、私（B）が A の負担部分を限度に履行を拒みます。

B
連帯債務者

C
連帯債務者

3 連帯保証

内容	連帯保証とは、保証人が主たる債務者と連帯して保証債務を負担する場合をいいます。
保証との違い	▶ 催告の抗弁権と検索の抗弁権がなく、対外的な関係で分別の利益もありません。 ▶ 連帯保証人に生じた事由は、「履行」「相殺」(自己の反対債権での相殺)の他に「混同」「更改」についても、主たる債務者に対して効力が生じます。

4 連帯債務・保証債務・連帯保証の違いは？

	対外的効力	1人につき生じた事由	
		主たる債務者に生じた事由	保証人に生じた事由
連帯債務	債務者は、1人または数人に対して同時または順次に全部の履行を請求することができます。	原則:影響なし 例外:弁済・更改・(自己の反対債権で)相殺・混同は影響あり	
保証債務	保証人には、催告および検索の抗弁権があります。	原則として付従性により保証人に及びます。	原則:影響なし 例外:弁済等は影響あり
連帯保証	連帯保証人には、催告および検索の抗弁権がありません。		原則:影響なし 例外:弁済・更改・(自己の反対債権で)相殺・混同は影響あり

ひっかけポイント

「債権者が連帯保証人に対して保証債務の履行を請求してきても、まずは主たる債務者に請求するよう主張できる」という手にはのらないように！

ここに注意して学習

連帯債務において絶対効となる項目と、負担部分について影響を与える項目を整理して覚えましょう。

19 抵当権

抵当物件が焼失した場合、抵当権も消滅するので、抵当権者は普通
の債権者となり、全額回収できなくなるの？

A:火災保険に加入していれば保険金に物上代位できます。

1 抵当権付き不動産と一緒に競売してよいものは？

抵当権の効力が及ぶものは、抵当権者が競売する際に一緒に売却できます。

及ぶ もの	抵当権が設定されている不動産に付加して一体をなしている物に及びます。 ▶ 原則として抵当権設定当時に存在した抵当不動産の従物（借地人が所有 するガソリンスタンド用店舗建物に抵当権を設定した場合におけるその建 物の従物である地下タンク、ノンスペース型計量機、洗車機など） ▶ 土地賃借人が賃借土地上に所有する建物について抵当権を設定した場合 におけるその建物の所有に必要な賃借権（従たる権利） ▶ その担保する債権について不履行があった後に生じた抵当不動産の果実 （賃料など）
及ばな いもの	抵当地上の建物

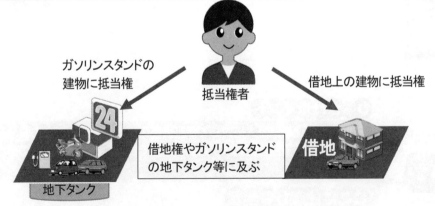

2 抵当権は弱肉強食？（抵当権の順位）

抵当権は他の物権と異なり1つの物に複数の権利を設定できます。その代わり順位が付いて、1番から順に競売価格から全額回収して行きます。

順位	同一の不動産について数個の抵当権が設定されたときは、**登記の前後**で順位が決まります。
順位の変更	▶ 順位は各抵当権者の合意によって変更することができます。ただし、利害関係を有する者があるときは、その**承諾**を得なければなりません。 ▶ 順位の変更は**登記**をしなければ**効力**を生じません。

3 抵当権は完全なる弱肉強食ではない？（優先弁済権）

原則	抵当権者が、利息その他の定期金を請求する権利を有するときは、その満期となった**最後の2年分**についてのみ優先的に弁済を受けることができます。
例外	**後順位抵当権者等がいない場合**には、抵当権者は、満期の来た最後の2年分を超える利息についても抵当権を行うことができます。

4 抵当権を譲渡したり担保にしたり（抵当権の処分）

転抵当	抵当権者がその抵当権をもって他の債権の担保とすることをいいます。
抵当権の譲渡・放棄および順位の譲渡・放棄	同一の債務者に対する他の債権者の利益のために、その被担保債権と切り離して抵当権だけを処分（譲渡・放棄）することをいいます。 ▶ すでに抵当権を有する債権者が債務者の資金調達を助けて、新たな融資者に対して有利な条件を与えるために、自分が持っている抵当権の優先弁済の利益をその新しい融資者に譲渡するようなものです。 ▶ 抵当権の譲渡・放棄をする処分者と受益者との間の合意だけでできます。

	受益者	効果
抵当権の譲渡	一般債権者	受益者が優先
抵当権の放棄	一般債権者	受益者と処分者は同順位
抵当権の順位の譲渡	後順位抵当権者	相手方が優先
抵当権の順位の放棄	後順位抵当権者	相手方と処分者は同順位

5 形を変えても抵当権から逃れられない？（物上代位）

物上代位とは	抵当権の効力が、その目的物に代わる物や金銭に及ぶことをいいます。
対象	抵当権者は、目的物の滅失等に伴って、抵当権設定者が受け取るべき金銭に、物上代位をすることができます。たとえば、**保険金請求権・損害賠償請求権・賃料・売買代金**等が物上代位の対象となります。 ▶ 条文上は売買代金も対象となっていますが、不動産を売却しても抵当権は消滅しないので、実際は代金に物上代位を認める意味はほとんどありません。
方法	物上代位をするためには、金銭が抵当権設定者に支払われる前に、抵当権者が差押えをしなければなりません。

A 抵当権者

 差押え

▶ 売却代金
▶ 賃料
▶ 目的物の滅失・損傷による損害賠償請求権
▶ 保険金請求権

B 抵当権設定者

C 買主・賃借人・加害者・保険会社

《物上代位が争点となった最高裁判決》

抵当権者は、物上代位の目的**債権が譲渡**され第三者に対する対抗要件が備えられた後でも、自ら目的債権を差し押さえて**物上代位権を行使することができます**。

債権について一般債権者の差押えと抵当権者の物上代位に基づく差押えが競合した場合、両者の優劣は、一般債権者の申立てによる差押えの命令の第三債務者への送達と抵当権設定登記の先後によります。

抵当権の物上代位の目的となる債権に対する転付命令が第三債務者に送達されるまでに抵当権者がその債権の差押えをしなかったときは、抵当権者は物上代位できなくなります。

抵当権者が賃料債権を差し押さえた後は、その不動産の賃借人は、抵当権設定登記の後に賃貸人に対して取得した債権を自働債権とする賃料債権（受働債権）との相殺をもって、抵当権者に対抗できません。

抵当不動産の賃借人は、抵当権者が物上代位権を行使して賃料債権を**差し押さえる前**に、賃貸人との間で、**抵当権設定登記の後**に取得した賃貸人に対する債権と上記の差押えがされた後の期間に対応する賃料債権とを直ちに対当額で相殺する旨の合意をし

	たとしても、当該合意の効力を抵当権者に対抗することはできません。**新判例**
	抵当権者が明渡し前に賃料債権を差し押さえたとしても、その賃貸借契約が終了し、目的物が明け渡されたときは、賃料債権は、敷金の充当によりその限度で消滅します。
	抵当権者は、抵当不動産の賃借人を所有者と同視することを相当とする場合を除いて、抵当不動産の賃借人が取得すべき転借料債権に物上代位できません。
	物上代位権の行使により賃貸借契約を解除することまではできません。

6 土地と建物が別々だから起こる問題？（法定地上権）

法定地上権とは？	競売等によって土地と建物の所有者が別々になったときに、法律の規定によって生じる地上権のことをいいます。
	▶ 自分の土地に借地権等の土地利用権を設定できないこと、競売により建物が存立する根拠を失い、取り壊さなければならなくなる不都合を避けるための制度です。

抵当権者

以下の要件をすべて満たすと法定地上権が成立します。
①**抵当権設定時に、土地の上に建物が存在すること**（建物について登記がなされている必要はない）。
②**抵当権設定時に、土地と建物の所有者が同一人であること**（抵当権設定後に、土地あるいは建物のどちらかが譲渡され、土地と建物が別人の所有に属した場合でもよい）。
③土地と建物の一方または両方に抵当権が存在すること。
④抵当権実行の結果、土地と建物の所有者が別々になること。

B

抵当権設定者

土地だけが競売 →

C

土地競落人

成立する場合	▶ 土地に対する抵当権設定当時、土地上の建物の所有権保存登記がなされていなかった場合
	▶ 再築された建物が旧建物と同一性を維持している場合（旧建物が基準になる）
	▶ 再築された新建物が堅固のものであっても抵当権者の利益を害しないと認められる特段の事情がある場合（新建物が基準となる）
成立しない場合	▶ 更地に1番抵当権が設定された後、建物が建築され、その後土地につき2番抵当権が設定されて、後者により競売申立てがなされた場合
	▶ 更地に抵当権が設定された場合に、当事者間で、将来建物を建築したときは地上権を設定したものとみなすとの合意があった場合

一括競売	抵当権設定後に抵当地に建物が築造されたときは、抵当権者は、土地とともにその建物を競売することができます。ただし、その**優先権は土地の代価についてのみ**行使することができます。

7 抵当権付きの物件の買い方（抵当権消滅請求等）

内容	抵当不動産について所有権を取得した第三者(第三取得者)は、**自己の権利取得代金または自己の指定した金額**を、抵当権者に弁済または供託して、**抵当権を消滅**させることができます(抵当権消滅請求)。
手続	▶ 第三取得者は、抵当権消滅請求をするときは、登記をした各債権者に対し、一定の内容を記した**書面を送付**しなければなりません。 ▶ 第三取得者は、**抵当権の実行としての競売による差押えの効力が発生する前**に、抵当権消滅請求をしなければなりません。
効果	▶ 登記をしたすべての債権者が第三取得者の提供した代価または金額を承諾し、かつ、第三取得者がその承諾を得た代価または金額を払い渡しまたは供託したときは、抵当権は消滅します。 ▶ 抵当権者は、**書面送達後 2 か月以内**に抵当権を実行しないと、承諾したものとみなされます。
その他	借金した本人(主たる債務者)や保証人およびその承継人は、抵当権消滅請求をすることができません。

8 抵当物件の賃借人は危うい？（抵当物と賃借人の関係）

抵当権と不動産賃借権の関係は、物権の対抗関係と同じように考えると分かりやすいです。つまり、先に対抗要件を備えた方が第三者対抗力を有します。

原則	抵当権の登記のある不動産を賃借した者は、対抗要件で遅れることになるので、抵当権者に賃借権を対抗できません。
例外	不動産賃借権の登記をした賃貸借は、その登記前に登記をした抵当権を有するすべての者が同意をし、かつ、その同意の登記があるときは、その同意をした抵当権者に対抗することができます。 ▶ 建物賃貸借については、抵当権者に対抗することができない賃借人であっても、その建物の競売における買受人の買受けの時から 6 か月を経過するまでは、その建物を買受人に引き渡す必要がありません。

9 中小企業の社長さんのための制度？（根抵当権）

内容	根抵当権とは、抵当権の一種であって、根抵当権者と債務者との間に生じるところの不特定の債権を担保するものです。企業取引に際し、頻繁に借り入れや返済をする場合、そのつど抵当権を設定するのは面倒なので、一定の範囲に属する不特定の債権を極度額(借入額の上限)の限度で担保します。
性質	①付従性の緩和 ▶ 基本契約(消費貸借契約等)がなくても根抵当権を設定できます。 ▶ 被担保債権は不特定の債権でよいとされています。ただし、「一定の範囲に属する」ことが必要であり、**包括根抵当権は認められていません**。 ▶ 被担保債権に属する特定の債権が弁済により消滅しても根抵当権自体は消滅しません。 ②随伴性の否定 ▶ 普通抵当権と異なり、根抵当権の場合、個々の被担保債権が他に**譲渡されても、債権の譲受人は根抵当権を取得しません**。
元本確定の効果	根抵当権の元本が確定すると、根抵当権が普通の抵当権になり、それ以降はもうお金を貸さないという状況になります。 ▶ 確定により根抵当権者が優先弁済権をもつ元本が確定します。利息等につき2年分等の制限排除の点を除けば普通抵当と同じになります。
元本の確定請求	①根抵当権設定者から **根抵当権設定者**は、根抵当権の**設定の時から3年を経過したとき**は、担保すべき元本の確定を**請求することができます**。この場合において、担保すべき元本は、その**請求の時から2週間を経過**することによって**確定**します。 ②根抵当権者から **根抵当権者**は、いつでも、担保すべき元本の確定を**請求することができます**。この場合において、担保すべき元本は、その**請求の時に確定**します。

ひっかけポイント

「2番抵当権設定時に建物があれば、1番抵当権設定時に更地でも、法定地上権は成立する」という手にはのらないように！

ここに注意して学習

ほぼ毎年出題されます。確実に1点ゲットしましょう。特に、物上代位、法定地上権は判例が重要です。

20 不法行為

営業中に自動車事故を起こしてしまった同僚から連絡が。会社にも賠償責任があるのかな…。

A:会社に選任・監督上の落度があれば賠償責任が発生します。

1 無過失では責任を負わないのが原則（不法行為の成立）

趣旨	▶ **被害者の救済**(損害の補填) ▶ 将来の**不法行為の抑止**
要件	以下の①～⑥が証明されると不法行為が成立します。 ①損害発生 　▶ 精神的損害も含む ②因果関係 　▶ 被害者側に立証責任 ③故意または過失 　▶ 失火：重過失 　▶ 被害者側に立証責任 ④責任能力 ⑤被害者の権利や利益を侵害 ⑥正当防衛等でない

2 不法行為が成立すると？（不法行為の効果①）

損害賠償請求	**損害賠償を請求できます。** ▶ 胎児は、損害賠償の請求権について既に生まれたものとみなされます。 ▶ 名誉毀損の場合は謝罪広告等も要求できます。
被害者死亡	▶ 即死の場合でも傷害と死亡との間に観念上時間の間隔があるので、傷害の瞬間に賠償請求権が生じ死亡の時に相続人にそれが承継されます。 ▶ 他人の不法行為によって財産以外の損害を被った者は、損害の発生と同時に慰謝料請求権を取得し、その請求権を放棄したものと解し得る特別の事情がない限り、これを行使することができます(同人が生前に請求の意思を表明しなくても当然に相続されます)。

3 損害賠償請求は相殺されない？（不法行為の効果②）

被害者にも過失	被害者に過失があったときは、裁判所は、これを考慮して、損害賠償の額を定めることができます。
相殺	「**悪意による不法行為に基づく損害賠償の債務**」や「**人の生命または身体の侵害による損害賠償の債務**」の債務者は、相殺をもって債権者に対抗することができません。ただし、その債権者がその債務に係る債権を他人から譲り受けたときは相殺できます。
履行遅滞	不法行為に基づく損害賠償債務は、催告を要することなく、**損害の発生と同時に遅滞**になります（法定利息は原則3%）。
消滅時効	不法行為による損害賠償請求権は、被害者またはその法定代理人が**損害および加害者を知った時から 3 年間**（人の生命または身体を害する不法行為ついては 5 年間）行使しないときは、時効によって消滅します。不法行為の時から20年を経過したときも同様です。
重要判例	▶ 建物の設計者、施工者及び工事監理者は、契約関係にない居住者等に対する関係でも、**建物としての基本的な安全性が欠けることがないように配慮すべき注意義務**を負い、この義務違反による瑕疵が原因で生命、身体または財産を侵害された居住者等に対して、特段の事情がない限り**不法行為による賠償責任**を負います。 ▶ 契約の一方当事者は、契約締結に先立ち、信義則上の説明義務に違反して、契約締結の可否に関する判断に影響を及ぼすべき情報を相手方に提供しなかった場合には、相手方が契約締結により被った損害について、**不法行為責任を負うことはあっても、債務不履行責任を負うことはありません**（消滅時効については不法行為の規定が適用される）。

4 従業員の責任は会社の責任？（使用者責任）

被用者(従業者)が仕事中に不法行為をすると会社も連帯責任を負います。

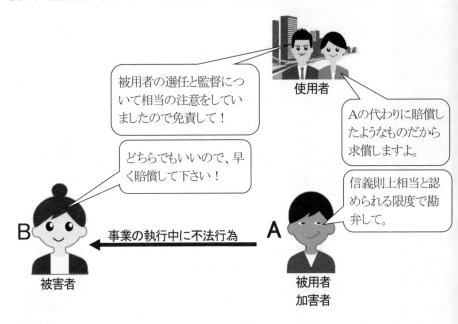

被用者の選任と監督について相当の注意をしていましたので免責して！

Aの代わりに賠償したようなものだから求償しますよ。

どちらでもいいので、早く賠償して下さい！

信義則上相当と認められる限度で勘弁して。

B 被害者

事業の執行中に不法行為

A 被用者 加害者

使用者

要件	▶ **被用者に不法行為責任が成立**すること ▶ 被用者による**加害が事業の執行についてなされる**こと ▶ 使用者が被用者の選任およびその事業の監督について相当の注意をしたとき、または相当の注意をしても損害が生ずべきであったときは、使用者は免責されること
効果	▶ 使用者責任が成立すれば、**被害者は被用者だけでなく使用者にも損害賠償を請求する**ことができます(使用者と被用者の被害者に対する責任は連帯債務と類似の関係になります)。 ▶ 被害者に損害を賠償した使用者は、被用者に求償することができます。ただし、**信義則上相当と認められる限度に制限されます**。※

※ 被用者が使用者の事業の執行について第三者に損害を加え、その損害を賠償した場合には、**被用者は**、使用者の事業の性格、規模、施設の状況、被用者の業務の内容、労働条件、勤務態度、加害行為の態様、加害行為の予防または損失の分散についての使用者の配慮の程度その他諸般の事情に照らし、**損害の公平な分担という見地から相当と認められる額**について、**使用者に対して求償することができます**(逆求償)。

5 共同不法行為

内容	数人が共同の不法行為により他人に損害を与えた場合、それらの者は**連帯して**被害者に損害賠償の責任を負います。
求償	▶ 共同不法行為の加害者間では、**過失割合に応じて**求償が認められます。 ▶ 共同不法行為を行った者が自己の負担部分を超えて、被害者に損害賠償したときは、他の共同不法行為者に対して自己の負担部分を超えた損害賠償分について求償権を有します。
その他	共同行為者のうちいずれの者がその損害を加えたかを知ることができないときも責任を負います。

6 工作物責任

原則	土地の工作物の設置または保存に瑕疵があることによって他人に損害を生じたときは、その工作物の**占有者**は、被害者に対してその損害を賠償する責任を負います。
例外	占有者が損害の発生を防止するのに必要な注意をしたときは、所有者がその損害を賠償しなければなりません。

 占有者

 所有者

必要な注意をした場合は免責されます。	占有者が免責された場合は無過失責任

ひっかけポイント

ひっかけ
二重否定
読み間違え

「使用者が被害者に賠償した場合、被用者に求償できない」という手にはのらないように！

ここに注意して学習

合格ポイント

ほぼ毎年出題されます。確実に1点ゲットしましょう。判例からの出題も多いので、判例と関連させながら要件を覚えましょう。

21 相続

父を亡くした人から不動産を相続するかもしれないとの相談を受けた。相続財産になるかもしれない不動産の売却を媒介するには？

A：共同相続人の有無、遺言の内容を確認しなければなりません。

1 相続人は誰だ？

常に相続人になる者	配偶者 ▶ 離婚等していた場合は相続人から外れます。
順位による者	**第1順位**：子(嫡出子・非嫡出子・養子等) ▶ 子が被相続人の死亡以前に死亡していたような場合にはその子(孫)が代襲相続します。 **第2順位**：直系尊属 ▶ 父母がいなければ祖父母 **第3順位**：兄弟姉妹

2 親より先に亡くなっていたら？（代襲相続）

代襲相続とは	相続が開始する以前に、相続人となるべき者が一定の原因により相続権を失った場合に、その者の直系卑属が、その者に代わって同一順位の相続人となり、その者の受けるはずであった相続分を承継する制度をいいます。
一定の原因とは	相続人となるべき者が次のいずれかにより相続権を失った場合です。なお、**相続放棄の場合は代襲しません。** ▶ **死亡** ▶ 相続欠格 ▶ 相続の廃除のいずれかの原因により相続権を失った場合 
代襲できる人	▶ 子 ▶ 兄弟姉妹 ＊ 直系尊属については、代襲相続は認められていません。

3 いくら相続するのか？（相続分）

相続人	相続分	注意事項
配偶者と子	配偶者＝2分の1 子＝2分の1	子(養子も含む)の相続分は平等
配偶者と直系尊属	配偶者＝3分の2 直系尊属＝3分の1	直系尊属の相続分は平等
配偶者と兄弟姉妹	配偶者＝4分の3 兄弟姉妹＝4分の1	兄弟姉妹の相続分は平等
子、直系尊属または兄弟姉妹が数人あるとき	各自の相続分は平等。ただし、父母の一方のみを同じくする兄弟姉妹の相続分は、双方を同じくする兄弟姉妹の相続分の2分の1。	
代襲相続人	その直系尊属が受けるべきであったものと同じ。ただし、直系卑属が複数の場合は法定相続分。	

4 相続するかしないかは自分で決める（承認・放棄）

相続が開始した場合、相続人は、一定期間内に、相続を放棄するか、限定承認するか、単純承認するかを決めます(限定承認・相続放棄は家庭裁判所に申述が必要です)。

単純承認 とは？	相続が開始した後に相続人がする相続受諾の意思表示をいいます。 ▶ 相続人の積極的な意思表示がなくても、期間が過ぎたり、相続財産を処分したり隠したりすると単純承認したものとみなされます。
限定承認 とは？	相続によって得た財産の限度においてのみ被相続人の債務および遺贈を弁済すべきことを留保して、相続の承認をすることをいいます。 ▶ 相続人が数人あるときは、限定承認は、共同相続人の全員が共同してのみこれをすることができます。
相続放棄	相続が開始した後に相続人が相続の効果を拒否する意思表示をいいます。
時間的 制約	相続人は、原則として、自己のために相続の開始があったことを知った時から3か月以内に、相続について、単純もしくは限定の承認または放棄をしなければなりません。
撤回 取消	相続の承認および放棄は、前記の期間内でも、原則として撤回することができません。 ▶ 詐欺・強迫・錯誤・制限行為能力等を理由として取り消すことはできます。 ▶ 取消権は、追認をすることができる時から6か月間行使しないときは、時効によって消滅します。相続の承認または放棄の時から10年を経過したときも消滅します。

5 相続放棄しても保管義務が続く？（相続財産の管理）

相続の発生から相続に関する手続が終了するまでの間の相続財産の相続財産管理制度があります。

相続財産清算人	家庭裁判所は、利害関係人または検察官の請求によって、いつでも、相続財産清算人の選任その他の相続財産の保存に必要な処分を命ずることができます。 ▶ 相続財産清算人は、保存行為および利用改良行為ができるほか、裁判所の許可を得て、処分行為をすることもできます（相続財産の一部を売却する程度）。
相続放棄者の保存義務	相続の放棄をした者は、その放棄の時に相続財産に属する財産を現に占有しているときは、相続人または相続財産法人の清算人に対してその財産を引き渡すまでの間、自己の財産におけるのと同一の注意をもって、その財産を保存しなければなりません。 ▶ 保存とは、財産を滅失させ、または損傷する行為をしてはならないことのみを意味し、積極的な保存義務を負うことまでは意味していません。
相続人が不明でも相続するには？	相続人のあることが明らかでない場合には、相続人を捜索する一方で、相続財産を管理し、最終的に清算するための手続があります。 ① 相続財産は法人とみなされ（相続財産法人）、相続財産の清算人が置かれます。 （下記の表） ② 相続財産法人の清算人を選任した家庭裁判所は、遅滞なく、その旨および相続人があるならば一定の期間内にその権利を主張すべき旨を、最低でも6か月間公告しなければなりません（選任・相続人捜索の公告）。 ③ 公告があったときは、その清算人は、全ての相続債権者および受遺者に対し、2か月以上の期間を定めて、その期間内にその請求の申出をすべき旨を公告しなければなりません（請求申出の公告）。その期間は、上記の家庭裁判所が公告した期間内に満了するものでなければなりません。

相続人が出現	法人は最初からなかったことになります。ただし、清算人がなした行為の効力は維持されます。
相続人が不明のまま	相続人が出現しないまま財産の清算が終わり残余があるときは、特別縁故者への財産分与を認めた上で、なお、残余があるとき国庫に帰属させます。

6 15歳にならないと遺言できない？

遺言能力	未成年者は、15歳に達しなければ遺言することができません。15歳になった未成年者は法定代理人の同意がなくても遺言できます。 ▶ 成年被後見人は、事理を弁識する能力を一時回復したときに、医師2人以上の立会いがあれば、遺言できます。 ▶ 被保佐人や被補助人が遺言するには制約がありません。
効力発生の時期	遺言は、遺言者の死亡の時からその効力を生じます。 ▶ 遺言に停止条件が付けられた場合は、遺言をした者が死んだ後で、かつ、停止条件が成就した時に、遺言の効力が生じます。
共同遺言の禁止	遺言は2人以上の者が同一の証書ですることができません。 ▶ 1通の証書に2人の遺言が記載されている場合であっても、両者が容易に切り離すことができるときは共同遺言に当たりません。

Part 2 権利関係

7 遺言書が出てきたら家庭裁判所へ（検認）

原則	遺言書の保管者等は、相続の開始を知った後、遅滞なく、これを家庭裁判所に提出して、その検認を請求しなければなりません。 ▶ 封印のある遺言書は、家庭裁判所において相続人またはその代理人の立会いがなければ、開封することができません。
例外	▶ 公正証書による遺言については、検認の必要がありません。
効果	検認手続をしなかったからといって直ちに遺言が無効となるものではありません。

8 遺言は最後に書いたものが有効？（遺言の撤回）

▶ 遺言者は、いつでも、遺言の方式に従って、その遺言の全部または一部を撤回することができます。
▶ 前の遺言が後の遺言と抵触するときは、その抵触する部分については、後の遺言で前の遺言を撤回したものとみなされます。

9 遺言書は手書きが基本です（遺言の種類）

	公正証書遺言	自筆証書遺言	秘密証書遺言
筆記者	本人が口授して公証人が筆記	本人が自書※1	規定なし
証人または立会人※2	証人2人以上	不要	公証人、証人2人以上
署名押印	本人、証人	本人	本人、公証人
加除・変更	規定なし	遺言者がその場所を指示し、変更した旨を付記・署名・押印する。	
家庭裁判所の検認	不要	必要（相続開始を知った後遅滞なく）	

※1 自筆証書にこれと一体のものとして相続財産の全部または一部の目録を添付する場合には、その目録については、自書する必要がありません。この場合、遺言者は、その目録の毎葉（自書によらない記載がその両面にある場合にあっては、その両面）に署名し、印を押さなければなりません。

※2 以下の者は遺言の証人や立会人となることができません。
- ▶ 未成年者
- ▶ 推定相続人および受遺者並びにこれらの配偶者および直系血族
- ▶ 公証人の配偶者、四親等内の親族、書記および使用人

10 遺言に書いても思い通りにはならない？（遺留分）

遺留分とは、一定の相続人のために法律上留保されなければならない遺産の一定割合をいいます。

遺留分権利者及びその承継人は、受遺者(特定財産承継遺言により財産を承継または相続分の指定を受けた相続人を含む)または受贈者に対し、**遺留分侵害額に相当する金銭の**支払いを請求することができます。

遺留分権利者	兄弟姉妹以外の相続人
遺留分の割合	**直系尊属のみが相続人⇒被相続人の財産の3分の1** **それ以外の場合⇒被相続人の財産の2分の1**
遺留分侵害	**遺留分を侵害する遺言は無効にはなりません。**
遺留分の放棄	▶ **相続開始前の遺留分の放棄は家庭裁判所の許可を得なければ**なりません。 ▶ 共同相続人の1人のした遺留分の放棄は、他の共同相続人の遺留分に影響を及ぼしません。 ▶ 遺留分を放棄しても相続権を放棄したことにはなりません。

請求期間	▶ 遺留分侵害額の請求権は、遺留分権利者が、相続の開始および遺留分を侵害する贈与または遺贈があったことを知った時から1年間行使しないときは、時効によって消滅します。 ▶ 相続の開始の時から10年を経過した時も消滅します。

1 配偶者の居住の権利

配偶者居住権とは、パートナーを亡くした配偶者が無償で建物に住み続けることができる権利をいいます。

要件	①被相続人の財産に属した建物に相続開始の時に居住していたこと ②「遺産分割で配偶者が居住権を取得すること」または「配偶者居住権が遺贈の目的とされること」。
存続期間	原則:配偶者が死ぬまで 例外:遺産の分割の協議もしくは遺言に別段の定めがあるとき、または家庭裁判所が遺産の分割の審判において別段の定めをしたときは、その定めによります。
対抗力	配偶者居住権を取得した配偶者は、居住権があることを第三者に対抗するために登記をする必要があります。所有者にはその登記に協力する義務があります。
配偶者の 権利・義務	▶ 従前の用法に従い、善良な管理者の注意をもって、居住建物の使用および収益をしなければなりません。 ▶ 配偶者居住権を他人に譲渡することはできません。 ▶ 居住建物の所有者の承諾を得なければ、居住建物を増改築したり、第三者に使用させたりすることはできません。 ▶ 配偶者は、無償で使用する以上、通常の必要費は自ら負担しなければなりません。一方、特別の必要費（災害等で建物が大きく損傷した場合の修繕費など）や有益費については所有者が負担します。

ひっかけポイント

「兄弟姉妹にも遺留分がある」という手にはのらないように！

ここに注意して学習

確実に1点ゲットしましょう。遺言と遺留分の関係を理解することで安易な丸暗記に頼らないようにしましょう。

22 民法上の貸借

預かった敷金からクリーニング費用を差し引いた残額を返還したら、「全額返還せよ」と賃借人の弁護士から内容証明が…。

A:賃貸借契約書の記載内容によります。

1 賃貸人と賃借人の権利・義務

A 賃貸人
引渡・修繕 義務
賃料支払・善管注意・原状回復 義務

B 賃借人

①賃料に関する権利・義務

賃貸人	賃借人
賃料支払請求権 ▶ 賃借物の一部が滅失その他の事由により使用及び収益をすることができなくなった場合、それが賃借人の帰責事由によらないときは、賃料は、その使用及び収益をすることができなくなった部分の割合に応じて、減額されます。	賃料支払の義務 ▶ 賃借物の一部が滅失その他の事由により使用及び収益をすることができなくなった場合において、残存する部分のみでは賃借人が賃借をした目的を達することができないときは、賃借人は、契約の解除をすることができます。

②用法遵守に関する権利・義務

賃貸人	賃借人
契約と目的物の性質により定まった用法にしたがって、目的物を使用および収益させる義務	賃借物を善良な管理者の注意をもって保管する義務と、それを使用収益する際には、契約または賃借物の性質によって定まる用法を遵守する義務 ▶ 賃借人は、不動産の占有を妨害する第三者に対して、妨害の停止と返還を請求することができます（登記や引渡し等による対抗要件を備えた場合）。

③修繕に関する権利・義務

賃貸人	賃借人
賃貸物の使用収益に必要な**修繕義務**	賃貸物件が修繕を必要とする場合に、遅滞なく賃貸人に通知する**義務**
▶ 不可抗力により生じた場合も賃貸人は修繕義務を負います。 ▶ 賃貸人が修繕義務の履行を怠り、賃借人が賃借物を全く使用することができなかった場合には、賃借人は、その期間の賃料の支払いを免れます。	▶ 賃貸人がすでにそれを知っている場合は通知する必要がありません。 ▶ 賃貸人が賃貸物件の保存に必要な行為をしようとするときは、賃借人は拒むことができません。 ▶ 賃借物の修繕が必要である場合において、①賃借人が賃貸人に修繕が必要である旨を通知し、または賃貸人がその旨を知ったにもかかわらず、賃貸人が相当の期間内に必要な修繕をしないとき、及び、②急迫の事情があるときには、修繕することができます。

④必要費・有益費に関する権利・義務

賃貸人	賃借人
賃貸物を使用収益可能な状態に維持するために必要な費用の負担義務	必要費を賃借人が支出した場合に、賃借人は、直ちにその償還を請求できます。
賃貸物を改良し、客観的価値を増加させるために支出した**有益費の償還義務** ▶ 支出による価格の増加が現存する場合に限定され、しかも、賃貸借終了時まで待たなければなりません。	**賃貸人の選択に従い、**支出した金額または増価額(有益費)の償還を請求できます。

2 民法上の賃貸借の上限は50年？（存続期間・更新）

存続期間	50年を超えることができません。契約でこれより長い期間を定めたときであっても50年となります。※
更新料	賃貸借契約書に一義的かつ具体的に記載された更新料の支払を約する条項は、更新料の額が賃料の額、賃貸借契約が更新される期間等に照らし高額に過ぎるなどの特段の事情がない限り、消費者契約法10条にいう「民法1条2項に規定する基本原則に反して消費者の利益を一方的に害するもの」には当たりません。

※ 賃貸借の期間が満了した後、賃借人が賃借物の使用または収益を継続する場合において、賃貸人がこれを知りながら異議を述べないときは、従前の賃貸借と同一の条件で更に賃貸借をしたものと推定されます。

3 不動産賃借権は登記できる？（対抗力）

原則	賃借権には対抗力がありません。
例外	不動産の賃貸借は、これを登記したときは、その後その不動産について物権を取得した者に対しても対抗できます。 ▶ この登記は賃貸人と賃借人の共同申請となります。

4 オーナーチェンジも登記が必要？（賃貸人の地位の移転）

原則	前記3や借地借家法等による賃貸借の対抗要件を備えた場合において、その不動産が譲渡されたときは、その不動産の賃貸人たる地位は、その譲受人に移転します。 ▶ 賃貸人たる地位の移転は、賃貸物である不動産について所有権の移転の登記をしなければ、賃借人に対抗することができません。
例外	不動産の譲渡人と譲受人が、賃貸人としての地位を譲渡人に留保する旨、およびその不動産を譲受人が譲渡人に賃貸する旨の合意をした場合は、賃貸人としての地位は、譲受人に移転しません。 ▶ 譲渡人と譲受人またはその承継人との間の賃貸借が終了した場合は、譲渡人に留保されていた賃貸人たる地位は、譲受人またはその承継人に移転します(所有権の移転の登記が必要)。
債務の承継	賃貸人たる地位が譲受人またはその承継人に移転した場合は、必要費の償還債務と敷金の返還債務は、譲受人またはその承継人が承継します。

5 賃借権譲渡・転貸

①譲渡・転貸の要件と効果

賃借権譲渡・賃借物転貸の要件	賃借人は、賃貸人の承諾を得なければ、その賃借権を譲り渡し、または賃借物を転貸することができません。
賃借権譲渡の効果	従来の賃借人は賃貸借関係から離脱し、賃借権の譲受人が新たな賃借人となります。
賃借物転貸の効果	賃借人が適法に賃借物を転貸したときは、転借人は、原賃貸人に対して直接に義務を負います。この場合、賃料の前払をもって原賃貸人に対抗することができません。
無断で行った場合の効果	賃借人が原賃貸人の承諾を得ずに第三者に賃借物の使用または収益をさせたときは、原賃貸人は、契約の解除をすることができます。ただし、原賃貸人に対する背信的行為と認めるに足らない特別の事情がある場合には解除できません。

②原賃貸借が終了した場合の転借人の立場

A	原賃貸借	B	転貸借	C
原賃貸人		賃借人(転貸人)		転借人

原賃貸借が合意解除で終了した場合	原則として、原賃貸人(A)は転借人(C)に対し原賃貸借の合意解除の効果を**対抗することができません**。※
原賃貸借が債務不履行で終了した場合	▶ 原賃貸人(A)の承諾のある転貸借は、原則として、A が転借人(C)に対して**目的物の返還を請求した時に**、転貸人(B)の C に対する債務の履行不能により終了します。 ▶ 原賃貸人(A)が、賃借人(B)の賃料不払いを理由に原賃貸借を解除するには、特段の事情のない限り、転借人(C)に通知等をして賃料の**代払いの機会を与える必要はありません**。

※ AB 間の原賃貸借契約が合意解除された後の法律関係は、Bの転貸人の地位をAが承継するという見解が有力です。この場合、転貸借契約の契約内容(賃料、存続期間等)がそのままAとCとの間の契約内容となります。

6 不動産が滅失すると終了？（契約の終了）

契約期間が満了し、更新しない場合には契約は終了します。それ以外にも契約が終了する場合があります。また、終了した場合は賃借人には物件を原状に復して返還する義務が生じます。

賃借物の全部滅失	賃借物の**全部が滅失**その他の事由により使用および収益をすることができなくなった場合に、賃貸借は終了します。 ▶ 賃借人の義務違反による場合も終了します。 ▶ 解除するまでもなく終了します。
中途解約	**原則**:合意がある場合を除き、中途解約できません。 **例外**:当事者が賃貸借の期間を定めた場合で、その一方または双方がその期間内に解約をする権利を留保したとき(中途解約できる旨の特約)は、中途解約できます。 解約の申入れ日から以下の期間経過で終了します。 土地:1 年　建物:3 か月

債務不履行 解除 (130頁参照)	債務不履行の場合、原則として、相当期間を定めて履行の催告をし、その期間内に履行がないときに解除できます(債務者の帰責事由は不要)。 ▶ その期間経過時における債務の不履行がその契約および取引上の社会通念に照らして軽微であるときは解除できません。 ▶ 信頼関係が破壊されている場合でなければ解除できません。 ▶ 信頼関係が破壊されている場合は催告不要です。
解除の効力	解除は、将来に向かってのみその効力を生じます。 ▶ 解除した場合でも損害賠償を請求することができます。
附属物の 収去	賃借人は、契約が終了した時点で、賃借物を受け取った後にこれに附属させた物がある場合、その附属物を収去する権利と義務があります。 ▶ 借用物から分離することができない物や、分離するのに過分の費用がかかる物は、収去義務はありません。
原状回復	賃借人は、契約が終了した時点で、賃借物を受け取った後にこれに生じた損傷がある場合、その損傷を原状に復する義務を負います。 ▶ 通常の使用および収益によって生じた賃借物の損耗や賃借物の経年変化(通常損耗)は、原状回復する必要がありません。 ▶ 損傷が賃借人の帰責事由によるものでない場合は、原状回復する必要がありません。
期間制限	契約違反による損害賠償請求や、賃借人が支出した費用償還請求は、賃貸物件の返還時から1年以内に請求しなければなりません。 ▶ 損害賠償の請求権については、賃貸人が返還を受けた時から1年を経過するまでの間は、時効が完成しません。

7 敷金は退去時に全額返還されるの?(敷金)

敷金とは	いかなる名目によるかを問わず、賃料債務その他の賃貸借に基づいて生ずる賃借人の賃貸人に対する金銭の給付を目的とする債務を担保する目的で、賃借人が賃貸人に交付する金銭をいいます。
敷金の返還	敷金を預かる賃貸人は、次の事情が生じた場合に、賃借人に対し、敷金の額から賃貸借に基づいて生じた賃借人の賃貸人に対する金銭の給付を目的とする債務の額を控除した残額を返還しなければなりません。 ▶ 賃貸借が終了し、かつ、賃貸物の返還を受けたとき ▶ 賃借人が適法に賃借権を譲り渡したとき
敷金での充当	賃貸人は、賃借人が賃貸借に基づいて生じた金銭の給付を目的とする債務を履行しない場合、敷金をその債務の弁済に充てること

		ができます。
		▶ 賃借人は、賃貸人に対し、敷金をその債務の弁済に充てることを請求することができません。
履行の順番		敷金の返還と建物の明渡しは、同時履行の関係になりません。
		▶ 明渡しが先となります。
敷引特約		居住用建物の賃貸借契約に付されたいわゆる敷引特約は、保証金から控除される敷引金の額が賃料月額の 3.5 倍程度にとどまっており、この敷引金の額が近傍同種の建物の敷引金の相場に比して大幅に高額でなければ無効となりません。

8 使用貸借と賃貸借の違い

吏用貸借とは、当事者の一方がある物を引き渡すことを約し、相手方がその受け取った物こついて無償で使用および収益をして契約が終了したときに返還をすることを約することによってその効力を生ずる契約です(諾成契約)。

	建物賃貸借	使用貸借
無断転貸	賃借人に背信的行為があると認めるに足る事情があれば、賃貸人は、解除することができます。	借主が第三者に借用物の使用収益をさせたときは、貸主は、解除することができます。
解約申入れ	賃貸人側からの解約申入れの場合は、正当事由があれば、6か月経過で終了します。	存続期間を定めず、使用目的のみ定めた場合、目的に従った使用収益が終わったとき、返還しなければなりません。※
対抗要件	賃借権の登記または引渡し	対抗力なし
賃借人・借主死亡	賃借権は相続します。	契約は終了します。
必要費	賃貸人が負担します。	借主が負担します。

※ 借主がその使用収益を終わる前であっても、使用収益をするのに足りる期間を経過したときは、貸主は、直ちに返還を請求することができます。

ひっかけポイント

ひっかけ
二重否定
読み間違え

「使用貸借では貸主が死亡しても借主が死亡しても使用貸借契約は当然に終了し相続しない」という手にはのらないように!

ここに注意して学習

合格ポイント

借地借家法の理解の前提になります。借地借家法と使用貸借と比較しながら民法上の賃貸借を理解して覚えましょう。

23 借地借家法上の借家

木造アパートを取り壊してマンションを建てて分譲したいと考えているオーナーが、入居者を退去させる方法は？

A：入居者が拒んだ場合は正当事由がなければ退去させられません。

1 借家の場合は存続期間に上限がない？（契約期間）

借地借家法が適用される建物賃貸借は、民法のように上限50年という条件はありません。

▶ 期間を1年未満とする建物の賃貸借は、期間の定めがない建物の賃貸借とみなされます。

2 賃借人を退去させるにはどうすれば？

通知・解約申入れ	▶ 期間の定めがある賃貸借の場合、当事者が期間の満了の1年前から6か月前までの間に相手方に対して更新をしない旨の通知または条件を変更しなければ更新をしない旨の通知をしなかったときは、従前の契約と同一の条件で契約を更新したものとみなされます。 ▶ 期間の定めがない賃貸借の場合、賃貸人が賃貸借の解約の申入れをすることで、解約の申入れの日から6か月を経過すると終了します。
使用継続	▶ 通知・解約申入れをした場合であっても、期間満了後に建物の賃借人が使用を継続する場合において、建物の賃貸人が遅滞なく異議を述べなかったときも従前の契約と同一の条件で契約を更新したものとみなされます。ただし、その期間は、定めがないものとなります。 ▶ 転借人がいる場合、転借人がする建物の使用の継続が建物の賃借人がする建物の使用の継続とみなされます。
更新拒絶等の要件	建物の賃貸人および賃借人（転借人を含みます。）が建物の使用を必要とする事情のほか、建物の賃貸借に関する従前の経過、建物の利用状況および建物の現況並びに建物の賃貸人が建物の明渡しの条件としてまたは建物の明渡しと引換えに建物の賃借人に対して財産上の給付をする旨の申出をした場合におけるその申出を考慮して、正当の事由があると認められる場合でなければ、建物の賃貸人による通知・解約申入れはできません。

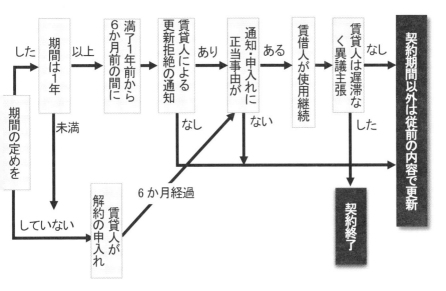

3 転借人がいた場合は？（転借人の保護）

▶ 期間満了または解約申入れによって原賃貸借契約が終了するときは、建物の賃貸人は、建物の**転借人にその旨の通知**をしなければ、その終了を建物の転借人に対抗することができません。

▶ 上記の通知をしたときは、通知日から**6か月を経過**すると終了します。

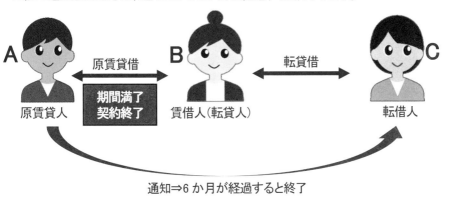

通知⇒6か月が経過すると終了

4 借地上の建物賃借人の保護

借地権の存続期間の満了によって建物の賃借人が土地を明け渡すべきときは、建物の賃借人が借地権の存続期間が満了することをその **1 年前**までに知らなかった場合に限り、裁判所は、建物の賃借人の請求により、建物の賃借人がこれを**知った日から 1 年を超えない範囲内**において、土地の明渡しにつき相当の期限を許与することができます。その期限が到来することで終了します。

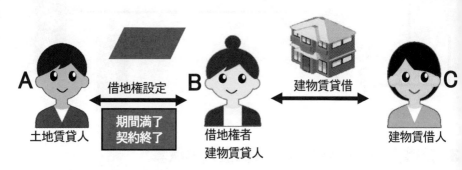

借地権設定 / 建物賃貸借

A 土地賃貸人　期間満了 契約終了　B 借地権者 建物賃貸人　C 建物賃借人

5 借家は引渡しが対抗力?

建物の賃貸借は、賃借権自体の登記をしていなくても、建物の引渡しがあったときは、その後その建物について物権を取得した者に対し、その効力を生じます。

民法	不動産の**賃借権自体の登記**
借地借家法	**建物の引渡し**

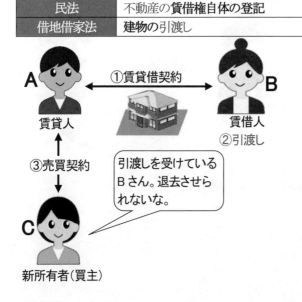

A 賃貸人　①賃貸借契約　B 賃借人　②引渡し

③売買契約

引渡しを受けている B さん。退去させられないな。

C 新所有者(買主)

6 取り付けた造作は買い取ってもらえる？

造作とは	▶ 建物に付加した物件で賃借人の所有に属し、かつ建物の使用に客観的便益を与えるものをいいます。 ▶ 賃借人がその建物を特殊の目的に使用するために特に付加した設備を含みません。
買取請求の内容	▶ 建物の賃貸人の同意を得て建物に付加した造作がある場合には、建物の賃借人は、建物の賃貸借が期間の満了、または解約の申入れによって終了するときに、建物の賃貸人に対し、その造作を時価で買い取るべきことを請求することができます。 ▶ 建物の転借人と賃貸人との間についても適用されます。 ▶ **賃借人・転借人に不利な上記に反する特約**も**有効**です。
債務不履行による解除	賃貸借が賃料の**債務不履行によって解除**された場合には**造作買取請求権を行使することができません**。
同時履行の抗弁権・留置権	造作代金債権は造作に関して生じた債権で建物に関して生じた債権ではないので、造作の買取を請求した借家人は、造作代金の提供がないことを理由として、同時履行の抗弁権によって建物の明渡しを拒んだり、留置権を行使することはできません。

Part

2

権利関係

7 借賃増減額請求

要件	建物の借賃が、近傍同種の建物の借賃に比較して不相当となったとき等は、契約の条件にかかわらず、当事者は、将来に向かって建物の借賃の額の増減を請求することができます。 ▶ 一定の期間建物の借賃を**増額**しない旨の特約がある場合にはその特約が優先します。 ▶ いわゆるサブリース事業(賃貸管理会社が間に入る形式での原賃貸借と転貸借)にも適用されます。
増額の裁判	請求を受けた者は、裁判が確定するまでは、相当と認める額の建物の借賃を支払えば債務不履行になりません。 ▶ ただし、その**裁判が確定**した場合、すでに支払った額に不足があるときは、その**不足額に年 1 割**の割合による支払期後の利息を付してこれを支払わなければなりません。※
減額の裁判	請求を受けた者は、裁判が確定するまでは、相当と認める額の建物の借賃の支払を請求することができます。 ▶ ただし、その**裁判が確定**した場合において、すでに支払を受けた額が正当とされた建物の借賃の額を超えるときは、その**超過額に年1割の割合**による受領の時からの利息を付してこれを返還しなければなりません。※

※ 逆に、過分だった場合や不足があった場合には、3%(原則)の法定利率による調整となります。

8 定期建物賃貸借

期間	当事者が合意した期間(1 年未満とすることもできます)
内容	契約の更新がない旨の特約を認める契約です。
方式	▶ (公正証書などの)**書面(または、電磁的記録)**によって契約する必要があります。 ▶ 賃貸人は、賃借人に対して、あらかじめ書面を交付の上、賃貸借に更新がなく、期間の満了によって終了する旨を説明しなければなりません。 ▶ 上記の書面は、賃借人が、その契約に係る賃貸借は契約の更新がなく、期間の満了により終了すると認識しているか否かにかかわらず、**契約書とは別個独立の書面**でなければなりません。 ▶ 上記の**説明をしなかった**ときは、**契約の更新がないこととする旨の定めは無効**となります。

終了	①賃貸人から(期間が1年以上の場合) 期間満了の1年前から6か月前までに賃借人への通知をする必要があります。 ②賃借人から(床面積が200 ㎡未満の居住用建物である場合) 転勤、療養、親族の介護その他のやむを得ない事情により、建物の賃借人が建物を自己の生活の本拠として使用することが困難となったときは、賃貸借の解約の申入れをすることができ、当該申入れの日から1か月後に契約が終了します。 ▶ 上記①②に反する特約で建物の賃借人に不利なものは無効となります。
適用除外	増減額請求の規定は、借賃の改定特約がある場合には、適用されません。 ▶ 借賃の改定に関する特約は、借賃増減請求権の規定の適用を排除して当事者間の合意を優先するに足りる程度のものでなければなりません。たとえば、一定期間据え置きや、一定期間ごとに一定割合で増額する等の特約です。

9 取壊し予定の建物の賃貸借

期間	建物を取り壊すことになる時
内容	建物を取り壊すことになる時に、建物賃貸借契約が終了する旨を定めた建物賃貸借です。
要件	①法令(たとえば、都市計画法、土地区画整理法、土地収用法)または契約(たとえば、土地賃貸人との間の建物収去・土地明渡しの特約)により、②一定期間経過後に建物を取り壊すべきことが明らかな場合
方式	特約は書面(または、電磁的記録)によってしなければなりません。
終了	建物の取壊しにより契約が終了する場合、正当事由を必要としません。

ひっかけポイント

ひっかけ
二重否定
読み間違え

「定期建物賃貸借は公正証書によらなければならない」という手にはのらないように!

ここに注意して学習

合格 ポイント

定期建物賃貸借が特に重要です。借地借家法の目的が賃借人を保護することにあることを意識して学習しましょう。

24 借地借家法上の借地

> 都心で土地を借りてオフィスビルを建てて賃貸する経営者から相談が。地主から次の更新申請には応じない旨の書面が…。

A:正当事由を証明して更新請求すれば更新します。

1 更新・解約

契約期間	**原則**: 30 年 **例外**:契約で 30 年より長い期間を定めたときはその期間
更新後の期間	借地権の設定後の**最初の更新**にあっては 20 年、**それ以降は更新の日から 10 年**となります。ただし、当事者がこれより長い期間を定めたときは、その期間となります。
更新請求	期間満了する場合、借地権者が契約の更新を請求したときは、建物がある場合に限り、従前の契約と同一の条件で契約を更新したものとみなされます。
更新拒絶の要件	▶ **借地権設定者が遅滞なく異議を述べること** ▶ 期間満了後、借地権者が土地の使用を継続するときも、遅滞なく異議を述べること ▶ 転借地権が設定されている場合、転借地権者の土地使用の継続が借地権者の土地使用の継続とみなされます。 ▶ 上記の異議は、借地権設定者および借地権者(転借地権者を含みます。)が土地の使用を必要とする事情のほか、借地に関する従前の経過および土地の利用状況並びに借地権設定者が土地の明渡しの条件として、または土地の明渡しと引換えに借地権者に対して財産上の給付をする旨の申出をした場合におけるその申出を考慮して、**正当の事由があると認められる場合**でなければ、述べることができません。

2 借地上の建物を再築する

建物再築	▶ **期間満了前に建物の滅失**(借地権者または転借地権者による取壊しを含みます。)があった場合、借地権者が**残存期間を超えて存続すべき建物を築造した**ときは、その建物を築造するにつき**借地権設定者の承諾がある場合に限り**、借地権は、**承諾があった日または建物が築造された日のいずれか早い日から 20 年間存続**します。ただし、残存期間がこれより長いとき、または当事者がこれより長い期間を定めたときは、その期間となります。 ▶ 借地権者が借地権設定者に対し残存期間を超えて存続すべき建物を新たに築造する旨を通知した場合で、借地権設定者がその通知を受けた後 2 月以内に異議を述べなかったときは、その建物を築造するにつき上記の借地権設定者の承諾があったものとみなされます。ただし、契約の更新の後に通知があった場合においては適用されません。
更新後の建物滅失	**契約更新後**に建物が滅失した場合、借地権者は、地上権の放棄または土地の賃貸借の解約の申入れをすることができます。 ▶ 借地権者が借地権設定者の承諾を得ないで残存期間を超えて存続すべき建物を築造したときは、借地権設定者は、地上権の消滅の請求または土地の賃貸借の解約の申入れをすることができます。 ▶ 上記の場合、借地権は、地上権の放棄もしくは消滅の請求または土地の賃貸借の解約の申入れがあった日から 3 か月を経過することによって消滅します。
更新後の建物再築	契約更新後、借地権者が残存期間を超えて存続すべき建物を新たに築造することにつきやむを得ない事情があるにもかかわらず、借地権設定者がその建物の築造を承諾しないときは、借地権設定者が地上権の消滅の請求または土地の賃貸借の解約の申入れをすることができない旨を定めた場合を除き、裁判所は、借地権者の申立てにより、借地権設定者の承諾に代わる許可を与えることができます。
強行規定	この表に記された内容に違反する特約で借地権者に不利なものは無効となります。

3 対抗力

民法	不動産の**賃借権自体を登記**すると対抗力をもちます。
借地借家法	▸ **土地の上に借地権者が登記されている建物を所有**すると対抗力をもちます。 ▸ 土地賃借人は、自己と氏を同じくし、かつ同居する未成年の長男名義で保存登記をした建物を借地上に所有していても、土地の新取得者に対し借地権を対抗できません。 ▸ 借地人が借地上に自己名義の**表示の登記**のある建物を所有しているときでも対抗力をもちます。 ▸ 建物が滅失しても、借地権者が、その建物を特定するために必要な事項、その滅失があった日および建物を新たに築造する旨を土地の上の見やすい場所に掲示するときは、借地権は対抗力をもちます。ただし、**建物の滅失があった日から 2 年以内に建築して登記しなけ**ればなりません。

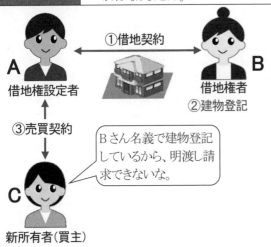

①借地契約

A
借地権設定者

B
借地権者
②建物登記

③売買契約

Bさん名義で建物登記しているから、明渡し請求できないな。

C
新所有者(買主)

4 更新しないと建物を買い取らせる？

買取請求の内容	▶ 期間満了した場合で、契約の更新がないときは、借地権者は、借地権設定者に対し、建物その他借地権者が権原により土地に附属させた物を時価で買い取るべきことを請求することができます。 ▶ 建物が期間満了前に借地権設定者の承諾を得ないで残存期間を超えて存続すべきものとして新たに築造されたものであるときは、裁判所は、借地権設定者の請求により、代金の全部または一部の支払につき相当の期限を許与することができます。
債務不履行による解除	**債務不履行**による土地賃貸借契約解除の場合には、借地人は**建物買取請求権**を有しません。
第三者の建物買取請求権	第三者が借地上の建物その他借地権者が権原によって土地に附属させた物を取得した場合において、借地権設定者が賃借権の譲渡または転貸を承諾しないときは、その**第三者**は、**借地権設定者に対し**、建物その他借地権者が権原によって土地に附属させた物を時価で買い取るべきことを請求することができます。 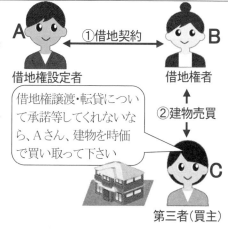
同時履行の抗弁権	建物買取請求権が行使された場合、買取請求権者の建物の移転義務と賃貸人の代金支払義務とは、**同時履行の関係**に立ちます。

A 借地権設定者　①借地契約　B 借地権者
借地権譲渡・転貸について承諾等してくれないなら、Aさん、建物を時価で買い取って下さい
②建物売買
C 第三者(買主)

5 増減額請求

借家と同様です。

6 土地の賃借権の譲渡・転貸の許可

通常	借地権設定者に不利となるおそれがないにもかかわらず、借地権設定者がその賃借権の譲渡または転貸を承諾しないときは、裁判所は、**借地権者の申立**てにより、借地権設定者の承諾に代わる許可を与えることができます。
競売等	第三者が借地上の建物を競売または公売により取得した場合、その第三者が賃借権を取得しても借地権設定者に不利となるおそれがないにもかかわらず、借地権設定者がその賃借権の譲渡を承諾しないときは、裁判所は、その**第三者の申立**てにより、借地権設定者の承諾に代わる許可を与えることができます。 ▶ 上記の申立ては、建物の代金を支払った後 2 か月以内に限り、することができます。

7 更新のない定期借地権等

借地借家法には、一定の要件の下に、正当事由の有無を問わず、期間の満了により消滅する借地権として、定期借地権、事業用借地権等、建物譲渡特約付借地権の 3 つを定めています。

	期間	目的	法定更新	建物買取請求	契約方法
定期借地権	50 年以上	制限なし	特約で否定可能		書面※
事業用定期借地権	30 年以上 50 年未満	専ら事業用			公正証書
事業用借地権	10 年以上 30 年未満		法律上当然になし		
建物譲渡特約付借地権	30 年以上	制限なし	特約で否定可能	譲渡特約あり	口頭でも可能

※または、電磁的記録。

ひっかけポイント

「当初の存続期間中に借地権設定者の承諾を得ずに再築したら、解約の申入れをされる」という手にはのらないように！

ここに注意して学習

ほぼ毎年出題されます。確実に 1 点ゲットしましょう。再築と対抗力と建物買取請求権が重要です。

Part3　法令上の制限、税・その他

法令上の制限

出　題	問 15～問 22（8 問）
合格ライン	6 問以上正解
最低学習時間	1 か月
出題頻度の高いもの	都市計画法の内容　開発許可制度　用途規制　単体規定(建築基準法)　建築確認(建築基準法)　国土利用計画法　農地法　盛土規制法　換地処分の効果(土地区画整理法)

税・価格の評定

出　題	問 23～問 25（3 問）
合格ライン	2 問以上正解
最低学習時間	2 週間
出題頻度の高いもの	不動産取得税　固定資産税　印紙税　所得税　地価公示法　不動産鑑定の方式(不動産鑑定評価基準)

免除科目

出　題	問 46～問 50（5 問）
合格ライン	4 問以上正解
最低学習時間	1 か月
出題頻度の高いもの	証券化支援業務(住宅金融支援機構法)　公正競争規約　地価公示(統計)　建築着工統計(統計)　宅地の適否　建物の構造

1 都市計画法──都市計画区域・準都市計画区域・都市計画決定手続

都市計画区域は都道府県などの行政区画に沿って定められるの？

A：行政区画とは関係なく定められます。

1 街づくりする場所を決める（都市計画区域・準都市計画区域）

まずは、都市計画する場所を決定します。乱開発を防止するために準都市計画区域を指定する場合もあります。

都市計画区域

準都市計画区域

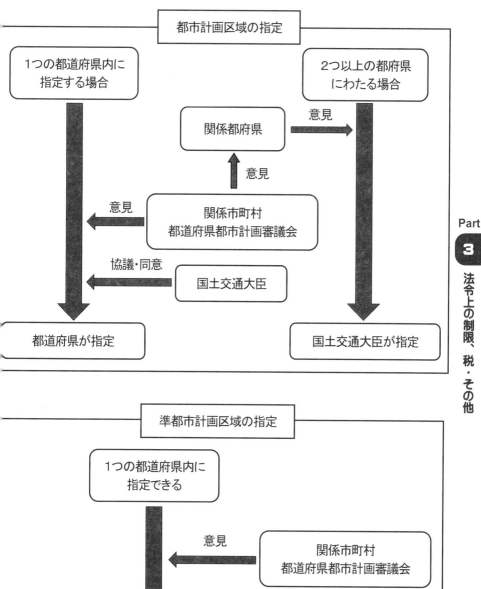

	内 容	注意点
都市計画 区域	一体の都市として総合的に整備し、開発し、および保全する必要があるとして指定された区域を都市計画区域といいます。	▶ 行政区画とは関係なく定められます。 ▶ **都道府県が指定**します。ただし、**複数の都府県にわたる場合は、国土交通大臣が指定**します。
準都市計 画区域	準都市計画区域は、都市計画区域外の区域のうち、相当数の住居その他の建築物の建築またはその敷地の造成が現に行われ、または行われると見込まれる区域を含み、そのまま土地利用を整序し、**環境を保全する措置**を講ずることなく放置すれば、将来における一体の都市としての整備、開発および保全に支障が生じるおそれがあると認められる一定の区域をいいます。	▶ 都市計画区域外に定めます。 ▶ **都道府県が指定**します。

2 都市計画区域には都市計画を定めその方針を決める？

都市計画区域を指定したら、その区域内での都市計画を定めます。まずは、その基本方針(マスタープラン)を定めます。

▶ 区域区分の決定の有無および当該区域区分を定めるときはその方針(必須)

▶ 都市計画の目標(努力義務)

▶ 土地利用、都市施設の整備および市街地開発事業に関する主要な都市計画の決定の方針(努力義務)

3 都市計画には手順がある？

都市計画案 の作成	必要があると認めたときは、**公聴会の開催等住民の意見を反映させるための必要な措置を講じます。**
都市計画案 の縦覧	▶ あらかじめ都市計画を決定する旨を公告し、その都市計画の案を決定しようとする理由を記載した書面を添えて、その公告の日から 2 週間公衆の縦覧に供しなければなりません。 ▶ 公告後は、関係市町村の住民および利害関係人は、その縦覧期間満了の日までに、都市計画案について、都道府県が作成するものには都道府県に、市町村が作成するものには市町村に、それぞれ**意見書を提出**することができます。

都道府県 が決定する 場合	▶ 関係市町村の意見を聴き、かつ、**都道府県都市計画審議会の議を経て**、都市計画を決定します。 ▶ ただし、国の利害に重大な関係がある政令で定める都市計画の決定をしようとするときは、あらかじめ、**国土交通大臣に協議**し、その同意を得なければなりません。
市町村 が決定する 場合	▶ 市町村都市計画審議会(ない場合は都道府県の都道府県都市計画審議会)の議を経て、都市計画を決定します。 ▶ 都市計画区域または準都市計画区域について都市計画を決定しようとするときは、あらかじめ、**都道府県知事に協議**しなければなりません。 ▶ 市町村が定めた都市計画が、都道府県が定めた都市計画と抵触するときは、その限りにおいて、**都道府県が定めた都市計画が優先**します。
都市計画の 告示等	▶ 都市計画を決定したときはその旨を告示します。 ▶ 都市計画はその告示があった日から効力を生じます。

4 都市計画の決定・変更の提案ができる？

都市計画区域または準都市計画区域のうち、一体として整備し、開発し、または保全すべき土地の区域としてふさわしい政令で定める規模以上の一団の土地の区域について、以下の者は、都道府県または市町村に対して、**都市計画の決定または変更の提案**ができます。

①その都市計画区域または準都市計画区域の、土地の所有権者、建物の所有を目的とする対抗要件を備えた地上権者、建物の所有を目的とする対抗要件を備えた賃借権者(ただし、臨時設備その他一時使用のため設定されたことが明らかなものは除く)

②まちづくりの推進を図る活動を行うことを目的とするNPO法人等。なお、土地所有権者や借地権者以外のものが提案する場合でも、土地の所有者・借地権者を合わせて **2/3以上の同意**(その区域内の土地の総地積、借地権のある土地の総地積のそれぞれ 2/3以上)が必要です。

ひっかけポイント
ひっかけ
二重否定
読み間違え

> **「都道府県が都市計画を決定する際に都道府県議会の議を経て」**という手にはのらないように！

ここに注意して学習
合格ポイント

> **都市計画区域と準都市計画区域の定義は暗記しましょう。決定手続の流れを整理しましょう。**

2 都市計画法—地域地区

重要度▶A

> 用途地域が定められているところでは、すべて都市計画で建蔽率を定めるの？

A：商業地域では法律で80%となっています。

1 都市計画を策定する流れ

都市計画区域マスタープランを定める	人口、人や物の動き、土地の利用のしかた、公共施設の整備などについて将来の見通しや目標を明らかにし、将来のまちをどのようにしていきたいかを具体的に定めるものです。
都市計画基礎調査	おおむね5年ごとに、都市計画区域について、人口、産業、市街地面積、土地利用、交通量などの現況と将来の見通しについての調査を行います。
区域区分を定める	都市計画区域を2つに区分して、市街化区域と市街化調整区域を定めます。
地域地区を定める	用途地域などの地域地区を指定します。準都市計画区域については、用途地域などの地域地区のうち一部の地域地区について指定します。
都市施設を定める	都市計画では、将来のまちづくりを考えて、都市の骨組みを形づくっている都市施設の位置、規模、構造などを定め、計画的に整備します。
都市計画事業 市街地開発事業	道路、公園、下水道などを整備する場合は、通常、都市計画事業として行われます。 市街地再開発事業は、バラバラに建っていた従来の古い建物を取り壊した上で、みんなで協力して新しい中高層のビルや住宅に建て替えるとともに、区域内の道路や広場をあわせて整備するものです。

2 都市計画区域を2つに区分する？（区域区分）

都市計画区域はかなり広域に指定します。一気に開発することはできないので、開発する順番を決めます。先に開発する場所が市街化区域、後で開発する場所として現状保存の場所が市街化調整区域です。

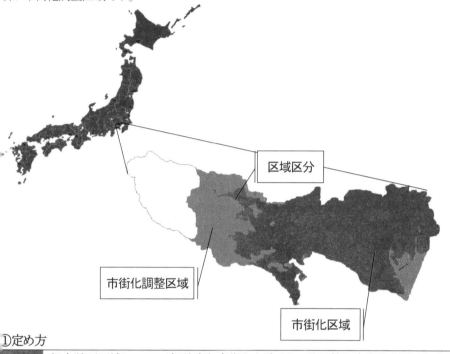

区域区分

市街化調整区域

市街化区域

①定め方

原則	都市計画区域について無秩序な市街化を防止し、計画的な市街化を図るため必要があるときは、都市計画に、市街化区域と市街化調整区域との区分（区域区分）を定めることができます。
例外	▶ **大都市**に係る都市計画区域として政令で定める場所等は、区域区分を**定めるもの**とされています（義務）。 ▶ 政令で定める場所は、地方自治法の指定都市の区域の全部または一部を含む都市計画区域とされています。**中核市**は区域区分を**定めることが義務づけられていません。**

②内容

市街化区域	市街化区域は、すでに**市街地を形成**している区域およびおおむね**10年以内に優先的かつ計画的に市街化を図るべき区域**
市街化調整区域	市街化調整区域は、**市街化を抑制すべき区域**

3 用途に従って住み分ける？（用途地域）

①用途地域の種類と定める場所

用途地域	用途地域とは、さまざまな用途の建築物が無秩序に混在することを防ぎ、地域ごとに合理的な立地規制、用途規制をしようとするためのもので、次の②に記載する13種類の地域をいいます。	
	市街化区域	少なくとも用途地域を定めます。
	市街化調整区域	原則として用途地域を定めません。

②用途地域の内容と都市計画に定める事項

《住居系》

用途地域		内容	都市計画に定める事項
低層住居専用地域	第一種	低層住宅に係る良好な住居の環境を保護するため定める地域	①容積率 ②敷地面積の最低限度 ③建蔽率 ④外壁の後退距離の限度 （1.5mまたは1m）※1 ⑤建築物の高さの限度（10mまたは12m）※2
	第二種	主として低層住宅に係る良好な住居の環境を保護するため定める地域	
	田園住居地域	農業の利便の増進を図りつつ、これと調和した低層住宅に係る良好な住居の環境を保護するため定める地域	

※1 外壁の後退距離（またはこれに代わる柱の面から敷地境界線までの距離）とは、日照や通風、採光、防災などの点で、低層住居専用地域・田園住居地域における良好な環境を維持するために設けられている制限をいいます。具体的には、低層住居系の地域内において、住宅などの外壁や柱面、建築物を、敷地境界線から1mまたは1.5m以上後退させなければならないというものです。

※2 都市計画で高さ10mに制限している地域において、敷地内に一定規模以上の空地があり、かつ敷地面積が一定規模以上ある建築物で、低層住居環境を害するおそれがないと特定行政庁が認めた場合には12mが限度になります。また、敷地周囲に広い公園や広場、道路などがあり、低層住宅の住居環境を害するおそれがないと認めて特定行政庁が許可したもの、学校等の建築物でその用途からやむを得ないと認めて特定行政庁が許可したものは10mまたは12mの高さ制限は適用されません。

中高層住居専用地域	第一種	中高層住宅に係る良好な住居の環境を保護するため定める地域	①容積率 ②敷地面積の最低限度 ③建蔽率
	第二種	主として中高層住宅に係る良好な住居の環境を保護するため定める地域	

住居地域	第一種	住居の環境を保護するため定める地域	①容積率 ②敷地面積の最低限度 ③建蔽率
	第二種	主として住居の環境を保護するため定める地域	
	準住居地域	道路の沿道としての地域の特性にふさわしい業務の利便の推進を図りつつ、これと調和した住居の環境を保護するため定める地域	

《商業系》

近隣商業地域	近隣の住宅地の住民に対する日用品の供給を行うことを主たる内容とする商業等の業務の利便を推進するため定める地域	①容積率 ②敷地面積の最低限度 ③建蔽率
商業地域	主として商業等の業務の利便を推進するため定める地域	①容積率 ②敷地面積の最低限度

* 商業地域内の建物の建蔽率は建築基準法で 80％と定められているので、都市計画では定めません。

《工業系》

準工業地域	主として環境の悪化をもたらすおそれのない工業の利便を増進するため定める地域	①容積率 ②敷地面積の最低限度 ③建蔽率
工業地域	主として工業の利便を増進するため定める地域	
工業専用地域	工業の利便を増進するため定める地域	

4 用途地域だけでは足りない？（補助的地域地区）

①用途地域内にのみ定められる地域地区

地域地区	定義	規制
高度地区	用途地域内において市街地の環境を維持し、または土地利用の増進を図るため、**建築物の高さの**最高限度または最低限度を定める地区	建築物の高さは高度地区に関する**都市計画**で定められた内容(高さの最高限度または最低限度)に適合するものでなければなりません。
高度利用地区	用途地域内の市街地における土地の合理的かつ健全な高度利用と**都市機能の更新**とを図るため、建築物の**容積率**の最高限度および最低限度、建築物の**建蔽率**の最高限度、建築物の**建築面積の最低限度**ならびに**壁面の位置**の制限を定める地区	建築物の容積率、建蔽率および建築物の建築面積は、原則として高度利用地区に関する**都市計画**で定められた内容に適合するものでなければなりません。また、壁面の位置も同様に制限されます。
高層住居誘導地区	住居と住居以外の用途とを適正に配分し、利便性の高い高層住宅の建設を誘導するため、第一種住居地域、第二種住居地域、準住居地域、近隣商業地域または準工業地域で、建築物の容積率が10分の40または10分の50と定められたものの内において、建築物の容積率の最高限度、建築物の建蔽率の最高限度および建築物の敷地面積の最低限度を定める地区	都市内の住宅の適正な配置を目指し、容積率の制限の緩和、斜線制限の緩和などが**都市計画**で定められます。

特別用途地区	用途地域内の一定の地区における当該地区の特性にふさわしい土地利用の増進、環境の保護等の特別の目的の実現を図るため当該用途地域の指定を補完して定める地区	土地利用の推進・環境の保護等、また必要があれば、用途地域における一般的な用途規制を基準として、地方公共団体の**条例**でこれを厳しくしたり、緩和(あらかじめ国土交通大臣の承認が必要)したりすることができます。
特例容積率適用地区	一定の用途地域内(=**低層住居専用地域・田園住居地域・工業専用地域を除いた用途地域内**)の適正な配置および規模の公共施設を備えた土地の区域において、建築物の容積率の限度から見て未利用となっている建築物の容積の活用を促進して土地の高度利用を図るため定める地区	建築物の高さの最高限度を**都市計画**で定めます(当該地区における市街地の環境を確保するために必要な場合に限ります)。
居住環境向上用途誘導地区	立地適正化計画に記載された居住誘導区域のうち、その居住誘導区域に係る居住環境向上施設を有する建築物の建築を誘導する必要があると認められる一定の区域内(**工業専用地域を除く用途地域内に限る**)について、都市計画で定める地区	地域地区の種類、位置及び区域、面積、建築物等の誘導すべき用途及びその全部または一部をその用途に供する建築物の容積率の最高限度、同地区における市街地の環境を確保するため必要な場合にあっては、建築物の建蔽率の最高限度、壁面の位置の制限及び建築物の高さの最高限度を**都市計画**で定めます。

②用途地域外でも定められるもの

地域地区	定義	規制
防火地域 準防火地域	市街地における火災の危険を防除するため定める地域	建築基準法 61 条以下に詳細な規定あり。
特定街区	市街地の整備改善を図るため街区の整備または造成が行われる地区について、その街区内における建築物の容積率ならびに建築物の高さの最高限度および壁面の位置の制限を定める街区	建築物の容積率および高さは、特定街区に関する都市計画で定められた内容に適合するものでなければなりません。さらに原則として特定街区に関する都市計画で定められた壁面の位置の制限を守る必要があります。なお、特定街区内の建築物については、通常の形態規制の適用はありません。

(特定街区の写真　東京都新宿区西新宿)

景観地区	**市街地の良好な景観**(街並み)の形成を図るため、建築物の形態意匠、高さ、壁面、敷地面積を制限する地区	建築物の形態意匠は、**都市計画**に定められた建築物の形態意匠の制限に適合するものでなければなりません。
風致地区	**都市の風致**を維持するため定める地区	建築物の建築、宅地の造成、木竹の伐採その他の行為については、政令で定める基準に従い、地方公共団体の**条例**で、都市の風致を維持するため必要な規制をすることができます。

③用途地域外にのみ定められるもの

地域地区	定義	規制
特定用途制限地域	用途地域が定められていない土地の区域（市街化調整区域を除く。）内において、その良好な環境の形成または保持のため当該地域の特性に応じて合理的な土地利用が行われるよう、制限すべき特定の建築物等の用途の概要を定める地域	建築物の用途の制限は、当該特定用途制限地域に関する都市計画に即し、政令で定める基準に従い、地方公共団体の条例で定めます。

5 準都市計画区域内でも定められる都市計画は？

準都市計画区域は乱開発を防止するための区域なので、積極的に都市開発するような都市計画は定められません。開発を抑制するようなものを中心に定めます。

定められるもの	定められないもの
① 用途地域	① 特例容積率適用地区
② 特別用途地区	② 高層住居誘導地区
③ 特定用途制限地域	③ 高度利用地区
④ 高度地区	④ 特定街区
⑤ 景観地区	⑤ 都市再生特別地区、居住調整地域、特定用途誘導地区
⑥ 風致地区	⑥ 防火地域、準防火地域
⑦ 緑地保全地域、特別緑地保全地区、緑化地域	⑦ 区域区分の定め
⑧ 伝統的建造物群保存地区	⑧ 市街地開発事業　　その他多数

法令上の制限、税・その他

ひっかけポイント

ひっかけ
二重否定
読み間違え

「特別用途地区内における一般的な用途規制を基準として都市計画でこれを厳しくすることができる」という手にはのらないように！

ここに注意して学習

合格ポイント

それぞれの地域地区についての規制内容が重要です。しっかりと整理して暗記しておきましょう。

3 都市計画法—都市施設・地区計画

地区整備計画が定められている地区計画区域で新築する場合は何か手続がいるのかな?

A:事前に市町村長への届出が必要です。

1 公共施設を作りましょう (都市施設)

目的	土地利用、交通等の現状および将来の見通しを勘案して、適切な規模で必要な位置に配置することにより、円滑な都市活動を確保し、良好な都市環境を保持するように定めるものです。		
定める場所	原則	都市計画区域内	
	例外	都市計画区域外(特に必要があるとき)	
具体例	道路等の交通施設、公園・墓園等の公共空地、水道・電気・ガス・下水道・汚物処理・ごみ焼却場等の供給・処理施設、河川・運河等の水路、学校、図書館、研究施設等の教育文化施設、病院、保育所等の医療関係施設、市場・と畜場・火葬場、一団地の住宅施設(一団地における50戸以上の集団住宅およびこれらに附帯する通路その他の施設)など		
定める義務のあるもの	市街化区域および区域区分が定められていない都市計画区域	少なくとも道路、公園および下水道を定めなければなりません。	
	住居系の用途地域内	義務教育施設も定めなければなりません。	

2 小さな街づくり (地区計画)

駅前等の小規模な単位でできる、きめ細かな都市計画です。

内 容	建築物の建築形態、公共施設その他の施設の配慮等からみて、一体としてそれぞれの区域の特性にふさわしい態様を備えた良好な環境の各街区を整備し、開発し、および保全するための計画をいいます。
定める場所	**都市計画区域内**の、用途地域が定められている土地、または、用途地域が定められていない区域の一定の土地
定める事項	①地区計画の種類・名称・位置・区域、面積(努力義務) ②主として街区内の居住者等の利用に供される道路、公園、都市計画施設以外の施設である道路または公園、緑地、広場その他の公共空地(地区施設) ③地区計画の目標(努力義務) ④地区計画区域の整備、開発および保全に関する方針(努力義務) ⑤建築物等の整備ならびに土地の利用に関する計画(**地区整備計画**) ⑥再開発等促進区(一定の条件が必要) ⑦開発整備促進区(一定の条件が必要)

Part 3 法令上の制限、税・その他

3 地区整備計画・再開発等促進区・開発整備促進区

①地区整備計画

内容		地区整備計画とは、地区計画を実現するための具体的なプランで、地区施設(主として街区内の居住者等の利用に供される道路・公園・緑地・広場などの施設のこと)、建築物等の整備、土地の利用に関する計画をいいます。
定める事項	原則	地区計画の目的を達成するため、建築物等の用途の制限、建築物の容積率・建蔽率・建築物の敷地面積・壁面の位置などを定めます。
	例外	**市街化調整区域内では、建築物の容積率・建築面積・高さの制限は除かれます。**

②再開発等促進区

内容	土地の合理的かつ健全な高度利用と都市機能の増進とを図るため、一体的かつ総合的な市街地の再開発または開発整備を実施すべき区域をいいます。
定められる土地の条件	①現に土地の利用状況が著しく変化しつつあり、または著しく変化することが確実であると見込まれる土地の区域であること。 ②土地の合理的かつ健全な高度利用を図るため、適正な配置及び規模の公共施設を整備する必要がある土地の区域であること。 ③当該区域内の土地の高度利用を図ることが、当該都市の機能の増進に貢献することとなる土地の区域であること。 ④用途地域が定められている土地の区域であること。

③開発整備促進区

内容	劇場、店舗、飲食店その他これらに類する用途に供する大規模な建築物(特定大規模建築物)※の整備による商業その他の業務の利便の増進を図るため、一体的かつ総合的な市街地の開発整備を実施すべき区域をいいます。
定められる土地の条件	①現に土地の利用状況が著しく変化しつつあり、または著しく変化することが確実であると見込まれる土地の区域であること。 ②特定大規模建築物の整備による商業その他の業務の利便の増進を図るため、適正な配置及び規模の公共施設を整備する必要がある土地の区域であること。 ③当該区域内において特定大規模建築物の整備による商業その他の業務の利便の増進を図ることが、当該都市の機能の増進に貢献することとなる土地の区域であること。 ④第二種住居地域、準住居地域もしくは工業地域が定められている土地の区域、または用途地域が定められていない土地の区域(市街化調整区域を除く。)であること。

※ 特定大規模建築物(店舗、映画館、アミューズメント施設、展示場等で床面積が10,000㎡超のもの)は、原則として、用途地域が近隣商業地域、商業地域、準工業地域に指定されている土地に限って立地できます(225頁参照)。しかし、開発整備促進区に指定することによって、それ以外の用途地域(上記④記載の地域に限定)においても立地が認められます。

4 地区計画等の区域内における建築等の規制

① 建築等の届出

原則	地区計画の区域(再開発等促進区もしくは開発整備促進区、または地区整備計画が定められている区域に限ります。)内において、次の行為をする場合は、一定の場合を除き、**行為着手の 30 日前までに**、必要事項を市町村長へ届け出なければなりません。 ①土地の区画形質の変更 ②建築物の建築 ③その他政令で定める行為(工作物の建設、建物の用途の変更、建物の外観の変更等) この届出が地区計画に適合しない場合、市町村長は計画変更の勧告をすることができます。
例外	以下の行為には届出が不要です。 ①通常の管理行為、軽易な行為 ②非常災害のため必要な応急措置として行う行為 ③国または地方公共団体が行う行為 ④都市計画事業の施行として行う行為・これに準ずる行為 ⑤開発許可を要する行為

②市町村の条例に基づく制限

原則	市町村は、地区計画等の区域(地区整備計画等が定められている区域に限ります。)内において、建築物の敷地、構造、建築設備または用途に関する事項でその地区計画等の内容として定められたものを、**条例**で制限することができます。
例外	市町村は、用途地域における用途の制限を補完し、その地区計画等(集落地区計画を除きます。)の区域の特性にふさわしい土地利用の増進等の目的を達成するため必要と認める場合においては、国土交通大臣の承認を得て、条例で、建築物の用途制限を緩和することができます。

ひっかけポイント

「地区整備計画が定められた区域内で新築する場合には市町村長の許可がいる」という手にはのらないように！

ここに注意して学習

地区計画等の区域内での届出については頻出分野です。正確に暗記しておきましょう。

4 都市計画法—開発行為①

市街化調整区域を開発してマンションを建築したいが、どのような
手続が必要なのでしょうか？

A:都道府県知事の許可が必要な場合があります。

1 都市開発するには許可が必要？（開発行為の定義）

都市計画区域または準都市計画区域内において開発行為をしようとする者は、あらかじめ、都道府県知事等の許可を受けなければなりません。開発行為とは以下の表にあるものをいいます。

開発行為		主として建築物の建築または特定工作物の建設の用に供する目的で行う土地の区画形質の変更をいいます。
特定工作物	第一種特定工作物	周辺の環境悪化をもたらすおそれのある工作物をいいます。 ▶ コンクリート・プラント、アスファルト・プラント、危険物の貯蔵または処理に供する工作物など
	第二種特定工作物	▶ ゴルフコース※ ▶ 1ヘクタール以上の野球場、庭球場、陸上競技場、遊園地、動物園その他の運動・レジャー施設である工作物、墓園など
※ ゴルフコースの場合は1ヘクタール以上という面積要件の下限がないので、1ヘクタール未満でもその場所に応じて開発許可が必要となります。		

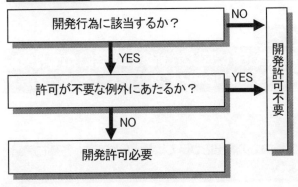

2 開発行為でも許可が要らないものある？

下記の①〜③のいずれかの場合は開発許可を受ける必要がありません。

①小規模な開発行為

		下記の面積未満は許可不要
都市計画区域	市街化区域	1,000 ㎡
	市街化調整区域	面積に関係なく許可必要
	区域区分を定めない都市計画区域	3,000 ㎡
都市計画区域外	準都市計画区域	
	上記以外の区域	1ヘクタール(10,000 ㎡)

※ ①市街化区域、②区域区分が定められていない都市計画区域および準都市計画区域において、必要があると認められる場合は、①については 300〜1,000 ㎡、②については、300〜3,000 ㎡の範囲内でその規模を定めることができます。

②農林漁業用の建築(その業務を営む者の住居も含む)目的の開発行為

都市計画区域	市街化区域	原則	許可が必要
		例外	1,000 ㎡未満は許可不要
	市街化調整区域※	許可不要	
	区域区分を定めない都市計画区域		
都市計画区域外	準都市計画区域		
	上記以外の区域		

※ 市街化調整区域内でも、農林漁業用の建築目的の開発行為は、開発許可を受けずに実施できますが、同区域内で生産される農産物・林産物・水産物の処理・貯蔵・加工に必要な建築物の建築や第一種特定工作物の建設の用に供する目的で行う開発行為は、開発許可を受けなければなりません。

③場所・面積に関わらず許可が不要な開発行為

駅舎その他の鉄道の施設、図書館、公民館、変電所その他これらに類する公益上必要な建築物(病院・診療所・学校はここに含まれていません。)のうち開発区域およびその周辺の地域における適正かつ合理的な土地利用および環境の保全を図る上で支障がないものとして政令で定める建築物の建築の用に供する目的で行う開発行為

都市計画事業・土地区画整理事業・市街地再開発事業・住宅街区整備事業・防災街区整備事業の施行として行う開発行為

非常災害のために必要な応急措置

通常の管理行為・軽易な行為なども許可不要(車庫の建設など)

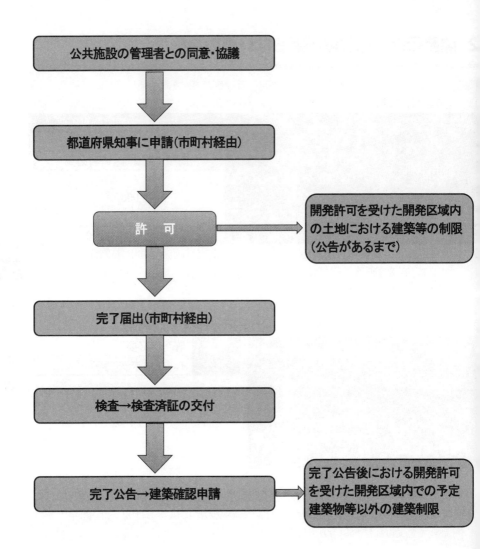

公共施設の管理者との同意・協議

↓

都道府県知事に申請（市町村経由）

↓

許　可　→　開発許可を受けた開発区域内の土地における建築等の制限（公告があるまで）

↓

完了届出（市町村経由）

↓

検査→検査済証の交付

↓

完了公告→建築確認申請　→　完了公告後における開発許可を受けた開発区域内での予定建築物等以外の建築制限

3 開発許可までの流れ（開発行為の許可手続）

事前に行うこと	①開発行為に**関係がある公共施設**の管理者と**協議**し、その**同意を得ること** ②開発行為などにより**設置される公共施設**を管理することとなる者などとの**協議**（同意は不要） ③開発区域内の土地、建築物などの権利者の相当数の同意を得ること（全員の同意、近隣地域の同意、所有権の取得までは必要ありません。）
申請書の提出	▶ 上記①②③の証明や経過を示す書面を添付 ▶ 申請書には、開発区域・**予定建築物の用途**・開発行為に関する設計・工事施行者等を記載（予定建築物の「構造」「設備」「予定建築価額」は記載事項ではありません。） ▶ 開発行為の設計図書は一定の資格を有する者が作成
許可・不許可の通知	▶ 遅滞なく、許可または不許可の処分をしなければなりません。処分をするには文書をもって申請者に通知しなければなりません。
開発登録簿を調製	都道府県知事は、開発許可をしたときはその許可に係る土地について、次の事項を登録簿に登録しなければなりません。また、常に公衆の閲覧に供するように保管し、かつ、請求があったときはその写しを交付しなければなりません。 ▶ 開発許可の年月日 ▶ **予定建築物等**（用途地域等の区域内の建築物および第一種特定工作物を除きます。）**の用途** ▶ 公共施設の種類、位置および区域 ▶ 開発許可の内容 ▶ 用途地域がない場合に定めた建築規制の内容 ▶ 国土交通省令で定める事項
不服がある場合	開発許可の処分等に不服がある者は、開発審査会に対して審査請求をすることができます。

4 開発許可をする際に知事は建築規制が可能？

都道府県知事等は、用途地域の定められていない土地の区域における開発行為について
開発許可をする場合において必要があると認めるときは、その開発区域内の土地について
建築規制を定めることができます。用途地域が元々定められている場合はその規制の方が
厳しいので、その必要がありません。

地域	規制内容
用途地域が定められていない区域	建築物の建蔽率・高さ・壁面の位置、その他建築物の敷地・構造・設備
用途地域内	用途規制

用途地域が定められていないようだから、建蔽率とか高さ制限を課します。

都道府県知事

市街化区域	基準は緩やか
市街化調整区域	基準は厳格

市街化調整区域
用途地域は指定しない（原則）

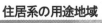
住居系の用途地域

商業系の用途地域

工業系の用途地域

市街化区域　用途地域を指定する

5 場所によって開発許可を出す際の基準が異なります

自己の居住用(小規模)、自己の居住用以外(大規模)では扱いが異なります。

自己の居住の用 (小規模)	基準は緩やか ▶ **排水施設**の構造と能力についての基準は主として自己の居住の用に供する住宅の建築の用に供する目的で行う開発行為に対しても適用があります。
自己の居住の用 以外(大規模)	基準は厳格 上記の排水施設の基準に加えて、以下の基準があります。 ▶ 道路、公園、広場その他の公共の用に供する空地が、一定の規模および構造で適当に配置され、かつ、開発区域内の主要な道路が、開発区域外の相当規模の道路に接続するように設計が定められていること ▶ 水道その他の**給水施設**が、開発区域の規模や予定建築物とその敷地の用途等を考慮して、その開発区域について想定される需要に支障を来たさないような構造と能力で適当に配置されるように設計が定められていること ▶ 開発区域内に災害危険区域、地すべり防止区域、土砂災害特別警戒区域、浸水被害防止区域、急傾斜地崩壊危険区域(災害レッドゾーンと呼ばれることもあります)の土地を含まないこと ▶ 開発許可の申請者にその開発行為を行うために**必要な資力と信用**があること ▶ 工事施行者にその開発行為に関する工事を完成するために必要な能力があること

ひっかけポイント

ひっかけ
二重否定
読み間違え

「農業者の住居を建築するための開発行為は常に許可不要」という手にはのらないように!

ここに注意して学習

合格 ポイント

開発行為の内容と許可不要の例外はすべて暗記するくらいのつもりで学習しましょう。

5 都市計画法―開発行為②

開発許可を受けて工事をしたがそれを廃止するとき、何か手続がいるのかな？

A：都道府県知事に届出が必要です。

1 開発許可を受けた後に事情が変わったら？

一般承継 （相続・合併）	当然に承継されます。 ▶ 都道府県知事の承認は不要です。	
特定承継 （土地の売買等）	都道府県知事の承認が必要です。	
工事の廃止	都道府県知事への届出が必要です。	
内容の変更	原則	都道府県知事の許可が必要です。
	例外	▶ 開発許可を要しない開発行為に変更するときは許可が不要です。 ▶ 一定の軽微な変更に該当するときも許可が不要です。しかし、都道府県知事への届出が必要です。
工事の完了	▶ 開発行為者は工事（開発行為）を完了したときは、都道府県知事に届出が必要です。 ▶ 都道府県知事は届出を受けたら、遅滞なくその工事が開発許可の内容に適合しているか検査し、適合しているときは検査済証を交付します。 ▶ 都道府県知事はこの検査済証を交付したときは、遅滞なく工事が完了した旨を公告します。	

2 開発行為で作った公共施設は誰のもの？

①公共施設

原則	工事完了の公告の日の翌日において所在市町村の**管理**に属します。
例外	他の法律に基づく管理者が別にあるとき、または、将来設置される公共施設を管理することとなる者等との協議で別段の定めをしたときは、それらの者の管理に属します。

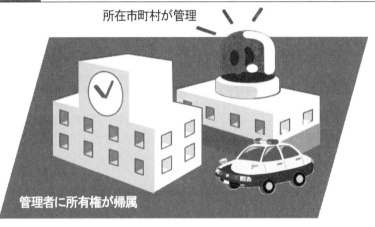

所在市町村が管理

管理者に所有権が帰属

②公共施設の敷地

原則	公共施設の管理者に所有権が帰属します。
例外	開発許可を受けた者が管理する場合は例外です。

3 都市施設の設置や市街地開発事業が決まった後は？

原則	建築物の建築をしようとする者は、都道府県知事等の許可を受けなければなりません。
例外	▶ 通常の管理行為、軽易な行為その他の行為で政令で定めるもの ▶ 非常災害のため必要な応急措置として行う行為 ▶ 都市計画事業の施行として行う行為またはこれに準ずる行為として政令で定める行為 ▶ その他

* 都市計画事業の認可または承認の告示後は、その事業地内においては適用されません。

4 開発許可を受けると建築規制がかかる？

開発許可を受けた場所は土木工事が始まるので工事の邪魔になることはできません。工事が終わると公告がされ、予定していた建築物を建てていきます。

	公告前の規制	公告後の規制
原則	建築物を建築し、または特定工作物を建設してはなりません。	▶ 開発許可に係る予定建築物等以外の建築物または特定工作物を新築し、または新設してはなりません。 ▶ 建築物を改築し、またはその用途を変更して開発許可に係る予定の建築物以外の建築物にしてはなりません。
例外	▶ 開発行為に関する工事用の仮設建築物または特定工作物を建築しまたは建設するとき ▶ 都道府県知事が支障がないと認めたとき ▶ 開発行為に同意をしていない者が、その権利の行使として建築物を建築し、または特定工作物を建設するとき	▶ 都道府県知事が開発区域における利便の増進上もしくは開発区域及びその周辺の地域における環境の保全上支障がないと認めて許可（国が行う行為については、その国の機関と都道府県知事との協議が成立することをもって許可があったものとみなされます）したとき ▶ 開発区域内の土地について用途地域等が定められているとき

5 開発許可された区域以外では厳しい建築規制が？

開発許可を受けた区域以外の区域は厳しい建築規制があります。建築する場合には原則として都道府県知事の許可が必要です。

①市街化調整区域

原則	知事の許可	建築物の**新築**、第一種特定工作物の新設、**建築物の改築**、用途変更により、**農林漁業用建築物・公益上必要な建築物以外の建築物**にしてはなりません。
例外	許可不要	▶ 農林漁業用建築物、農林漁業者の居住の用に供する建築物の建築 ▶ 公益上必要な建築物の建築 ▶ 都市計画事業の施行 ▶ 非常災害のため必要な応急措置、仮設建築物の新築、通常の管理行為、軽易な行為

市街化調整区域
⇒建築するには許可がいる

②その他の区域

知事の許可なく建築できます（市街化区域等では用途規制などの規制はあります）。

ひっかけポイント

ひっかけ
二重否定
読み間違え

「開発許可を受けた開発区域内の土地で公告があるまでの間でも知事の承認を受ければ仮設建築物を建築できる」という手にはのらないように！

ここに注意して学習

合格ポイント

開発許可を受けた土地における建築等の制限は頻出分野です。正確に暗記して得点源にしましょう。

6 都市計画法—都市計画事業等

市街地開発事業の施行地区内の土地を販売する際には重要事項説明書面に何を書けばよいのかな？

A:事業地内の場合は建築する場合に許可が必要なことを書きます。

1 都市計画事業

①都市計画事業とは

都道府県知事等の認可または承認を受けて行われる、都市計画施設の整備に関する事業および市街地開発事業をいいます。

都市計画施設	都市計画で定められた道路、公園、下水道などをいいます。
市街地開発事業	都市計画で定められた土地区画整理事業、市街地再開発事業、住宅街区整備事業などをいいます。

②都市計画事業制限

建築等の制限	都市計画事業の認可または承認の告示があった後においては、その事業地内で、都市計画事業の施行の障害となるおそれがある土地の形質の変更もしくは建築物の建築その他工作物の建設を行い、または政令で定める移動の容易でない物件の設置もしくは堆積を行おうとする者は、都道府県知事等の許可を受けなければなりません。※
土地建物等の先買い	施行者は、上記の告示後すみやかに公告します。この公告の日の翌日から起算して10日を経過した後に事業地内の土地建物等を有償で譲り渡そうとする者は、その土地建物等、その予定対価の額（予定対価が金銭以外のものであるときは、原則として、これを時価を基準として金銭に見積もった額）及びその土地建物等を譲り渡そうとする相手方等を書面で施行者に届け出なければなりません。
土地収用	都市計画事業の認可または承認の告示後、施行者が事業地内の一定の土地を必要とし、その土地を強制的に取得しなければ事業の完成を図れないときは、最後の手段として土地収用法による収用手続を進めることにより土地を取得することができます。具体的には、都市計画事業の認可または承認の告示をもって、土地収用法20条の事業認定の告示とみなすこととされています。

※ 国が行う行為については、その国の機関と都道府県知事等との協議が成立すること

もって許可があったものとみなされます。

2 市街地開発事業の情報が漏れて乱開発されないためには？

市街地開発事業等予定区域の区域内でも建築等の規制があります。

原則	土地の形質の変更を行い、または建築物の建築その他工作物の建設を行おうとする者は、都道府県知事等の許可を受けなければなりません。
例外	▶ 通常の管理行為、軽易な行為 ▶ 非常災害のため必要な応急措置として行う行為 ▶ 都市計画事業の施行として行う行為またはこれに準ずる行為

* 市街地開発事業等予定区域とは、3年以内に「市街地開発事業に関する都市計画」または「都市施設に関する都市計画」が決定される区域をいいます。

3 田園住居地域内では市町村長の許可が必要？

原則	田園住居地域内の農地（耕作の目的に供される土地をいいます。）の区域内において、土地の形質の変更、建築物の建築その他工作物の建設または土石その他の一定の物件の堆積を行おうとする者は、市町村長の許可を受けなければなりません。
例外	① 通常の管理行為、軽易な行為その他の行為で政令で定めるもの ② 非常災害のため必要な応急措置として行う行為 ③ 都市計画事業の施行として行う行為またはこれに準ずる行為として政令で定める行為
適用除外	国または地方公共団体が行う行為については、市町村長の許可を受ける必要がありません。ただし、あらかじめ、市町村長と協議しなければなりません。

ひっかけポイント

「土地収用法の事業認定の告示をもって、都市計画事業の認可または承認の告示があったものとみなされる」という手にはのらないように！

ここに注意して学習

①都市計画の告示があった日以降の規制と、②都市計画事業の認可または承認の告示があった日以降の規制を分けて、整理して覚えましょう。

7 建築基準法—建築確認・単体規定

防火地域内にある建築物をリフォームする際に注意すべきことは何かな？

A: 防火地域内では規模にかかわらず改築する際は建築確認が必要。

1 一定規模以上の建物は事前に確認が？（建築確認の要否）

大規模な建築物の場合は、建築確認が必要となります。ただし、都市計画区域・準都市計画区域、防火地域・準防火地域の場合は、大規模な建築物でなくても新築と増改築や移転を する場合には建築確認が必要です。

適用範囲		新築	増改築移転※1	大規模の修繕 大規模の模様替え
都市計画区域 準都市計画区域※2		必要	10 ㎡超は 必要	不要
防火地域 準防火地域			10 ㎡以内も 必要	
大規模等建築物	特殊建築物※3※4 用途に供する床面積 の合計が 200 ㎡超		10 ㎡超は 必要	必要
	木造 3 階以上 延べ面積500 ㎡超 高さ13m超 軒の高さ9m超			
	木造以外 2 階以上 延べ面積200 ㎡超			

※1 増築の場合は、増築後に規模の要件を満たす場合も含みます。

※2 都道府県知事または市町村が指定する区域を除き、また都道府県知事が関係市町村の意見を聴いて指定する区域を含みます。

※3 特殊建築物とは、劇場、映画館、病院、診療所、ホテル、旅館、下宿、共同住宅、学校、百貨店、マーケット、展示場、倉庫、自動車車庫などをいいます。

※4 用途変更をして特殊建築物とする場合にも建築確認が必要です。ただし、類似の用途変更では建築確認は不要です。

2 建築確認を取るまでの流れ

①確認申請書を提出

③判定通知書の提出

④確認済証の交付

建築主

①構造計算適合性判定申請書の提出

②判定通知書の交付

※ 不服がある場合は審査請求できる。

建築主事
建築副主事 } 建築主事等
指定確認検査機関

※ 指定確認検査機関は、確認済証を交付したときは、その日から7日以内に、確認審査報告書を作成し、確認済証等の書類を特定行政庁に提出しなければならない。

都道府県
指定構造計算適合性判定機関

※ 構造計算適合性判定申請書を受理した場合、その受理した日から14日以内に、判定通知書を申請者に交付しなければならない。

申請	▶ 建築主は、建築確認が必要な場合、その建築物の工事に着手する前に、確認申請書を提出して**建築主事もしくは建築副主事**または**指定確認検査機関**(建築主事等・検査機関)の確認を受け、確認済証の交付を受けなければなりません。ただし、**建築副主事の確認にあっては、大規模建築物以外の建築物に係るものに限られます。** ▶ 建築主事等・検査機関は、一定規模以上の建築物の場合、**建築主から適合判定通知書またはその写しの提出を受けた場合に限り、**確認をすることができます。
消防機関による同意	建築主事等・検査機関は、建築確認をする場合、**管轄の消防長(消防本部を置かない市町村にあっては、市町村長)または消防署長の同意を得**なければなりません(原則)。
確認済証の交付	建築主事等・検査機関は、**大規模建築物の場合は受理した日から35日以内に、それ以外の建築物の場合は受理した日から7日以内に、**申請に係る建築物の計画が建築基準関係規定に適合するかどうかを審査し、審査の結果に基づいて建築基準関係規定に適合することを確認したときは、当該申請者に確認済証を交付しなければなりません。
工事現場における確認の表示等	▶ **工事の施行者**は、その工事現場の見やすい場所に、建築確認があった旨の表示をしなければなりません。 ▶ 工事の施行者は、その工事にかかる設計図書をその工事現場に備えておかなければなりません。

中間検査	▶ 建築主は、工事が特定工程※を含む場合、その特定工程にかかる工事を終えたときは、その日から **4 日以内**に、建築主事等・検査機関に到達するように、中間検査を申請しなければなりません。 ※ ①階数が 3 以上である共同住宅の床およびはりに鉄筋を配置する工事の工程のうち政令で定める工程、②特定行政庁が、その地方の建築物の建築の動向または工事に関する状況その他の事情を勘案して、区域、期間または建築物の構造、用途もしくは規模を限って指定する工程をいいます。 ▶ 建築主事等・検査機関は、その申請を受理した日から4日以内に検査しなければなりません。 ▶ 建築主事等・検査機関は、検査後に問題がなければ、建築主に対してその特定工程にかかる検査済証を交付しなければなりません。
完了検査	▶ 建築主は、工事を完了したときは、**工事が完了した日から 4 日以内**に建築主事等・検査機関に到達するように、完了検査を申請しなければなりません。 ▶ 建築主事等・検査機関は、その申請を受理した日から7日以内に検査しなければなりません。 ▶ 建築主事等・検査機関は、検査後に問題がなければ、建築主に対して検査済証を交付しなければなりません。

検査済証の交付を受けるまでの建築物の使用制限	原則	**大規模建築物**の新築・増築、改築、移転、大規模の修繕・大規模の模様替の工事で、廊下、階段、出入口その他の避難施設、消火栓、スプリンクラーその他の消火設備、排煙設備、非常用の照明装置、非常用の昇降機もしくは防火区画で政令で定めるものに関する工事を含むものをする場合においては、建築主は、完了検査の検査済証の交付を受けた後でなければ、その建築物を使用し、または使用させてはなりません。
	例外	以下の場合は**仮使用**ができます。 ▶ 特定行政庁が、安全上、防火上および避難上支障がないと認めたとき ▶ 建築主事等・検査機関が、安全上、防火上および避難上支障がないものとして国土交通大臣が定める基準に適合していることを認めたとき ▶ 完了検査の申請が受理された日(指定確認検査機関が検査の引受けを行った場合にあっては、その検査の引受けに係る工事が完了した日またはその検査の引受けを行った日のいずれか遅い日)から**7 日を経過したとき**

不服申立て	建築主事等・検査機関の処分等に不服がある者は建築審査会に審査請求することができます。

3 建築するにはいろいろ守るべき規制が？

①防火壁

延べ面積が**1,000 ㎡を超える**建築物は、防火上有効な構造の防火壁または防火床によって有効に区画し、かつ各区画の床面積の合計をそれぞれ**1,000 ㎡以内**としなければなりません。しかし、**耐火建築物や準耐火建築物については除外されます。**

(出所)国土交通省ホームページ

なお、延焼を遮断できる高い耐火性能の壁等(火熱遮断壁等)や防火壁で区画すれば、建築物の2以上の部分を防火規制の適用上別棟とみなすことができます。つまり、区画された部分ごとに規制が適用されます。その結果、混構造建築物や複合用途建築物において、木造化等の設計を採用しやすくなる効果があります。

耐火建築物　木造　→　耐火建築物　木造　←防火壁(火災の延焼を防止)

2024 年 3 月までは防火壁が必要でした。　防火壁不要

②居室の採光

一定の住宅、学校、病院、診療所、寄宿舎、下宿等の居室には、採光のための窓その他の開口部を設け、その採光に有効な部分の面積は、その居室の床面積に対して、**5分の1から10分の1までの間**において居室の種類に応じ政令で定める割合以上としなければなり

ません。なお、政令で定める「住宅の居室」の割合は 7 分の 1 となっていますが、国土交通大臣が定める基準に従い、照明設備の設置、有効な採光方法の確保その他これらに準ずる措置が講じられているものであれば、最高 10 分の 1 まで緩和されます。

ただし、地階等に設ける居室その他これらに類する居室または温湿度調整を必要とする作業を行う作業室その他用途上やむを得ない居室にはこのような制度はありません。

③居室の換気

居室には換気のための窓その他の開口部を設け、その換気に有効な部分の面積は、その居室の床面積に対して、原則として、20 分の1 以上としなければなりません。

④石綿その他の物質の飛散または発散に対する衛生上の措置

建築物は、**石綿その他の物質の建築材料からの飛散または発散**による衛生上の支障がないよう、次に掲げる基準に適合するものとしなければなりません。

- ▶ 建築材料に石綿等を添加しないこと
- ▶ 石綿等をあらかじめ添加した建築材料を使用しないこと
- ▶ 居室を有する建築物にあっては、上記のほか石綿等以外の物質でその居室内において衛生上の支障を生ずるおそれがあるものとして政令で定める物質(クロルピリホスおよびホルムアルデヒド)の区分に応じ、建築材料および換気設備について政令で定める技術的基準に適合すること

⑤地階における住宅等の居室

住宅の居室、学校の教室、病院の病室または寄宿舎の寝室で地階に設けるものは、壁および床の**防湿の措置**その他の事項について衛生上必要な政令で定める技術的基準に適合するものとしなければなりません。

⑥長屋・共同住宅の壁

長屋または共同住宅の各戸の界壁は、①隣接する住戸からの日常生活に伴い生ずる音を衛生上支障がない程度に低減する一定の措置を講じたもので、かつ、②小屋裏や天井裏に達するものでなければなりません。ただし、天井の構造が、音を低減する一定基準以上の性能を有し、国土交通大臣が定めた構造方法を用いるもの、または国土交通大臣の認定を受けたものである場合は、達する必要がありません。

⑦便所

下水道法に規定する処理区域内においては、便所は、汚水管が公共下水道に連結された水洗便所としなければなりません。

⑧電気設備

建築物の電気設備は、法令で電気工作物に係る建築物の安全及び防火に関するものの定める工法によって設けなければなりません。

⑨避雷設備

高さ20mを超える建築物には、有効に**避雷設備**を設けなければなりません。

ただし、周囲の状況によって安全上支障がない場合においてはこのような規制はありません。

⑩昇降機

建築物に設ける昇降機は、安全な構造で、かつ、その昇降路の周壁および開口部は、防火上支障がない構造でなければなりません。

高さ31mを超える建築物には、原則として、**非常用の昇降機**を設けなければなりません。

⑪避難設備

劇場や映画館等の一定の特殊建築物、階数が3以上の建築物、政令で定める窓その他の開口部を有しない居室を有する建築物、または延べ面積(同一敷地内に2以上の建築物がある場合においては、その延べ面積の合計)が1,000㎡を超える建築物については、廊下、階段、出入口その他の**避難施設**、消火栓、スプリンクラー、貯水槽その他の**消火設備**、**排煙設備**、**非常用の照明装置**および進入口ならびに敷地内の避難上および消火上必要な**通路**は、政令で定める技術的基準に従って、**避難上および消火上**

上支障がないようにしなければなりません。

②内装の防火措置

劇場、映画館、演芸場、観覧場、公会堂、集会場等の特殊建築物、階数が 3 以上である建築物、政令で定める窓その他の開口部を有しない居室を有する建築物、延べ面積が 1,000 ㎡を超える建築物、または建築物の調理室、浴室その他の室でかまど、コンロその他火を使用する設備もしくは器具を設けたものは、原則として、政令で定める技術的基準に従って、その壁および天井(天井のない場合においては屋根)の室内に面する部分の仕上げを防火上支障がないようにしなければなりません。

③天井の高さ

居室の天井の高さは、**2.1m 以上**でなければなりません。この天井の高さは、室の床面から測り、一室で天井の高さの異なる部分がある場合においては、その**平均の高さ**によります。

④手すり壁等

屋上広場または**2階以上の階**にあるバルコニーその他これに類するものの周囲には、安全上必要な**高さが 1.1m 以上**の手すり壁、さく、または金網を設けなければなりません。

⑤非常用の照明装置

劇場や映画館等の一定の特殊建築物の居室、階数が 3 以上で延べ面積が 500 ㎡を超える建築物の居室、政令で定める窓その他の開口部を有しない居室、または延べ面積が 1,000 ㎡を超える建築物の居室およびこれらの居室から地上に通ずる廊下、階段その他の通路(採光上有効に直接外気に開放された通路を除く)並びにこれらに類する建築物の部分で照明装置の設置を通常要する部分には、原則として、**非常用の照明装置**を設けなければなりません。

⑥非常用の進入口

建築物の高さ 31m以下の部分にある **3 階以上の階**(不燃性の物品の保管その他これと同等以上に火災の発生のおそれの少ない用途に供する階または国土交通大臣が定める特別の理由により屋外からの進入を防止する必要がある階で、その直上階または直下階から進入することができるものを除く)には、原則として、**非常用の進入口**を設けなければなりません。

ただし、非常用の昇降機を設置している場合等は設置義務がなくなります。

ひっかけポイント

ひっかけ
二重否定

「木造 2 階建であれば建築確認が必要となる場合はない」という手にはのらないように!

読み間違え

合格ポイント

ここに注意して学習

建築確認の要件は正確に暗記しておきましょう。

8 建築基準法—道路規制・防火地域

重要度▶E

> 防火地域に指定されている土地を購入して木造建築物を建てたいが、できるのかな？

A：一定の基準を満たした場合は木造でも可能です。

1 建築基準法上の道路に面していないと建築できない？

①道路とは？

建築基準法上の道路と認められるためには以下の条件を満たす、**幅員 4m以上**(例外はありります)のものをいいます。

1.道路法による道路(国道、都道府県道、市区町村道等の公道)
2.都市計画法、土地区画整理法、旧住宅地造成事業に関する法律、都市再開発法等によって築造された道路
3.建築基準法の道路の規定が適用されたときにすでにあった道(公道・私道を問わない)
4.都市計画道路等で2年以内に事業が執行される予定で、特定行政庁が指定したもの
5.私人(一般の個人や法人)が築造した私道で、特定行政庁がその位置を指定したもの(位置指定道路)

②接道義務の原則

幅員 4m以上の道路に 2m以上接しなければなりません。

③接道義務の例外(緩和)

▶ 接道義務の規定が適用されるに至った際、現に建築物が立ち並んでいる幅員 4m未満の道で、**特定行政庁の指定したもの**は道路とみなされます。ただし、その中心線からの水平距離 2m(6m道路の場合は 3m)後退した線がその道路の**境界線**とみなされます。なお、一方が崖地等の場合は、その崖地等の道の側の境界線から水平距離 4mの線が境界線となります。

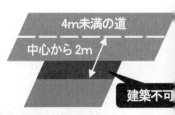

▶ 周囲に広い空き地がある場合で、特定行政庁が交通上、安全上、防火上および衛生上支障がないと認めて**建築審査会の同意**を得て許可したもの

▶ その敷地が幅員 4m以上の道(道路以外で、避難および通行の安全上必要な国土交通省令で定める基準に適合するものに限る。)に 2m以上接する建築物のうち、利用者が少数であるものとしてその用途および規模に関し国土交通省令で定める基準に適合するもので、特定行

218

政庁が交通上、安全上、防火上および衛生上支障がないと認めたもの（建築審査会の同意は不要）

④接道義務の例外（加重）

- 地方の気候・風土の特殊性等により特定行政庁が指定する区域内では幅員6m以上でなければなりません。
- 自動車のみの交通の用に供する道路（高速道路等）および地区計画の区域内の道路は、接道義務の対象となる道路には含まれません。
- <u>用途または規模の特殊性</u>により必要な場合、地方公共団体の**条例で制限を付加**することができます。「用途または規模の特殊性」とは以下のものです。
  1. 特殊建築物
  2. 階数が3以上である建築物
  3. 政令で定める窓その他の開口部を有しない居室を有する建築物
  4. 延べ面積（同一敷地内に2以上の建築物がある場合にあっては、その延べ面積の合計。）が1,000㎡を超える建築物
  5. その敷地が**袋路状道路**（その一端のみが他の道路に接続したものをいう。）にのみ接する建築物で、延べ面積が150㎡を**超える**もの（一戸建ての住宅を除く）

2 道路内でも建築できる場合がある？

原則	道路内には、原則として建築物を建築したり、敷地を造成するための擁壁を築造したりしてはなりません。
例外	▶ 地盤面下に設ける建築物 ▶ 公衆便所や巡査派出所等の公益上必要な建築物で特定行政庁が通行上支障がないと認めて**建築審査会の同意**を得て許可したもの ▶ 公共用歩廊等で特定行政庁が**建築審査会の同意**を得て許可したもの

3 防火地域内では最低でも準耐火建築物等？

以下は防火地域内における規制です。

①規模によって耐火建築物等または準耐火建築物等としなければならない建築物

階数（地階含む） ＼ 延べ床面積	延べ面積100㎡以下	延べ面積100㎡**超**
3階以上	耐火建築物等※1	
1〜2階	準耐火建築物等※2	耐火建築物等※1

※1 **耐火建築物等**とは、耐火建築物、または建築物の主要構造部、防火設備および消火設備の構造に応じて算出した延焼防止時間（建築物が通常の火災による周囲への延焼を防止することができる時間）が、その主要構造部および外壁開口部設備（主要構

造部等)が耐火建築物における基準に適合すると仮定した場合におけるその主要構造部等の構造に応じて算出した延焼防止時間以上であるものをいいます。

※2 **準耐火建築物等**とは、準耐火建築物、または建築物の主要構造部、防火設備および消火設備の構造に応じて算出した延焼防止時間が、その主要構造部等が準耐火建築物における基準に適合すると仮定した場合における当該主要構造部等の構造に応じて算出した延焼防止時間以上であるものをいいます。

②耐火建築物等または準耐火建築物等としなくてもよい建築物

▶ 高さ**2mを超える**門または塀で、政令で定める技術的基準を満たすもの
▶ 高さ2m以下の門または塀

③看板等の防火措置

看板、広告塔、装飾塔その他これらに類する工作物で

▶ 建築物の**屋上**に設けるもの
▶ 高さが**3mを超える**もの

その主要な部分を**不燃材料**で造り、または覆わなければなりません。

4 準防火地域内では延べ面積 500 ㎡以下だと 4 種類も？

準防火地域内では以下の表のとおり耐火建築物等または、最低でも準耐火建築物等や防火建築物としなければなりません。

延べ床面積 / 階数（地階除く）	500 ㎡以下	500 ㎡超 1,500 ㎡以下	1,500 ㎡超
4 階以上	耐火建築物等		
3 階	準耐火建築物等		
1〜2 階	防火建築物（木造）※1 防火建築物（非木造）※2		

※1 **防火建築物（木造）**とは、**外壁及び軒裏**で**延焼のおそれのある部分**が**防火構造**で、外壁開口部設備に建築物の周囲において発生する通常の火災による火熱が加えられた場合に、その外壁開口部設備が加熱開始後20分間当該加熱面以外の面（屋内に面するものに限る。）に火炎を出さない建築物、または建築物の主要構造部、防火設備及び消火設備の構造に応じて算出した延焼防止時間が、当該建築物の外壁および軒裏で**延焼のおそれのある部分**並びに外壁開口部設備（特定外壁部分等）が、防火構造における基準に適合すると仮定した場合における当該特定外壁部分等の構造に応じて算出した延焼防止時間以上であるものをいいます。

※2 **防火建築物（非木造）**とは、**外壁開口部設備**が**防火構造**における基準（外壁開口部設備に係る部分に限る。）に適合する建築物、または建築物の主要構造部、防火設備および消火設備の構造に応じて算出した延焼防止時間が、その建築物の外壁開口部設備が防火構造における基準に適合すると仮定した場合におけるその外壁開口部設備の構造に応じて算出した延焼防止時間以上であるものをいいます。

5 防火地域でも準防火地域でも規制がかかる建築制限

屋根	建築物の屋根の構造は、市街地における火災を想定した**火の粉**による建築物の火災の発生を防止するために屋根に必要とされる性能に関して建築物の構造および用途の区分に応じて政令で定める技術的基準に適合するもので、国土交通大臣が定めた構造方法を用いるものまたは国土交通大臣の認定を受けたものとしなければなりません。
外壁	**外壁が耐火構造**の建築物は、その外壁を**隣地境界線に接して設ける**ことができます。

6 建築物が複数の地域・区域にまたがる場合は厳しい方？

原則	建築物が、防火地域・準防火地域・これらの地域として指定されていない区域のうち、複数の地域・区域にまたがる場合には、**最も厳しい**地域の規制が適用されます。		
	防火地域と準防火地域にまたがる場合	⇒	防火地域
	防火地域と未指定区域にまたがる場合	⇒	防火地域
	準防火地域と未指定区域にまたがる場合	⇒	準防火地域
例外	建築物が最も厳しい規制の区域外において防火壁で区画されている場合には、その防火壁外の部分については、その防火壁外の部分の地域の規定が適用されます。	**防火壁** 防火地域　準防火地域	

ひっかけポイント

「準防火地域内において延べ面積 1,000 ㎡の3階建ての建築物は準耐火建築物でなければならない」という手にはのらないように！

ここに注意して学習

防火地域と準防火地域の建築物の数字は正確に暗記しておきましょう。

9 建築基準法—用途規制

重要度▶A

> 診療所と病院では建築できる場所に違いがあるの？

A：低層住居専用地域では病院は許可がないと建築できません。

1 用途地域によって建てられるものが限られる？

建築可能なものには○を、許可が必要なものには×を記しています。

用途 ＼ 用途地域	第一種低層住居専用地域	第二種低層住居専用地域	田園住居地域	第一種中高層住居専用地域	第二種中高層住居専用地域	第一種住居地域	第二種住居地域	準住居地域	近隣商業地域	商業地域	準工業地域	工業地域	工業専用地域
①住居系													
住宅・共同住宅・寄宿舎・下宿	○	○	○	○	○	○	○	○	○	○	○	○	×
②医療系													
診療所	○	○	○	○	○	○	○	○	○	○	○	○	○
病院	×	×	×	○	○	○	○	○	○	○	○	×	×
老人ホーム、福祉ホーム	○	○	○	○	○	○	○	○	○	○	○	○	×
老人福祉センター、児童厚生施設	×	×	×	○	○	○	○	○	○	○	○	○	○
③学校系													
保育所	○	○	○	○	○	○	○	○	○	○	○	○	○
幼保連携型認定こども園	○	○	○	○	○	○	○	○	○	○	○	○	○
図書館・博物館・美術館	○	○	○	○	○	○	○	○	○	○	○	○	×
小学校・中学校・高校	○	○	○	○	○	○	○	○	○	○	○	×	×
大学・高専・専修・各種学校	×	×	×	○	○	○	○	○	○	○	○	×	×
自動車教習所	×	×	×	×	×	○	○	○	○	○	○	○	○

用途地域 / 用途	第一種低層住居専用地域	第二種低層住居専用地域	田園住居地域	第一種中高層住居専用地域	第二種中高層住居専用地域	第一種住居地域	第二種住居地域	準住居地域	近隣商業地域	商業地域	準工業地域	工業地域	工業専用地域
④物品販売店舗・飲食店系													
物品販売店舗・飲食店① (50㎡以内で住居兼用)	○	○	○	○	○	○	○	○	○	○	○	○	×
物品販売店舗・飲食店② (2階以下、かつ150㎡以内)	×	○	○	○	○	○	○	○	○	○	○	○	×
物品販売店舗・飲食店③ (2階以下、かつ500㎡以内)	×	×	※	○	○	○	○	○	○	○	○	○	×
物品販売店舗・飲食店④ (1,500㎡以内)	×	×	×	×	○	○	○	○	○	○	○	○	×
物品販売店舗・飲食店⑤ (3,000㎡以内)	×	×	×	×	×	○	○	○	○	○	○	○	×
物品販売店舗・飲食店⑥ (3階以上または10,000㎡以内)	×	×	×	×	×	×	×	○	○	○	○	○	×
店舗・飲食店⑦(10,000㎡を超)	×	×	×	×	×	×	×	×	○	○	○	×	×

※ 田園住居地域内で建築できる建築物は以下のものです。

① 第一種低層住居専用地域内で建築できる建築物

② 農産物の生産、集荷、処理又は貯蔵に供するもの(政令で定めるものを除く。)

③ 農業の生産資材の貯蔵に供するもの

④ 地域で生産された農産物の販売を主たる目的とする店舗その他の農業の利便を増進するために必要な店舗、飲食店その他これらに類する用途に供するもののうち政令で定めるものでその用途に供する部分の床面積の合計が **500㎡以内**のもの(**3階以上**の部分をその用途に供するものを除く。)

⑤ ④に掲げるもののほか、店舗、飲食店その他これらに類する用途に供するもののうち政令で定めるものでその用途に供する部分の床面積の合計が150㎡以内のもの(3階以上の部分をその用途に供するものを除く。)

⑥ ①～⑤の建築物に附属するもの(政令で定めるものを除く。)

用途地域 用途	第一種低層住居専用地域	第二種低層住居専用地域	田園住居地域	第一種中高層住居専用地域	第二種中高層住居専用地域	第一種住居地域	第二種住居地域	準住居地域	近隣商業地域	商業地域	準工業地域	工業地域	工業専用地域
⑤レジャー系													
ボーリング場・スケート場・水泳場	×	×	×	×	×	○	○	○	○	○	○	○	×
ホテル・旅館	×	×	×	×	×	○	○	○	○	○	○	×	×
カラオケボックス	×	×	×	×	×	×	○	○	○	○	○	○	○
マージャン屋・パチンコ屋	×	×	×	×	×	×	○	○	○	○	○	○	×
劇場・映画館①(客席 200 ㎡未満)	×	×	×	×	×	×	×	○	○	○	○	×	×
劇場・映画館② (客席 200 ㎡以上 10,000 ㎡以内)	×	×	×	×	×	×	×	×	○	○	○	×	×
料理店・キャバレー	×	×	×	×	×	×	×	×	×	○	○	×	×
個室付浴場	×	×	×	×	×	×	×	×	×	○	×	×	×
公衆浴場	○	○	○	○	○	○	○	○	○	○	○	○	○
⑥工場系													
工場①(原動機を使用し、50 ㎡以内)	×	×	×	×	×	○	○	○	○	○	○	○	○
工場② (原動機を使用し、150 ㎡以内)	×	×	×	×	×	×	×	×	○	○	○	○	○
自動車修理工場(150 ㎡以内)	×	×	×	×	×	×	×	○	○	○	○	○	○
倉庫業を営む倉庫	×	×	×	×	×	×	×	○	○	○	○	○	○
⑦その他													
神社・教会・寺院、巡査派出所・公衆電話所	○	○	○	○	○	○	○	○	○	○	○	○	○
自動車車庫① (2 階以下かつ 300 ㎡以下)	×	×	×	○	○	○	○	○	○	○	○	○	○
自動車車庫②(その他)	×	×	×	×	×	×	×	○	○	○	○	○	○

2 用途地域に関するその他のルール

卸売市場等の用途に供する特殊建築物の位置	都市計画区域内においては、卸売市場、火葬場、と畜場、汚物処理場、ごみ焼却場などの建築物は、原則として都市計画においてその敷地の位置が決定しているものでなければ建築してはなりません。
建物の敷地が用途規制の異なる複数の地域にわたる場合	建物の敷地の**過半**の属する地域の用途規制に関する規定が適用されます。
大規模集客施設	**大規模集客施設※は商業地域、近隣商業地域、準工業地域の3用途地域のみに設置可能**です。

※ 大規模集客施設とは、床面積が 10,000 ㎡超の店舗、映画館、アミューズメント施設、展示場等をいいます。

ひっかけポイント

ひっかけ
二重否定
読み間違え

「高校も各種専門学校と同じく低層住居専用地域で建築できない」という手にはのらないように!

ここに注意して学習

合格ポイント

用途地域の建築規制は正確に暗記しておきましょう。特に低層住居専用地域と準住居地域を意識しましょう。

10 建築基準法—建蔽率・容積率・敷地面積

重要度▶B

繁華街で防火地域に指定されている土地を購入したら、どれくらいの規模の商業用ビルが建てられるのかな？

A：耐火建築物等の場合は建蔽率の規制がなくなります。

1 自由にフロアー数を増やせない？（容積率）

容積率とは、建築物の延べ面積の敷地面積に対する割合のことをいいます。

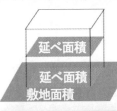

$$容積率(\%) = \frac{延べ面積}{敷地面積} \times 100$$

用途地域	容積率の最高限度		
	用途地域ごとに定められる	左の数字の中から都市計画で定める	前面道路の幅員が12m 未満の場合に前面道路の幅員に乗じる数値※2
	比較して小さい方が容積率の最高限度となる		
第一種低層住居専用 第二種低層住居専用 田園住居	50・60・80・100・150・200%		40%
第一種中高層住居専用 第二種中高層住居専用 第一種住居 第二種住居 準住居	100・150・200・300・400・500%		40% 特定行政庁が都道府県都市計画審議会の議を経て指定する区域内では60%です。
近隣商業 準工業	100・150・200・300・400・500%		60% 特定行政庁が都道府県都市計画審議会の議を経て指定する区域内では40%または80%です。
工業 工業専用	100・150・200・300・400%		
商業	200・300・400・500・600・700・800・ 900・1000・1100・1200・1300%		
用途地域の指定のない区域	50・80・100・200・300・400%※1		
都市計画区域外 準都市計画区域外	都道府県知事が、関係市町村の意見を聴いて指定する区域内においては、地方公共団体の条例で容積率に関して必要な制限を定めることができます。		

※1 この数値の中から特定行政庁が土地の利用状況等を考慮し、当該区域を区分して都道府県都市計画審議会の議を経て定めます。
※2 複数の道路に接している場合広い方の道路が基準となります。

2 容積率の計算で床面積に参入しなくてもよいものが？

- 政令で定める**昇降機の昇降路の部分**または共同住宅もしくは老人ホーム等の共用の**廊下**もしくは**階段**の用に供する部分の床面積は、算入しません。
- 建築物の**地階**でその天井が地盤面からの高さ **1m以下**にあるものの**住宅・老人ホーム等**の用途に供する部分（前記の昇降機の昇降路の部分または共同住宅もしくは老人ホーム等の共用の廊下もしくは階段の用に供する部分を除く。）の床面積については、その建築物の住宅および老人ホーム等の用途に供する部分の床面積の合計の **1/3 まで**は**算入しません**。

3 容積率の規制数値が異なる複数の地域にまたがる場合

建物の敷地が、容積率の規制数値の異なる複数の地域にまたがる場合があります。そのときには、それぞれの地域の容積率の最高限度の数値に、それぞれの地域に係る敷地が敷地全体に占める割合を乗じた数値の合計が、その敷地全体の容積率の最高限度になります。

容積率 100% **60 ㎡…敷地全体に占める** **割合は 6/10**	100%×6/10＝60%
容積率 200% **40 ㎡…敷地全体に占める** **割合は 4/10**	200%×4/10＝80% 60%＋80%＝140% ※2つ合わせた敷地（100 ㎡）の容積率は140%となります。

Part

3

法令上の制限、税・その他

4 敷地面積いっぱいに建物は建てられない？（建蔽率）

建蔽率とは、敷地面積に対する、建築物の建築面積の割合のことをいいます。

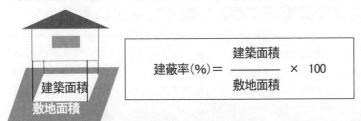

$$建蔽率(\%) = \frac{建築面積}{敷地面積} \times 100$$

用途地域	原則	建蔽率の最高限度			
			緩和		
		特定行政庁が指定する角地の場合（①）	一定の延焼防止措置がなされている場合※1（②）	左の①と②の両方に該当する場合
第一種低層住居専用 第二種低層住居専用 第一種中高層住居専用 第二種中高層住居専用 工業専用 田園住居	30% 40% 50% 60%	左の数値の中から都市計画で決定	+10%	+10%	+20%
工業	50%・60%		+10%	+10%	
第一種住居 第二種住居 準住居 準工業	50% 60% 80%		+10%	+10%※2	+20%※2
近隣商業	60% 80%		+10%		
商業	80%		+10%	規制なし※2	規制なし※2
用途地域の指定のない区域※3	30・40・50・60・70%		+10%	+10%	+20%
都市計画区域外 準都市計画区域外	都道府県知事が、関係市町村の意見を聴いて指定する区域内においては、地方公共団体の条例で建蔽率に関して必要な制限を定めることができます。				

※1 一定の延焼防止措置がされている場合とは、防火地域内においては「耐火建築物等」で、準防火地域内においては「耐火建築物等」または「準耐火建築物等」であることをいいます。

※2 建蔽率が 80%に指定されている防火地域内の耐火建築物等の場合は建蔽率の規制がなくなります。

※3 用途地域が定められていない場所では、特定行政庁が土地利用の状況等を考慮しその区域を区分して都道府県都市計画審議会の議を経て定める数値が適用されます。

5 建蔽率の規制数値が異なる複数の地域にまたがる場合

建物の敷地が、建蔽率の規制数値の異なる複数の地域にまたがる場合があります。そのときは、それぞれの地域の建蔽率の最高限度の数値に、それぞれの地域に係る敷地が敷地全体に占める割合を乗じた数値の合計が、その敷地全体の建蔽率の最高限度になります。

建蔽率 50% 40 ㎡…敷地全体に占める割合は 4/10	50%（建蔽率）×4/10＝20%
	60%（建蔽率）×6/10＝36%
建蔽率 60% 60 ㎡…敷地全体に占める割合は 6/10	20%＋36%＝56% ※2つ合わせた敷地（100㎡）の建蔽率は 56%となります。

6 土地は狭すぎるとダメ？（敷地面積の最低限度の制限）

原則	建築物の敷地面積は、用途地域に関する都市計画でその最低限度※が定められた場合は、その最低限度以上でなければなりません。
例外	商業地域などで都市計画に建蔽率の制限が 80%と定められた区域内で、かつ防火地域内にある耐火建築物等については、敷地面積の最低限度の制限は適用されません。

※ 都市計画で建築物の敷地面積の最低限度を定める場合においては、その最低限度は、200 ㎡を超えてはなりません。

ひっかけポイント

ひっかけ
二重否定
読み間違え

「容積率を計算する場合、その延べ面積について、共同住宅の共用の廊下または階段の部分の床面積は 3 分の 1 までなら算入しない」という手にはのらないように！

ここに注意して学習

合格 ポイント

低層住居専用地域と商業地域から覚えましょう。

11 建築基準法—高さ制限

2階建てだった隣の家が再築して3階建てになるとのこと。陽当たりが悪くなりそうだけど問題ないのかな？

A:場所によっては建築できない場合もあります。

1 隣の家に陽が差し込まないのはダメ（斜線制限）

道路境界線または隣地境界線からの距離に応じて建築物の各部分の高さを制限することにより、通風、採光等を確保し、良好な環境を保つための建築規制です。

道路斜線	敷地が接している前面道路の反対側の境界線から一定の勾配で示された斜線の内側が、建築物を建てられる高さの上限となるもの。全ての用途地域に適用されます。	この部分が違法
隣地斜線	隣地境界線上から一定の高さを基準として、そこから一定の勾配で示された斜線の内側が、建築物を建てられる高さの上限となるもの。第一種低層住居専用地域、第二種低層住居専用地域では、絶対高さの制限が設けられているため、隣地斜線制限の適用がありません。	この部分が違法
北側斜線	北側隣地の日照の悪化を防ぐため、建築物の北側に課せられるもの。低層住居専用地域と中高層住居専用地域（日影規制の対象地域は除く）に適用されます。その他の用途地域には北側斜線制限の適用はありません。	この部分が違法　北

規制のあるものに○　規制のないものに×

用途地域	道路斜線制限	隣地斜線制限	北側斜線制限
低層住居専用地域 田園住居地域	○	×	○
中高層住居専用地域	○	○	○※
住居地域 準住居地域	○	○	×
近隣商業地域 商業地域	○	○	×
準工業地域 工業地域 工業専用地域	○	○	×
用途地域の定めのない地域	○	○	×

※　日影規制の対象区域は除かれます。

2 商業地域では陽当りよりビジネス？（日影規制）

住宅地における居住環境を保護するために、中高層の建物によって周辺にできる日影の時間を一定限度以下に制限し、日照などの環境を確保するためのルールです。

【低層住居専用地域・田園住居地域】

軒の高さが7mを超える建築物　または　地階を除く階数が3以上の建築物

【中高層住居専用・住居・準住居・近隣商業・準工業】

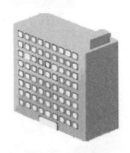

高さが10mを超える建築物

対象区域		制限を受ける建築物
低層住居専用地域 田園住居地域	条例で指定	▶ 軒の高さ7m超 　または ▶ 3階以上(地階を除く階数)
中高層住居専用地域 住居地域 準住居地域 近隣商業地域 準工業地域		高さ10m超
用途地域の指定のない地域		▶ 軒の高さ7m超、または、3階以上(地階を除く階数) 　または ▶ 高さ10m超 　いずれか条例で定めます。

＊ 商業地域、工業地域、工業専用地域には適用されません。

3 日影規制にはいろいろ例外が？

①同一の敷地内に2以上の建築物があった場合

これらの建築物を1つの建築物とみなして日影規制が適用されます。

②日影規制の適用対象区域外にある建築物の場合

高さが 10mを超え、冬至日において対象区域内の土地に日影を生じさせるものは、適用対象区域内にある建築物とみなして日影規制が適用されます。

ひっかけポイント

ひっかけ

二重否定

読み間違え

「低層住居専用地域内における建築物についても隣地斜線制限の適用を受ける」という手にはのらないように！

ここに注意して学習

合格ポイント

低層住居専用地域と中高層住居専用地域が重要です。

12 国土利用計画法

重要度▶A

リゾートマンションを建築するため土地を買い占める場合は何か
手続がいるのかな？

A：規模によっては都道府県知事に届出が必要となります。

1 一定規模以上の面積を取得すると届出？

注視区域と監視区域以外はすべて事後届出対象区域です（規制区域というところもあります
が、一度も指定されたことはありません）。

	事後届出対象区域	注視区域	監視区域
区域指定の要件	なし	地価が一定の期間内に社会的経済的事情の変動に照らして相当な程度を超えて上昇し、または上昇するおそれがあること	地価が急激に上昇し、または上昇するおそれがあること
届出が必要な面積	市街化区域	2,000 ㎡以上	都道府県知事が規則で定める面積以上 ただし、左の数値よりも小さいものを定めます
	その他の都市計画区域内	5,000 ㎡以上	
	都市計画区域外	10,000 ㎡以上	

2 事後届出は買主基準、事前届出は両当事者基準？

事後届出対処区域では、買主側で上記の面積要件を満たすと届出が必要です。つまり、広
い土地を買い占めるパターンが規制の対象です。事前届出対象区域では、売主・買主のい
ずれかで面積要件を満たすと届出が必要となります。「一団の」※という表現がわかりにくい
ですがそういった意味です。

事後届出対象区域	注視区域	監視区域
権利取得者が一団の土地について権利の移転または設定を受ける場合に限り届出が必要です。	前記の面積未満の土地についての土地売買等の契約でも、**当事者の一方または双方が前記の面積以上の一団の土地**について土地に関する権利の移転または設定を受ける場合には届出が必要です。	

※ 一団の土地とは、土地利用上、現に一体の土地を構成し、または一体としての利用に

234

供することが可能なひとまとまりの土地で、当事者の一方または双方が一連の計画の下に土地に関する権利の移転または設定を行おうとするその土地をいいます。一団の土地の取引にあたるかどうかは、①**物理的一体性**（相互に連接するひとまとまりの土地であること）、②**計画的一貫性**（契約が一連の計画の下に密接な関連をもって締結されること）で判断されます。

《個別に売却等する場合（市街化区域内の場合）》

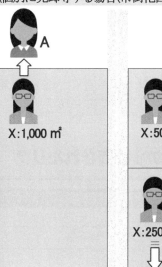

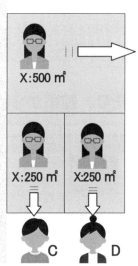

事後届出区域では権利取得者（買主）を基準に面積要件を判断します。
X が 2,000 ㎡の土地を売却しても買主 ABCD 基準では各々2,000 ㎡未満であり届出不要。

《買い占める場合（市街化区域内の場合）》

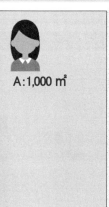

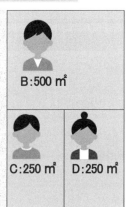

X が隣り合う土地を計画的に取得し、2,000 ㎡以上となる場合は、X は届出が必要。

3 届出時期や届出が要らない場合がある？

	事後届出対象区域	注視区域	監視区域
届出の時期 ※	契約締結後 2週間以内	契約締結前 (届出後6週間は契約できません。ただし、勧告 または不勧告の通知を受けた場合は、締結する ことができます。)	
届出不要となる例外	▶ 契約の当事者の一方または双方が、**国、地方公共団体、土地開発公社、地方住宅供給公社等である場合** ▶ **民事調停法による調停に基づく場合** ▶ **農地法3条1項(権利移動)の許可を受けた場合**。ただし、農地法5条1項(転用目的権利移動)の許可を受けた場合は届出が必要です。		

※ 届出義務に違反すると刑事罰があります。

4 購入する金額を変更したり、知事から勧告されたり？

	事後届出対象区域	注視区域・監視区域	
予定対価の 額の変更	なし	原則	届出が必要
		例外	減額変更の場合は不要
勧告※の 対象	利用目的について のみ	価格と利用目的	

※ 勧告に従わない場合には、その旨及びその勧告の**内容が公表される**ことがあります。
なお、勧告に従わなかったからといって**罰せられることはありません**。

5 届出が必要な取引（事前届出・事後届出に共通します）

届出が不要なもの	届出が必要なもの
• **抵当権の設定** • 不動産質権の設定 • 贈与 • 相続 • 遺産分割 • 法人の合併 • 信託(受託後の有償処分は届出を要します) • 時効による取得 • 形成権※の行使	• **売買・交換契約(予約を含みます)** • 譲渡担保 • 代物弁済の予約 • **賃貸借・地上権設定契約(設定の対価がある場合)** • 形成権※の譲渡

236

※ 予約完結権・買戻権・解除権・取消権・所有権移転請求権等をいいます。

6 事後届出・事前届出の手続の流れ

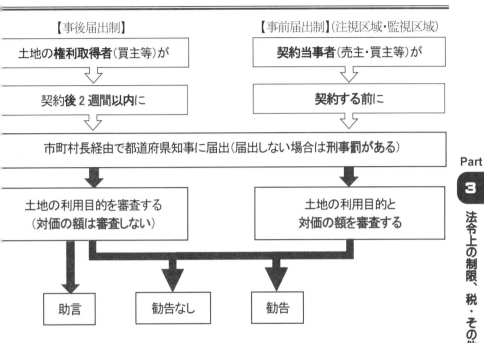

【事後届出制】

土地の権利取得者(買主等)が
↓
契約後2週間以内に
↓

【事前届出制】(注視区域・監視区域)

契約当事者(売主・買主等)が
↓
契約する前に
↓

市町村長経由で都道府県知事に届出(届出しない場合は刑事罰がある)
↓

土地の利用目的を審査する
(対価の額は審査しない)

土地の利用目的と
対価の額を審査する

↓

助言　　　勧告なし　　　勧告

＊ 助言に従わなくても公表されません。

＊ 届出しなかったからといって契約は無効にはなりません。

ひっかけポイント

「助言に従わない場合も公表される」という手にはのらないように！

ひっかけ
二重否定
読み間違え

ここに注意して学習

合格ポイント

まずは、事後届出の要件と手続を正確に暗記しましょう。そのうえで、違うところを意識しながら、事前届出を学習しましょう。

12 国土利用計画法　237

13 農地法

重要度▶A

街中にある放置していた農地にマンションを建てて収益を図りたいけれど、どんな手続がいるのかな？

A：市街化区域内の場合は農業委員会に届出が必要です。

1 規制の対象となる農地・採草放牧地とは？

農地とは？	耕作の目的に供される土地をいいます。事実状態で判断され、登記簿上の地目は関係ありません。
採草放牧地とは？	農地以外の土地で、主として耕作または養畜の事業のための採草または家畜の放牧の目的に供されるものをいいます。

2 許可が必要な行為は？（許可の対象）

権利移動(3条)	転用(4条)	転用目的権利移動(5条)
農地または採草放牧地について所有権を移転し、または地上権、永小作権、質権、使用貸借による権利、賃借権※1 もしくはその他の使用および収益を目的とする権利を設定し、もしくは移転することをいいます。抵当権の設定行為は含まれません。	▶ 農地を農地以外にすることをいいます。※2 ▶ 採草放牧地を採草放牧地以外にすることは転用ではありません。	農地を農地以外のものにするため、または採草放牧地を採草放牧地以外のもの(農地を除く)にするため、3条に定める権利移動をすることをいいます。※2

※1 農地または採草放牧地の賃貸借は、その登記がなくてもその引渡があったときは、これをもってその後その農地または採草放牧地について物権を取得した第三者に対抗することができます。

※2 農地を一時的に資材置場・駐車場・砂利採取場等に利用する場合も転用にあたります

【転用目的権利移動】

売買・地上権設定・使用貸借・賃借等

3 誰の許可がいるの？（許可主体）

権利移動(3条)	転用(4条)	転用目的権利移動(5条)
農業委員会※1	都道府県知事等(農業委員会を経由)※2	

※1 農業委員会は、農地法に基づく農地の売買・貸借の許可、農地転用案件への意見具申などを中心に農地に関する事務を執行する市町村長から独立する行政委員会として市町村に設置されます。

※2 農地または採草放牧地の農業上の効率的かつ総合的な利用の確保に関する施策の実施状況を考慮して農林水産大臣が指定する市町村(指定市町村)の区域内にあっては指定市町村の長をいいます。

4 許可がいらない場合①

権利移動(3条)	転用(4条)	転用目的権利移動(5条)
国または都道府県が権利を取得する場合	国または都道府県※が、道路、農業用用排水施設その他の地域振興上または農業振興上の必要性が高いと認められる施設であって農林水産省令で定めるものの用に供するため、農地を農地以外のものにする場合(4 条)、およびこれらの権利を取得する場合(5 条)	
土地収用法その他の法律によって農地もしくは採草放牧地またはこれらに関する権利が収用され、または使用される場合(3条・5条)、および収用または使用した農地をその収用または使用に係る目的に供する場合(4 条)		

※ 国または都道府県等が、転用または転用目的権利移動を行う場合においては、国または都道府県等と都道府県知事等との協議が成立することをもって許可があったものとみなされます。

5 許可が要らない場合②

権利移動(3条)	転用(4条)	転用目的権利移動(5条)
▶ 民事調停法による農事調停による場合※1 ▶ 遺産の分割、財産の分与に関する裁判もしくは調停または相続財産の分与に関する裁判によってこれらの権利が設定され、または移転される場合※2	▶ 土地区画整理法令に基づく土地区画整理の施行による場合 ▶ 耕作の事業を行う者が 2 アール(200 ㎡)未満の農地をその者の農作物の育成や養畜の事業のための農業用施設に供する場合	

**市街化区域内にある農地について
あらかじめ農業委員会に届け出て**

	農地以外のものにする場合	農地および採草放牧地以外のものにするため、これらの権利を取得する場合

※1 競売により農地を取得する場合は許可が必要です。

※2 遅滞なく、農業委員会に届け出なければなりません。なお、特定遺贈については、許可が必要です。

6 違反するとどうなるの？（違反等の効果）

	権利移動(3条)	転用(4条)	転用目的権利移動(5条)
無許可の効力	無効		無効
許可・届出違反の措置		工事停止命令・原状回復命令等※1	
刑事罰	3 年以下の懲役または 300 万円以下の罰金※2		

※1 違反者が原状回復命令等に従わない場合や、行方知れず、急を要するような場合には、都道府県知事等は、自らその原状回復等の措置の全部または一部を講じることができます。

※2 法人の代表者、代理人、使用人、従業者が、一定の違反行為をしたときは、その法人に対しても、1 億円以下の罰金刑が科せられます。

7 農地所有適格法人の要件（農地を所有できる法人）

法人形態	株式会社(公開会社でないもの)、農事組合法人、持分会社
事業内容	主たる事業が農業(農産物の加工・販売等の関連事業を含む) (売上高の過半)
議決権	農業関係者が総議決権の過半を占めること
役 員	▸ 役員の過半が農業に常時従事する構成員であること ▸ 役員又は重要な使用人の1人以上が農作業に従事すること

＊ 農地所有適格法人は農地を借りることもできます。

8 一般法人の要件（貸借であれば、全国どこでも可能）

貸借契約に解除条件が付されていること	解除条件の内容:農地を適切に利用しない場合に契約を解除すること
地域における適切な役割分担のもとに農業を行うこと	役割分担の内容:集落での話し合いへの参加、農道や水路の維持活動への参画など
業務執行役員又は重要な使用人が1人以上農業に常時従事すること	農業の内容:農作業に限られず、マーケティング等経営や企画に関するものであっても可

ひっかけポイント

ひっかけ
二重否定
読み間違え

「一定面積以上の市街化区域内で転用目的権利移動を行う場合には農林水産大臣への届出が必要」という手にはのらないように！

ここに注意して学習

合格 ポイント

市街化区域内の例外を正確に暗記しましょう。

14 土地区画整理法

この街も区画整理が行われれば価値も上がると思いますが、その費用はどうやって捻出するのかな？

A：保留地や賦課金や公共減歩等で捻出します。

1 土地を有効利用するには？（土地区画整理事業）

都市計画区域内の土地について、道路、公園、河川等の公共施設を整備・改善し、土地の区画を整え宅地の利用の増進を図る事業をいい、公共施設が不十分な区域では、地権者からその権利に応じて少しずつ土地を提供してもらい(減歩)、この土地を道路・公園などの公共用地が増える分に充てる他、その一部を売却し事業資金の一部に充てる事業をいいます。

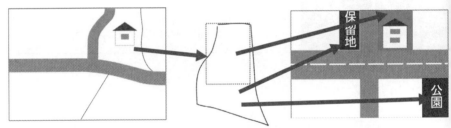

2 誰が施行するの？（土地区画整理事業の施行者）

施行者	内　容	認可等
個人	宅地について所有権もしくは借地権を有する者または宅地について所有権もしくは借地権を有する者の同意を得た者は、1人で、または数人共同して、当該権利の目的である宅地について、またはその宅地および一定の区域の宅地以外の土地について土地区画整理事業を施行することができます。	1人施行：規準・事業計画 数人共同：規約・事業計画 を定めて 都道府県知事の認可

施行者	内　容	認可等
組合	宅地について所有権または借地権を有する者が設立する土地区画整理組合は、当該権利の目的である宅地を含む一定の区域の土地について土地区画整理事業を施行することができます。	3で詳細します。
会社	宅地について所有権または借地権を有する者を株主とする一定の株式会社は、当該所有権または借地権の目的である宅地を含む一定の区域の土地について土地区画整理事業を施行することができます。	規準・事業計画を定めて都道府県知事の認可
地方公共団体	都道府県または市町村は、施行区域※の土地について土地区画整理事業を施行することができます。	施行規程・事業計画を定めて都道府県…国土交通大臣の認可市町村…都道府県知事の認可
国土交通大臣	国土交通大臣は、施行区域※の土地について、国の利害に重大な関係がある土地区画整理事業で災害の発生その他特別の事情により**急施を要すると認められるもの**のうち、国土交通大臣が施行する公共施設に関する工事と併せて施行することが必要であると認められるもの、または都道府県もしくは市町村が施行することが著しく困難もしくは不適当であると認められるものについては自ら施行し、その他のものについては都道府県または市町村に施行すべきことを指示することができます。	施行規程・事業計画を定め、事業計画の決定都市計画事業の承認

3

法令上の制限、税・その他

※　施行区域の土地についての土地区画整理事業は、都市計画事業として施行します。なお、「施行区域」とは、市街地開発事業として都市計画に定められた区域をいいます。

3 土地区画整理組合

①組合を作るには？

誰が？	宅地について所有権または借地権を有する者
どうやって？	**原則**:7 人以上共同して、定款および事業計画を定め、その組合の設立について**都道府県知事の認可**を受けます。
	例外:事業計画の決定に先立って組合を設立する必要があると認める場合においては、7 人以上共同して、定款および事業基本方針を定め、その組合の設立について都道府県知事の認可を受けることができます。 ただし、その場合でも、(後で)都道府県知事の認可を受けて、事業計画を定めることになります。
組合員	▶ 組合が施行する土地区画整理事業に係る**施行地区内の宅地について所有権または借地権を有する者**は、すべてその組合の組合員とします。 ▶ 施行地区内の宅地について組合員の有する所有権または借地権の全部または一部を承継した者がある場合においては、その組合員がその所有権または借地権の全部または一部について組合に対して有する権利義務は、その承継した者に移転します。
参加組合員	独立行政法人都市再生機構、地方住宅供給公社その他政令で定めるもの(地方公共団体等)であって、組合が都市計画事業として施行する土地区画整理事業に参加することを希望し、定款で定められたものは、参加組合員として、組合の組合員となります。

②工事費用が足りなくなったら？

▶ 組合は、その事業に要する経費に充てるため、賦課金として**参加組合員以外の組合員に対して金銭を賦課徴収**することができます。

▶ 賦課金の額は、組合員が施行地区内に有する宅地または借地の位置、地積等を考慮して公平に定めなければなりません。

▶ 組合員は、賦課金の納付について、**相殺をもって組合に対抗することができません**。

▶ 組合は、組合員が賦課金の納付を怠った場合においては、定款で定めるところにより、その組合員に対して過怠金を課すことができます。

▶ **賦課金の額および賦課徴収方法は総会の議決を経**なければなりません(知事の認可は不要)。

③組合もいつかは解散する

▶ 組合は、次の事由により解散します。

1. 設立についての認可の取消
2. **総会の議決**
3. 定款で定めた解散事由の発生
4. 事業の完成またはその完成の不能
5. 合併
6. 事業の引継

▶ 組合は、上記の2.から4.までのいずれかの事由により解散しようとする場合においては、その解散について**都道府県知事の認可**を受けなければなりません。ただし、その**組合に借入金があるとき**は、その**解散**について、その**債権者の同意**を得なければなりません。

4 施行プランを決める（換地計画）

施行者は、施行地区内の宅地について換地処分を行うため、換地計画を定めなければなりません。この場合において、施行者が個人、組合、区画整理会社、市町村または機構等であるときは、国土交通省令で定めるところにより、その換地計画について**都道府県知事の認可**を受けなければなりません。

▶ 公共施設の用に供している宅地に対しては、換地計画において、その位置、地積等に特別の考慮を払い、換地を定めることができます。

清算金	▶ 清算金についても換地計画に定めます。清算金とは、**換地計画において、従前の土地に対して換地計画により交付すべき換地の評定価額と、実際に交付した換地の評定価額とに差がある場合に、その差額を清算するために徴収・交付する金銭**をいいます。 ▶ 宅地の所有者の申出または同意があった場合には、換地計画において、その宅地の全部または一部について換地を定めないことができます。この場合には、換地計画に定めた清算金が交付されます。
保留地	▶ **民間施行**の土地区画整理事業の換地計画においては、**土地区画整理事業の施行の費用に充てるため**、または規準、規約もしくは定款で定める目的のため、一定の土地を換地として定めないで、その土地を保留地として定めることができます。 ▶ **公的施行**の土地区画整理事業の換地計画においては、その土地区画整理事業の施行後の宅地の価額の総額がその土地区画整理事業の施行前の宅地の価額の総額を超える場合においては、土地区画整理事業の施行の費用に充てるため、その差額に相当する金額を超えない価額の一定の土地を換地として定めないで、その土地を保留地として定めることができます。その際、土地区画整理審議会の同意を得なければなりません。

5 工事中は仮のお住まいが必要？（仮換地）

指定の要件	仮換地となるべき土地の所有者および従前の宅地の所有者に対し、その位置および地積並びに仮換地の指定の効力発生の日を**通知**する必要があります。 **個人施行**…従前の宅地の所有者およびその宅地について借地権等の権利をもって施行者に対抗することができる者並びに仮換地となるべき宅地の所有者およびその宅地についての借地権等の権利をもって施行者に対抗することができる者の同意 **組合施行**…**総会もしくはその部会または総代会の同意** **会社施行**…施行地区内の宅地について所有権を有するすべての者およびその区域内の宅地について借地権を有するすべての者のそれぞれの3分の2以上の同意 **公的施行**…土地区画整理審議会の意見を聴く
指定の効果	▶ 従前の宅地について権原に基づき使用し、または収益することができる者は、仮換地の指定の効力発生の日から換地処分の公告がある日まで、仮換地について、従前の宅地について有する権利の内容である使用または収益と**同じ使用または収益をすることができます**。その代わり、従前の宅地については、使用し、または収益することができなくなります。 ▶ 施行者は、一定の事情があるときは、その仮換地について使用または収益を開始することができる日を上記で示した日と別に定めることができます。

6 施行が決まれば建築規制が？（建築行為の制限）

許可が必要な行為とは	施行地区内で土地区画整理事業の施行の障害となるおそれがある ▶ 土地の形質の変更 ▶ **建築物その他の工作物の新築・改築・増築** ▶ 移動の容易でない物件の設置・堆積	
期間は？	土地区画整理事業についての認可等が公告された後、**換地処分の公告がある日まで**	
誰の許可？	国土交通大臣施行	国土交通大臣
	その他	都道府県知事

7 換地処分の効果

換地処分とは	認可を受けて決定した換地計画の内容を各関係権利者に通知することをいいます。換地処分は、都道府県知事の換地処分があった旨の公告により効力が生じます。
換地処分に係る公告の日の終了時	▶ **仮換地の指定の効力の消滅** ▶ 建築行為等の制限の消滅 ▶ 換地を定めなかった従前の宅地に存する権利の消滅 ▶ 事業の施行により**行使の利益がなくなった地役権の消滅**※1
換地処分に係る公告の日の翌日	▶ **換地計画で定められた換地が従前の宅地とみなされること** ▶ 換地計画で定められた清算金の確定 ▶ **施行者が保留地を取得** ▶ 土地区画整理事業の施行により設置された**公共施設**が、その**所在する市町村の管理に属すること**(原則) ▶ 施行者は、換地処分の公告があった場合には、**すぐにその旨を、換地計画区域を管轄する登記所に通知**しなければなりません。※2

※1 行使の利益がなくなった地役権の典型例

※2 換地処分の公告後でも、この土地区画整理事業の施行による変動の登記をするまでは、原則として施行地区内の土地および建物につき他の登記をすることができません。

ひっかけポイント

「**賦課金として参加組合員に対して金銭を賦課徴収することができる**」という手にはのらないように!

ここに注意して学習

土地区画整理組合と換地処分の効果が重要です。整理して暗記しましょう。

15 宅地造成及び特定盛土等規制法改正点

重要度▶A

所有する土地が特定盛土等規制区域に指定されました。何か手続き
が必要になるのかな？

A: 一定規模以上の工事には届出や許可が必要になります。

1 目的と定義

目 的	宅地造成、特定盛土等または土石の堆積に伴う崖崩れまたは土砂の流出による災害の防止のため必要な規制を行うことにより、国民の生命および財産の保護を図り、もって公共の福祉に寄与すること
宅 地	農地、採草放牧地および森林(農地等)ならびに道路、公園、河川等の公共施設用地以外の土地をいいます。
宅地造成	宅地以外の土地を宅地にするために行う、**一定規模以上の盛土**その他の土地の形質の変更をいいます。
特定盛土等	**宅地または農地等において行う、一定規模以上の盛土**その他の土地の形質の変更で、その宅地または農地等に隣接し、または近接する宅地において災害を発生させるおそれが大きいもの。たとえば、宅地を造成するための盛土・切土や、残土処分場における盛土・切土や、太陽光発電施設の設置のための盛土・切土などです。
土石の堆積	宅地または農地等において行う**一定規模以上の土石の堆積**(一定期間の経過後にその土石を除却するものに限る。)をいいます。たとえば、土石のストックヤードにおける仮置き等です。
工事主	宅地造成、特定盛土等もしくは土石の堆積に関する工事の請負契約の注文者または請負契約によらないで自らその工事をする者をいいます。
工事施行者	宅地造成、特定盛土等もしくは土石の堆積に関する工事の請負人または請負契約によらないで自らその工事をする者をいいます。
造成宅地	宅地造成または特定盛土等(宅地において行うものに限る。)に関する工事が施行された宅地をいいます。

2 基礎調査と規制する場所の指定

基礎調査	都道府県等は、国土交通大臣および農林水産大臣が定めた基本方針に基づき、**おおむね5年ごとに**、宅地造成等工事規制区域の指定、特定盛土等規制区域の指定、および造成宅地防災区域の指定のため、また、宅地造成、特定盛土等もしくは土石の堆積に伴う災害の防止のための対策に必要な基礎調査として、宅地造成、特定盛土等または土石の堆積に伴う崖崩れまたは土砂の流出のおそれがある土地に関する地形、地質の状況等に関する調査を行います。
基礎調査のための土地の立入り等	都道府県知事等は、基礎調査のために他人の占有する土地に立ち入って測量または調査を行う必要があるときは、その必要の限度内で、**他人の占有する土地に、自ら立ち入り、またはその命じた者もしくは委任した者に立ち入らせることができます。** ▶ 土地の占有者は、正当な理由がない限り、前記の立入りを拒み、または妨げてはなりません。 ▶ 都道府県は、前記①、②による行為により他人に**損失を与えたとき**は、その損失を受けた者に対して、**通常生ずべき損失を補償**しなければなりません。
区域の指定	都道府県知事は、**基本方針**に基づき、かつ、都道府県が行う**基礎調査の結果**を踏まえ、①**宅地造成等工事規制区域**、②**特定盛土等規制区域**、③**造成宅地防災区域**を指定することができます。 宅地造成等工事規制区域　特定盛土等規制区域 森林 宅地 大規模造成 農地 造成宅地防災区域

《区域指定のまとめ》

	宅地造成等工事規制区域	特定盛土等規制区域	造成宅地防災区域
行為	・宅地造成 ・特定盛土等 ・土石の堆積	・特定盛土等 ・土石の堆積	・宅地造成 ・特定盛土等（宅地内で行うものに限定）
要件	上記工事に伴い、災害が生ずるおそれが大きいこと	上記の工事に伴い、土地の傾斜度、渓流の位置その他の自然的条件および周辺地域における土地利用の状況その他の社会的条件からみて、これに伴う災害により、生命または身体に危害を生ずるおそれが特に大きいと認められること	上記工事に伴い、災害で相当数の居住者等に危害を生ずるものの発生のおそれが大きいこと。 ただし、指定の事由がなくなったと認めるときは、指定を解除する。
場所	・市街地 ・市街地となろうとする土地の区域 ・集落の区域（これらの区域に隣接し、または近接する土地の区域を含む。）	・市街地 ・市街地となろうとする土地の区域 ・集落の区域（これらの区域に隣接し、または近接する土地の区域を含む。） ・その他の区域	・一団の造成宅地（これに附帯する道路その他の土地を含む。）の区域で、**政令で定める基準**※に該当する場所
		宅地造成等工事規制区域以外の土地に限る	

※ 政令で定める基準

造成宅地防災区域に指定できる場所は、一定規模以上の形状で、計算によって危険と確認できる造成宅地と、既に危険な事象が生じている造成宅地（大規模盛土造成地）等です。そして、大規模盛土造成地とは、「盛土をした土地の面積が 3,000 ㎡以上である場所」（谷埋め型大規模盛土造成地）、または、「盛土をする前の地盤面が水平面に対し 20 度以上の角度をなし、かつ、盛土の高さが 5m以上である場所」（腹付け型大規模盛土造成地）をいいます。

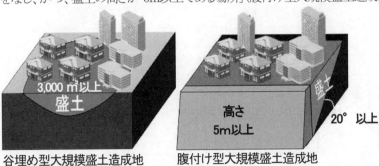

谷埋め型大規模盛土造成地　　腹付け型大規模盛土造成地

3 規制区域内の規制の比較

①工事の届出

宅地造成等工事規制区域	特定盛土等規制区域
なし	工事主は、一定規模以上の特定盛土等または土石の堆積に関する工事に着手する日の 30 日前までに、その工事の計画を都道府県知事に届け出なければなりません(原則)。

《一定規模以上の特定盛土等または土石の堆積》

盛土・切土	土石の堆積
盛土:1m超の崖　切土:2m超の崖 盛土と切土:2m超の崖 盛土:2m超　盛土と切土:500 ㎡超	高さ:2m超&面積:300 ㎡超 面積 500 ㎡超

* 特定盛土等について都市計画法の**開発許可の申請**をしたときは、その工事については、届出をしたものとみなされます。

* 都道府県知事は、この届出を受理したときは、速やかに、工事主の氏名・土地の所在地等をインターネット等を利用して**公表**するとともに、関係市町村長に**通知**しなければなりません。

* 都道府県知事は、届出に係る工事の計画について、災害の防止のため必要があると認めるときは、**届出を受理した日から30日以内に限り**、**計画の変更**その他必要な措置をとるべきことを**勧告**することができます。

* 都道府県知事は、勧告を受けた者が、正当な理由がなく、その勧告に係る措置をとらなかったときは、その者に対し、相当の期限を定めて、勧告に係る措置をとるべきことを**命ずる**ことができます。

* 届出をした者は、その届出に係る工事の計画の変更（軽微な変更を除きます。）をしようとするときは、**変更後の工事に着手する日の30日前まで**に、変更後の工事の計画を都道府県知事に届け出なければなりません。

②住民の意見

宅地造成等工事規制区域	特定盛土等規制区域
工事主は、許可の申請をする前に、	
宅地造成等に関する工事	特定盛土等または土石の堆積に関する工事

の施行に係る土地の周辺地域の住民に対し、説明会の開催等その工事の内容を周知させるため必要な措置を講じなければなりません。

③許可制

宅地造成等工事規制区域	特定盛土等規制区域
一定規模以上の宅地造成、特定盛土等または土石の堆積	一定規模以上の特定盛土等または土石の堆積で、大規模な崖崩れまたは土砂の流出を生じさせるおそれが大きいもの

に関する工事をする場合、工事主は、その**工事に着手する前**に、都道府県知事の許可を受けなければなりません(原則)。

《一定規模以上の特定盛土等または土石の堆積》

	宅地造成等工事規制区域	特定盛土等規制区域
盛土・切土	盛土:1m超の崖　切土:2m超の崖 盛土切土:2m超の崖 盛土:2m超　盛土切土:500㎡超	盛土:2m超の崖　切土:5m超の崖 盛土切土:5m超の崖 盛土:5m超　盛土切土:3,000㎡超
土石の堆積	高さ:2m超&面積:300㎡超 面積500㎡超	高さ:5m超&面積:1,500㎡超 面積3,000㎡超

* 都道府県知事は、許可に、工事の施行に伴う災害を防止するため必要な**条件**を付けることができます。
* 都道府県知事は、許可をしたときは、速やかに、工事主の氏名・土地の所在地等を、インターネット等を利用して公表するとともに、**関係市町村長に通知**しなければなりません。
* 都道府県知事は、許可の申請があったときは、遅滞なく、許可または不許可の処分をしなければなりません。そして、申請者に対して、許可したときは許可証を交付し、不許可にしたときは文書をもってその旨を通知しなければなりません。
* 工事は、**許可証の交付**を受けた後でなければできません。
* 国または都道府県、指定都市もしくは中核市が行う工事については、これらの者と都道府県知事との協議が成立することをもって許可があったものとみなされます。
* 都市計画法の開発行為の許可を受けたときは、許可を受けたものとみなされます。
* 許可を受けた者は、その許可に係る宅地造成等に関する工事の**計画の変更**をしようとするときは、**原則として**、都道府県知事の**許可**を受けなければなりません。ただし、**軽微な変更**の場合は許可を受ける必要はありませんが、**遅滞なく**、その旨を都道府県知事に**届け出**なければなりません。

④中間検査

宅地造成等工事規制区域	特定盛土等規制区域
許可を受けた者は、一定規模以上の宅地造成または特定盛土等に関する工事が特定工程を含む場合において、その特定工程に係る工事を終えたときは、その都度、それを終えた日から**4日以内**に、都道府県知事の検査を申請しなければなりません。	

《一定規模以上の特定盛土等または土石の堆積》

	宅地造成等工事規制区域	特定盛土等規制区域
盛土・切土	盛土:2m超の崖　切土:5m超の崖	
	盛土切土:5m超の崖	
	盛土:5m超　盛土切土:3,000 ㎡超	
土石の堆積	なし	

⑤定期報告

宅地造成等工事規制区域	特定盛土等規制区域

許可(一定規模以上の宅地造成または特定盛土等や土石の堆積)を受けた者は、3 か月ごとに、その許可に係る宅地造成等に関する工事の実施の状況等を都道府県知事に報告しなければなりません。

▶ 都道府県は、その報告について、宅地造成等に伴う災害を防止するために必要があると認める場合、条例でその規模や期間をより厳しくしたり、報告事項を追加したりすることができます。

《一定規模以上の特定盛土等または土石の堆積》

	宅地造成等工事規制区域	特定盛土等規制区域
盛土・切土	盛土:2m超の崖　切土:5m超の崖	
	盛土切土:5m超の崖	
	盛土:5m超　盛土切土:3,000 ㎡超	
土石の堆積	高さ:5m超&面積:1,500 ㎡超	
	面積3,000 ㎡超	

⑥完了検査・確認

宅地造成等工事規制区域	特定盛土等規制区域

▶ 宅地造成または特定盛土等に関する工事について許可を受けた者は、工事を完了したときは、工事が完了した日から 4 日以内に、その工事が、擁壁等の設置その他宅地造成等に伴う災害を防止するため必要な措置が講ぜられたものかどうかについて、都道府県知事の検査を申請しなければなりません。

▶ 土石の堆積に関する工事について許可を受けた者は、その許可に係る工事(堆積した全ての土石を除却するものに限ります。)を完了したときは、工事が完了した日から 4 日以内に、堆積されていた全ての土石の除却が行われたかどうかについて、都道府県知事の確認を申請しなければなりません。

⑦その他届出

宅地造成等工事規制区域	特定盛土等規制区域

工事開始後の指定

宅地造成等工事規制区域の指定の際、その区域内において行われている宅地造成等に関する工事の工事主は、その**指定があった日から 21 日以内**に、都道府県知事に届け出なければなりません。

▶ 都道府県知事は、この届出を受理したときは、速やかに、工事主の氏名または名称、宅地造成等に関する工事が施行される土地の所在地等を、インターネット等を利用して公表するとともに、関係市町村長に通知しなければなりません。

擁壁等の除去工事

宅地造成等工事規制区域内の土地（公共施設用地を除く。）において、**擁壁もしくは崖面崩壊防止施設**で高さが **2mを超える**もの、地表水等を排除するための排水施設または地滑り抑止ぐい等の全部または一部の除却の工事を行おうとする者は、その**工事に着手する日の 14 日前まで**に、その旨を都道府県知事に届け出なければなりません。

転 用

公共施設用地を**宅地または農地等に転用**した者は、その**転用した日から 14 日以内**に、その旨を都道府県知事に届け出なければなりません。

⑧保全・改善命令

宅地造成等工事規制区域	特定盛土等規制区域

▶ 土地の所有者、管理者または占有者は、宅地造成等（宅地造成等工事規制区域の指定前に行われたものを含む。）に伴う災害が生じないよう、その土地を**常時安全な状態に維持**するように努めなければなりません。

▶ 都道府県知事は、宅地造成等に伴う災害の防止のため必要があると認める場合においては、土地の所有者、管理者、占有者、工事主または工事施行者に対し、擁壁等の設置または改造その他宅地造成等に伴う災害の防止のため必要な措置をとることを**勧告**することができます。

▶ 都道府県知事は、必要な措置がとられておらず、放置すると宅地造成等に伴う災害の発生のおそれが大きいと認められるものがある場合等においては、土地所有者等に対して、擁壁等の設置・改造、地形や盛土の改良、土石の除却のための工事を行うことを**命ずる**ことができます。

《宅地造成等工事規制区域内のまとめ》

	許可	中間検査	定期報告	完了検査
盛土・切土	盛土:1m超崖 切土:2m超崖 盛土切土:2m超崖 盛土:2m超 盛土切土:500㎡超	盛土:2m超崖 切土:5m超崖 盛土切土:5m超崖 盛土:5m超 盛土切土:3,000㎡超	同左	許可対象すべて
土石の堆積	高さ:2m超&面積:300㎡超 面積500㎡超	—	高さ:5m超&面積:1,500㎡超 面積3,000㎡超	

《特定盛土等規制区域内のまとめ》

	届出	許可	中間検査	定期報告	完了検査
盛土・切土	盛土:1m超崖 切土:2m超崖 盛土切土:2m超崖 盛土:2m超 盛土切土:500㎡超	盛土:2m超崖 切土:5m超崖 盛土切土:5m超崖 盛土:5m超 盛土切土:3,000㎡超	許可対象すべて		
土石の堆積	高さ:2m超&面積:300㎡超 面積500㎡超	高さ:5m超&面積:1,500㎡超 面積3,000㎡超	—	許可対象すべて	

4 造成宅地防災区域内の規制～地震にも強い街づくり

▶ 造成宅地の**所有者、管理者または占有者**は、災害が生じないよう、その造成宅地について擁壁等の設置または改造その他必要な措置を講ずるように努めなければなりません。

▶ 都道府県知事は、造成宅地防災区域内の造成宅地について、災害の防止のため必要があると認める場合、その造成宅地の**所有者、管理者または占有者**に対し、擁壁等の設置または改造その他災害の**防止のため必要な措置をとること**を勧告することができます。

▶ 都道府県知事は、造成宅地で、必要な擁壁等が設置されておらず、または極めて不完全であるために、これを放置するときは、一定の限度で、その造成宅地または擁壁等の**所有者、管理者または占有者（造成宅地所有者等）**に対して、相当の猶予期限を付けて、擁壁等の設置もしくは改造または地形もしくは盛土の改良のための**工事を行うこと**を命ずることができます。

ひっかけポイント

「規制区域で高さ2m超の擁壁を除却する場合、その工事に着手する日までに届け出なければならない」という手にのらないように！

ここに注意して学習

2024年度以降の宅建試験における改正点です。特に新しくできた特定盛土等規制区域内の規制は重要です。

16 その他法令上の制限

生産緑地地区内の畑の一部に住宅を建てたいけど、どうすればよいのでしょうか？

A：市町村長の許可が必要となります。

規制対象と許可主体等

法律名	規制対象	許可主体等
急傾斜地の崩壊による災害の防止に関する法律	急傾斜地崩壊危険区域内において当該急傾斜地の崩壊が助長され、または誘発されるおそれがある行為	知事の許可
森林法	保安林において原立木を伐採	知事の許可
地すべり等防止法	地すべり防止区域内において、地表水を放流し、または停滞させる行為その他地表水のしん透を助長する行為	知事の許可
都市再開発法	市街地再開発促進区域内で、主要構造部が木造・鉄骨造・コンクリートブロック造・その他これらに類する構造であって階数が2以下で、地階を有しない建築物で容易に移転・除却することができるものの建築	知事の許可
都市緑地法	特別緑地保全地区内で、①建築物その他の工作物の新築、改築または増築、②宅地の造成、土地の開墾、土石の採取、鉱物の掘採その他の土地の形質の変更、③木竹の伐採、④水面の埋立てまたは干拓、⑤上記のほか、当該緑地の保全に影響を及ぼすおそれのある行為で政令で定めるもの	知事の許可
密集市街地における防災街区の整備の促進に関する法律	防災街区整備事業の施行地区内において防災街区整備事業の施行の障害となるおそれがある土地の形質の変更、建築物等の新築・増改築、または政令で定める移動の容易でない物件の設置・堆積	知事の許可

土壌汚染対策法	形質変更時要届出区域内で土地の形質の変更	知事に届出
港湾法	港湾区域内または港湾隣接地域内で、港湾の開発・利用・保全に著しく支障を与えるおそれのある政令で定める行為	港湾管理者の許可
文化財保護法	史跡名勝天然記念物に関しその現状を変更し、またはその保存に影響を及ぼす行為	文化庁長官の許可
河川法	河川区域内の土地において工作物を新築し、改築し、または除却	河川管理者の許可
道路法	土地の形質の変更、工作物の新築・改築・増築・大修繕、物件の付加増置	道路管理者の許可
海岸法	海岸保全区域内において、土石(砂を含む。)を採取する、水面または公共海岸の土地以外の土地において他の施設等を新設し、または改築する、土地の掘削・盛土・切土その他政令で定める行為	海岸管理者の許可
生産緑地法	生産緑地地区内で、建築物その他の工作物の新築・改築・増築、宅地の造成、土石の採取その他の土地の形質の変更、水面の埋立て・干拓	市町村長の許可
地域再生法	地域再生土地利用計画に記載された集落生活圏の区域内において、誘導施設を有する建築物の建築の用に供する目的で行う開発行為、またはその誘導施設を有する建築物の新築・改築・用途を変更、区域内における土地の区画形質の変更・建築物の建築その他政令で定める行為	認定市町村長に届出

ひっかけポイント

ひっかけ
二重否定
読み間違え

「都市緑地法の特別緑地保全地区内において建築物を新築しようとする場合、公園管理者の許可を受けなければならない」という手にはのらないように!

ここに注意して学習

合格ポイント

知事の許可になるものを原則と位置付けて、そうでない例外を正確に覚えると効果的です。

17 固定資産税・不動産取得税

重要度▶A

> 更地よりも建物がある土地のほうが節税になるって聞いたことが
> あるけど、どういう意味かな？

A:住宅が建っていると土地の固定資産税が安くなります。

1 不動産は持っているだけで税金が（固定資産税）

課税主体	固定資産が所在する市町村	
課税客体	1月1日現在の固定資産	
納税義務者		原則:固定資産課税台帳に登録されている者 　（名義上の所有者） 例外:質権者・100年より永い期間の地上権者
課税標準	原則	固定資産課税台帳の登録価格
	特例	**小規模住宅用地（200 ㎡以下）** ×1/6　　**一般住宅用地（200 ㎡超）** ×1/3 ▶ この特例は、賃貸住宅の用に供されている土地についても適用されます。
税率	標準税率…1.4%	
税額特例		**新築 床面積 120 ㎡まで の居住部分の税額** ※居住部分…総床面積の2分の1以上 ※床面積…50〜280 ㎡ ▶ 3階建以上の中高層耐火建築(新築)⇒新築後5年度間は**半額** ▶ それ以外の新築住宅⇒新築後3年度間は**半額**
納付方法	普通徴収	
納付期日	4月、7月、12月、2月中において各市町村の条例で定めます。ただし、特別の事情がある場合、別の納期を定めることができます。	
免税点	土地…30万円未満　　　家屋…20万円未満	

滞納処分	固定資産税に係る徴収金について滞納者が督促を受け、その督促状を発した日から起算して 10 日を経過した日までに、その督促に係る固定資産税の徴収金について完納しないときは、市町村の徴税吏員は、滞納者の財産を差し押さえなければなりません。

2 固定資産は役所が管理（固定資産課税台帳）

閲 覧	**市町村長**は、納税義務者等の求めに応じ、固定資産課税台帳のうち、これらの者に係る固定資産として政令で定めるものに関する事項が記載されている部分またはその写しを閲覧させなければなりません。
証明書の交付	**市町村長**は、納税義務者等の請求があったときは、固定資産課税台帳の記載事項についての証明書を交付しなければなりません。
固定資産の評価及び価格の決定	**総務大臣**は、固定資産の評価の基準並びに評価の実施の方法および手続を定め、これを告示しなければなりません。
固定資産評価員の設置	▶ **市町村長**の指揮を受けて固定資産を適正に評価し、かつ、市町村長が行う価格の決定を補助するため、市町村に、固定資産評価員を設置します。 ▶ 固定資産評価員は、固定資産の評価に関する知識および経験を有する者のうちから、市町村長により当該市町村の議会の同意を得て選任されます。 ▶ 固定資産評価員は次に掲げる職を兼ねることができません。 ①国会議員および地方団体の議会の議員 ②農業委員会の委員 ③固定資産評価審査委員会の委員
登録価格に関する審査の申出と決定	▶ 納税義務者は、その納付すべき当該年度の固定資産税に係る固定資産について固定資産課税台帳に**登録された価格**について不服がある場合は、**固定資産評価審査委員会に対して文書で審査の申出**をすることができます。 ▶ 審査の申出は原則として、固定資産課税台帳に登録すべき価格等の全てを登録した旨を公示した日から納税通知書の交付を受けた日後 3 か月以内に文書をもって行います。 ▶ 固定資産評価審査委員会は、審査の申出を受けた場合、直ちにその必要と認める調査その他事実審査を行い、その申出を受けた日から 30 日以内に審査の決定をしなければなりません。

3 不動産を購入すると税金が（不動産取得税）

課税主体	取得した不動産が所在する都道府県	
課税客体	課税されるもの	売買、交換、贈与、新築、改築（家屋の価格が増加した場合に限ります）、増築
	課税されないもの	相続、包括遺贈（遺言による財産の贈与で内容を特定せず割合で行うもの）、法人の合併、共有物の分割（当該不動産の取得者の分割前の当該共有物に係る持分の割合を超える部分の取得を除きます。）
納税義務者	不動産を取得した者	
課税標準	固定資産課税台帳の登録価格 **新築** 床面積 50〜240 ㎡ （賃貸マンション等は 40〜240 ㎡）　　　　**宅地評価土地** ×1/2 ▶ 1,200 万円が控除される。 ▶ 個人・法人問わない。 ▶ 賃貸しても親族に住まわせても、住宅であればよい。	
税率	住宅・土地…3%　　住宅以外の家屋…4%	
税額特例	**住宅用地** **一定額の減額特例あり**	
納付方法	普通徴収	
納付期日	納税通知書に記載してある期限 （地方公共団体により異なります。）	
免税点	土地…10 万円未満 家屋 建築系…23 万円未満 　　　 その他…12 万円未満	

《不動産に関連する税金と税法用語》

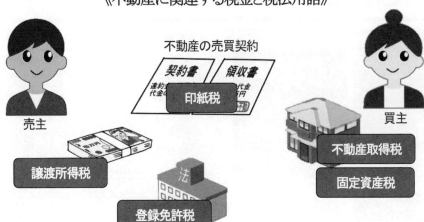

不動産の売買契約

売主

印紙税

譲渡所得税

登録免許税

買主

不動産取得税

固定資産税

税法用語	どのような意味か
課税主体	どこが課税権を有しているのか。国かそれとも地方公共団体(都道府県・市町村)か
課税客体	何に着目して課税するのか(課税対象)
納税義務者	誰が税金を納めるのか
課税標準	課税客体を金額に直したもの。税額を計算するもとになるもの。課税の基準となる金額はどれくらいなのか
税率	課税標準にどのような割合をかけるのか
税額	納める税金の額である
納付方法	どのようにして税金を納めるのか
納付期日	いつまでに税金を納めるのか
非課税(免税点)	課税されないものは何か

ひっかけポイント

「相続による不動産の取得にも不動産取得税が課せられる」という手にはのらないように!

ここに注意して学習

基本事項を覚えた上で、課税標準や税額の特例措置を正確に暗記しましょう。

18 所得税・贈与税

重要度▶A

これまで住んでいた自宅を売って新たに住宅を購入する場合、税金はどれくらいかかるのかな？

A：自宅を売ると譲渡所得税がかかりますが、いろいろ特例があります。

1 譲渡所得税が安くなる？

マイホーム（居住用財産）を売ったときは、所有期間の長短に関係なく譲渡所得から最高3,000万円まで控除ができる特例があります。これを、居住用財産を譲渡した場合の 3,000万円の特別控除の特例といいます。

①居住用財産の譲渡所得の特別控除（3,000 万円特別控除）の適用要件

1.一定の居住用財産の譲渡であること	▶ 現に住んでいる居住用家屋（または家屋と敷地） ▶ 以前住んでいた居住用家屋（または家屋と敷地）で、居住の用に供されなくなった日から 3 年を経過する日の属する年の 12 月 31 日までに譲渡するもの ▶ 所有期間・居住期間の要件はありません。
2.配偶者など身近なものへの譲渡ではないこと	▶ 配偶者および直系血族（祖父・祖母・父・母・子・孫） ▶ 上記以外の同一生計の親族 ▶ 譲渡後、その居住用家屋に同居する親族 ▶ 同族会社（株式の 50％または出資金額の 50％以上）
3.併用	▶ 前年または前々年に、この 3,000 万円控除の特例、または居住用財産の譲渡損失についての損益通算および繰越控除の特例の適用を受けていないこと ▶ 当該年、前年、前々年に居住用財産の買換え・交換の特例の適用を受けていないこと ▶ 居住用財産の軽減税率とは併用ができます。

売主

居住用財産の売却

売却代金 5,000 万円
－3,000 万円－諸経費
＝○○○○円×税率

B
買主

②特定の居住用財産の買換えの場合の特例(買換え特例)

特定のマイホーム(居住用財産)を売って、代わりのマイホームに買い換えたときは、一定の要件のもと、譲渡益に対する課税を将来に繰り延べることができます(譲渡益が非課税となるわけではありません)。これを、特定の居住用財産の買換えの特例といいます。

譲渡資産	▶ 居住用財産であること(3,000 万円特別控除の要件 1 を備えること) ▶ 譲渡に係る対価の上限額:1億円 ▶ **居住期間が 10 年以上であること** ▶ **所有期間が 10 年を超えていること** ▶ 配偶者、直系血族、生計を一にする親族、内縁の妻または夫など、特別な関係にある者への譲渡ではないこと
買換資産	▶ 家屋の**床面積が 50 ㎡以上**であること ▶ 家屋の**敷地の面積が 500 ㎡以下**であること ▶ マイホームを売った年の前年から翌年までの **3 年の間に買い換える**こと。買い換えたマイホームには、下記**一定期限**までに居住すること。 ・売った年かその前年に取得したとき:売った年の翌年 12 月 31 日までに居住すること ・売った年の翌年に取得したとき:取得した年の翌年 12 月 31 日までに居住すること ▶ 買い換えるマイホームが、**耐火建築物の中古住宅**である場合には、取得の日以前 25 年以内に建築されたものであること、または一定の耐震基準を満たすものであること
併用	その年、前年または前々年に **3,000 万円控除、居住用財産の軽減税率**などの適用を受けていないこと

③居住用財産を譲渡した場合の長期譲渡所得の軽減税率の特例

	譲渡益	
居住用財産※の軽減税率 (所有期間 10 年超)	6,000 万円以下の部分	6,000 万円を超える部分
	10%	15%

※ 3,000 万円特別控除の要件 1 を備える財産

④優良住宅地の造成等のために土地等を譲渡した場合の長期譲渡所得の課税の特例

	譲渡益	
優良住宅地の軽減税率 (所有期間 5 年超)	2,000 万円以下の部分	2,000 万円を超える部分
	10%	15%

＊ 住宅建設や宅地造成をする国・地方公共団体等に対して土地等を譲渡した場合に適用される軽減税率です。

⑤住宅借入金等を有する場合の所得税額の特別控除（住宅ローン控除）

住宅ローン控除（正式には、「住宅借入金等特別控除」といいます）とは、居住者が住宅ローン等を利用して、マイホームの新築、取得または増改築等（以下「取得等」といいます）をし、一定期限までに自己の居住の用に供した場合で一定の要件を満たす場合において、その取得等に係る住宅ローン等の年末残高の合計額等を基として計算した金額を、居住の用に供した年分以後の各年分の所得税額から控除する制度です。

《控除率・期間等》

	入居年	2022 年 （令和 4 年）	2023 年 （令和 5 年）	2024 年 （令和 6 年）
控除率:0.7%				
借入限度額 / 新築住宅・買取再販	長期優良住宅・低炭素住宅	5,000 万円		4,500 万円※
	ZEH 水準省エネ住宅	4,500 万円		3,500 万円※
	省エネ基準適合住宅	4,000 万円		3,000 万円※
	その他の住宅	3,000 万円		0 万円
既存住宅	長期優良住宅・低炭素住宅 ZEH 水準省エネ住宅 省エネ基準適合住宅	3,000 万円		
	その他の住宅	2,000 万円		
控除期間	新築住宅・買取再販	13 年（「その他の住宅」は、2024 年以降の入居の場合 10 年）		
	既存住宅	10 年		

※ 借入限度額について、子育て世帯・若者夫婦世帯（「19 歳未満の子を有する世帯」または「夫婦のいずれかが 40 歳未満の世帯」）が 2024 年（令和 6 年）に入居する場合には一定の上乗せ措置を講ずることで、2022 年（令和 4 年）・2023 年（令和 5 年）入居の場合の水準（認定住宅:5,000 万円、ZEH 水準省エネ住宅:4,500 万円、省エネ基準適合住宅:4,000 万円）が維持されます。**改正点**

《その他の要件》

居住していること	新築または**取得の日から 6 か月以内に居住の用**に供し、適用を受ける各年の 12 月 31 日まで引き続いて住んでいること。※1
一定面積以上の床面積であること	**50 ㎡以上**(床面積の半分以上が専ら自己の居住用)※2※3
年間の所得が高すぎないこと	この特別控除を受ける年分の合計所得金額が**2,000 万円以下**※3
特例の適用のないこと	居住年およびその前 2 年の計 3 年間に一定の譲渡所得の課税の特例の適用を受けていないこと。

※1 居住者が死亡した日の属する年にあっては、同日まで引き続き住んでいること。
　　なお、居住の用に供する住宅を 2 つ以上所有する場合には、主として居住の用に供する 1 つの住宅に限られます。贈与による取得は、この特別控除の適用はありません。

※2 床面積は、登記簿に表示されている床面積により判断します。
　　マンションの場合は、階段や通路など共同で使用している部分については床面積に含めず、登記簿上の専有部分の床面積で判断します。

※3 特例居住用家屋または特例認定住宅等の新築等については、合計所得金額 1,000 万円以下、床面積要件が 40 ㎡以上 50 ㎡未満とされています。

2 個人から財産をもらうと贈与税が？

贈与税は、個人から財産をもらったときにかかる税金です。会社など法人から財産をもらったときは贈与税がかかりません。

贈与税の課税方法には、「暦年課税」と「相続時精算課税」の2つがあります。一定の要件に該当する場合に「相続時精算課税」を選択することができます。

①暦年課税

贈与税は、1人の人が1月1日から12月31日までの1年間にもらった財産の合計額から基礎控除額の110万円を差し引いた残りの額に対してかかります。したがって、1年間にもらった財産の合計額が110万円以下なら贈与税はかかりません。この場合、贈与税の申告は必要ありません。

なお、贈与者が亡くなった際に、**死亡前7年以内の贈与額**（110万円以下の贈与財産も含む）を相続財産に加算しなければなりません。ただし、死亡前4～7年前に受けた贈与に関して、総額100万円までは加算しません。**改正点**

②相続時精算課税制度と相続時精算課税選択の特例

住宅取得資金準備に際して贈与を受ける場合には、「**相続時精算課税制度**」または、「**相続時精算課税選択の特例**」のいずれかを選択することができます。いずれも贈与税と相続税を一体化させた課税方式であり、相続時に精算することを前提に、**将来において相続関係にある親から子への生前贈与を行いやすくするための制度**です。

贈与の額が非課税枠を超えた場合、**一律20%の税率**で課税され、支払った贈与税額は**相続税を計算する際に控除**されます。

この制度を選択すると、生前の贈与に通算で2,500万円の贈与税非課税枠が与えられます。

なお、2024年1月1日以降については、相続時精算課税制度には基礎控除（毎年）が設けられ、年110万円までは課税されません。従来は、相続時精算課税制度を選択した場合の基礎控除はなく、少額の贈与でも贈与税の申告が必要でした。しかし、改正後は毎年110万円まで贈与税がかからなくなります。**改正点**

	相続時精算課税制度	相続時精算課税選択の特例
贈与者	贈与のあった年の1月1日時点で**60歳以上の親、祖父母**	親、祖父母（**年齢制限なし**）
受贈者	贈与のあった年の1月1日時点で**18歳以上の推定相続人**（代襲相続人を含む）である直系卑属、孫	
贈与財産	不動産・有価証券・借入金の免除・金銭など、**どのような財産でも可能**。贈与財産の価格、贈与回数にも制限なし。	自己の住宅※およびその敷地の購入資金、一定の増改築の対価として充てるための**金銭**でなければなりません。

※ 対象となる住宅は、床面積40㎡以上、店舗併用住宅の場合その半分以上が住宅など

③住宅取得等資金の非課税制度

直系尊属である両親、祖父母などから住宅取得資金として贈与を受けた場合に一定の金額が非課税となる制度です。

質の高い住宅	一般住宅
1,000 万円	500 万円

この制度は、単独で使うことも、相続時精算課税制度と組み合わせて使うこともできます。次の要件を満たす必要があります。

贈与者	直系尊属(年齢制限なし)
受贈者	贈与のあった年の 1 月 1 日時点で 18 歳以上の直系卑属
税率	・暦年課税の場合:非課税枠+基礎控除額を超える部分に対して累進課税(10%〜55%) ・相続時精算課税制度と併用する場合:非課税枠を超える部分に対して一律20%
贈与財産	自己の住宅およびその敷地の購入資金、一定の増改築の対価として充てるための金銭でなければなりません。
引渡し	贈与の翌年 3 月 15 日までに、住宅の引渡しを受け、同日までに自宅として居住しているか、同日以降に遅滞なく自宅として居住することが確実と見込まれること。
物件	対象となる住宅 ・床面積 40 ㎡以上 240 ㎡以下(50 ㎡未満の場合、所得金額が 1,000 万円以下であること) ・店舗併用住宅の場合は半分以上が住宅など
所得	受贈者の所得金額が 2,000 万円(給与の場合約 2,245 万円)を超える場合には非課税枠が 0 円となります。

ひっかけポイント

「所有期間が 10 年以下の居住用財産については 3,000 万円特別控除を適用することができない」という手にはのらないように!

ここに注意して学習

居住用財産に対する制度が出題の中心です。しっかり整理して暗記しましょう。

19 印紙税

重要度▶A

> 不動産を贈与する場合の契約書にも印紙を貼らないといけないのかな？

A：贈与契約の場合も印紙が必要です。

1 どんな文書が課税客体？

課税文書	非課税文書
▶ 土地の賃貸借契約書・地上権設定契約書 ▶ 不動産の譲渡に関する契約書 ▶ 請負に関する契約書 ▶ 売上代金に係る金銭の受取書(契約金額が5万円未満の受取書は課税されません)	▶ 建物の賃貸借契約書 ▶ 委任状または委任に関する契約書(不動産の仲介契約書など) ▶ **営業に関しない金銭の受取書** ▶ 質権・抵当権の設定または譲渡の契約書

2 印紙税を納税するのは誰？

原則	課税文書の作成者
例外	▶ 1つの課税文書を2人以上の者が共同して作成した場合には、当該2人以上の者は、連帯して印紙税を納める義務があります。 ▶ 会社の業務に関して従業員の名義で契約書を作成した場合や、代表者名(社長の名前)で作成した場合は、法人(会社)が作成者つまり納税義務者となります。 ▶ 委任に基づく代理人が、その委任事務の処理に当たり、代理人名義で作成する課税文書については、その文書に委任者の名義が表示されているものであっても、その代理人が作成者となります。ただし、代理人が作成する課税文書であっても、委任者名のみを表示する文書については、その委任者が作成者となります。

3 印紙税の課税標準は？

文書の種類によって課税標準は異なります。

区分		課税標準※1
不動産の譲渡に関する契約書	売買契約書	売買金額
	交換契約書	交換金額　※2
	贈与契約書	契約金額の記載のない契約書として印紙税額が200円となります。
土地の賃貸借契約書 地上権設定契約書		権利金等の額(契約に際し、貸主に交付し、後日返還することが予定されていない金額)

※1 契約金額を変更する契約書については、変更前の契約金額を証明した契約書が作成されていることが明らかであること等を条件として、次のように扱います。
契約金額を**増加**させる場合…その増加金額を記載金額とします。
契約金額を**減少**させる場合…契約金額の記載がないものとして扱います。

※2 交換契約書において、交換対象物の**双方の価額が記載されている場合**には、**いずれか高い方の金額**を、また**交換差金のみが記載されている場合**には、その**交換差金の額**を記載金額とします。

4 1つの文書に複数の金額や契約がある場合は？

▶ 1つの文書に、同一種類の契約の記載金額が2つ以上ある場合には、その記載金額の**合計額が記載金額**になります。たとえば、1つの契約書に甲土地(100万円)と乙土地(200万円)の2つの売買契約が定められている場合は300万円が記載金額となります。

▶ 1つの文書に、不動産の譲渡契約(1号文書)と請負契約(2号文書)の双方が記載されている場合、①1号文書の記載金額が2号文書の記載金額を上回るときは1号文書となり、②1号文書の記載金額が2号文書の記載金額を下回るときは2号文書となります。たとえば、1つの契約書に甲土地(100万円)の譲渡契約と乙建物の請負契約(200万円)の2つの契約が定められている場合は200万円が記載金額となります。

5 印紙税はどうやって納めるの？（納税方法）

納税方法	課税文書の作成者は、課税文書に印紙を貼り付けた場合には、政令で定めるところにより、課税文書と印紙の彩紋（模様）とにかけて、判明に印紙を消さなければなりません（消印）。	
違反した場合	**区分**	**過怠税**
	貼っていなかった場合	その印紙税額の実質3倍 （自己申告の場合は1.1倍）
	消印しなかった場合	消印していない印紙の額面金額

6 印紙税を納めなくてもよい場合が？（非課税）

- 国・地方公共団体等が作成する文書は非課税です。
- 国・地方公共団体等と、それ以外の者（私人）が、共同作成した文書の場合、国・地方公共団体等以外の者（私人）が作成して国・地方公共団体等が保存するものについては課税されますが、国・地方公共団体等が作成し国・地方公共団体等以外の者（私人）が保存するものについては課税されません。

印紙

売買契約書
売主（国）買主（民間人）
甲土地を払い下げする

売買契約書
売主（国）買主（民間人）
甲土地を払い下げする

売主（国等）　　甲土地　　買主（民間人）

ひっかけポイント

「甲土地を 6,000 万円、乙建物を 3,500 万円で譲渡する」旨を記載した契約書の課税標準は 6,000 万円という手にはのらないように！

ここに注意して学習

課税客体と課税標準を正確に暗記しましょう。

20 登録免許税

重要度▶B

表示の登記をする場合も登録免許税を納めるのかな？

A:表示の登記には登録免許税は課せられません。

1 誰が登録免許税を納めるの？

登記を受ける者が登録免許税を納めます。
▶ 売買による所有権移転登記の場合、売主と買主が連帯して登録免許税を納付する義務を負います。

2 登録免許税の税率は？

税率は登記原因により異なります。詳細は試験には出題されたことがありませんので、軽減税率の要件を暗記しておいて下さい。

《住宅用家屋に係る軽減税率の特例の適用要件》

登記の種類	住宅用家屋の軽減税率	条件
所有権の保存登記	1,000 分の 1.5	①家屋床面積が 50 ㎡以上
所有権の移転登記	1,000 分の 3	②自己の居住用に供すること
抵当権の設定登記	1,000 分の 1	③新築（取得）後1年以内に登記を受けること

※ 法人に関しては、住宅用家屋の軽減税率の適用はありません。

3 登録免許税の課税標準は？

原則	▶ 固定資産課税台帳に登録されている価格（原則） ▶ 抵当権の設定登記の課税標準は債権金額
例外	▶ 登記する不動産の上に、所有権以外の権利・その他の処分の制限があるときは、その権利・その他の制限がないものとした場合の価格になります。 ▶ 金額が 1,000 円未満のときは、その課税標準は、1,000 円として計算します。

4　どうやって納税するの？（納付方法）

原則	登記を受ける登記所で現金納付（原則）
例外	税額が３万円以下のときなどは**印紙で納めることも可能**です。

5　登録免許税を納めなくてもよい場合が？（非課税）

▶ **表示の登記**（分筆・合筆の表示変更登記は除きます。）
▶ 国、地方公共団体、特別の公共法人、特定の公益法人（学校法人、社会福祉法人、宗教
　法人等）が自己のために受ける特定の登記

ひっかけポイント

「個人が自己の経営する会社の従業員の社宅として取得した住宅用
家屋に係る所有権の移転の登記にも軽減措置が適用される」という
手にはのらないように！

ここに注意して学習

税率についての軽減措置を正確に暗記しましょう。

21 地価公示法

土地を仕入れる際には地価公示で示された公示価格以下では購入できないの?

A:目安に過ぎないので公示価格以下でも購入できます。

1 地価公示の流れ

①国土交通大臣の役割
▶ 国会の両議院の同意を得て土地鑑定委員を任命
▶ 公示区域の指定(公示区域は都市計画区域外にも定められます。)

②土地鑑定委員会の職務

標準地の選定	▶ 公示区域内の土地から標準地を選定します。 ▶ 自然的および社会的条件から見て類似の利用価値を有すると認められている地域において、土地の利用状況、環境等が通常と認められる一団の土地に選定 ▶ 選定時に利用制限があっても構いません。
正常な価格の判定	2 人以上の不動産鑑定士が基準日の価格を鑑定評価します。その結果を土地鑑定委員会が審査・調整して、基準日(1月1日)における標準地の単位面積(1㎡)当たりの正常な価格を判定します。 ▶ 正常な価格とは、土地について自由な取引が行われるとした場合に、通常成立すると認められる価格をいいます。 ▶ 土地上に建物等の定着物がある場合、地上権等の権利が付着している場合は、これらの定着物や権利がないものとして価格を算定します。 ▶ 不動産鑑定士は、標準地の鑑定評価を行うにあたっては、近傍類地の取引価格から算定される推定の価格、近傍類地の地代等から算定される推定の価格および同等の効用を有する土地の造成に要する推定の費用の額を勘案して行わなければなりません。いずれかが優先されるわけではありません。

公示	年1回すみやかに官報で以下の事項を公示します。 ▶ 標準地の所在地 ▶ 標準地の単位面積当たりの価格・価格判定の基準日 ▶ 標準地の地積(面積)・形状 ▶ 標準地とその周辺の土地の利用の現況
公示後の措置	関係市町村の長に対し、公示事項のうち当該市町村の属する都道府県内の標準地に関する部分を記載した書面等を送付します。

③関係市町村長の職務

▶ 送付された書面等をその市町村の事務所において、一般に閲覧します。

2　地価公示の結果にはどのような意味が？

①一般の取引の場合
▶ 公示価格を指標として取引を行うよう努めなければなりません。
②不動産鑑定士が公示区域内の土地について鑑定評価を行う場合
③土地収用法等によって土地を収用することができる事業を行う者が公示区域内の土地をその事業の用に供するため取得する場合(地上権等が存する場合は、その土地を取得しかつ、その権利を消滅させる場合)
④土地収用法により、公示区域内の土地について補償金の額を算定する場合
▶ ②③④の場合は公示価格を規準としなければなりません。
▶ 公示価格を規準とするとは、対象土地の価格(その土地に建物その他の定着物がある場合または地上権等が存する場合には、これらが存しないものとして成立すると認められる価格)を求めるに際して、その対象土地とこれに類似する利用価値を有すると認められる1つまたは2つ以上の標準地との位置、地積、環境等の土地の客観的価値に作用する諸要因についての比較を行い、その結果に基づき、その標準地の公示価格と対象土地の価格との間に均衡を保たせることをいいます。

ひっかけポイント
「土地の取引」を行う者は公示価格を指標として取引を行わなければならない」という手にはのらないように。

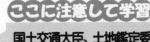

ここに注意して学習
国土交通大臣、土地鑑定委員会、市町村長のそれぞれの役割を理解して覚えましょう。

22 不動産鑑定評価基準

重要度▶A

相続で取得した土地の販売の依頼を受けた。いくらの値をつければすぐに買い手がつくのだろうか？

A：原価法、比較法、収益還元法などを駆使して算出します。

1 不動産の値段に影響を与える要因は？（価格形成要因）

一般的要因	一般経済社会における不動産のあり方およびその価格水準に与える要因。たとえば、人口や物価など。
地域要因	一般的要因の相関結合によって規模、構成の内容、機能等にわたる各地域の特性を形成し、その地域に属する不動産の価格の形成に全般的な影響を与える要因。たとえば、駅や学校までの距離など。
個別的要因	不動産に個別性を生じさせ、その価格を個別的に形成する要因。たとえば、建物の築年数・耐震性など。

2 求める価格は状況によりけり？（価格の種類）

	内容	具体例
正常価格	**市場性を有する**不動産について、**現実の社会経済情勢の下で合理的と考えられる条件を満たす**市場で形成されるであろう市場価値を表示する適正な価格をいいます。	いわゆる普通の場合です。
限定価格	**市場性を有する**不動産について、不動産と取得する他の不動産との同一の市場概念の下において形成されるであろう市場価値と乖離することにより、**市場が相対的に限定される場合における**取得部分の当該市場限定に基づく市場価値を適正に表示する価格をいいます。	土地を借りている人が、地主さんからその土地を購入する場合など。

	内容	具体例
特定価格	**市場性を有する**不動産について、法令等による社会的要請を背景とする評価目的の下で、**正常価格の前提となる諸条件を満たさない**ことにより正常価格と同一の市場概念の下において形成されるであろう市場価値と乖離することとなる場合における不動産の経済価値を適正に表示する価格をいいます。	倒産しかかった会社が、裁判所の力を借りて再生する場合に、会社所有の不動産を売って債務の返済に充てる場合など。
特殊価格	文化財等の一般的に**市場性を有しない**不動産について、その利用現状等を前提として不動産の経済価値を適正に表示する価格をいいます。	平等院の価格を鑑定する場合など

3　どうやって値段を決めるの？（鑑定評価の方式）

①原価法

内容	特徴
原価法は、価格時点における対象不動産の**再調達原価を求め**、この再調達原価について**減価修正を行って**対象不動産の試算価格を求める手法です。この手法による試算価格を積算価格といいます。	**対象不動産が土地のみである場合**においても、再調達原価を適切に求めることができるときはこの手法を適用することができます。

②取引事例比較法

内容	特徴
まず**多数の取引事例を収集**して適切な事例の選択を行い、これらに係る取引価格に必要に応じて**事情補正および時点修正を行い**、かつ**地域要因の比較および個別的要因の比較**を行って求められた価格を比較考量し、これによって対象不動産の試算価格を求める手法。この手法による試算価格を比準価格といいます。	近隣地域もしくは同一需給圏内の類似地域等において対象不動産と類似の不動産の取引が行われている場合または同一需給圏内の代替競争不動産の取引が行われている場合に有効です。

《試算価格を求める一般的な注意点》

事例の収集・選択	取引事例等は、鑑定評価の各手法に即応し、適切にして合理的な計画に基づき、豊富に秩序正しく収集し、選択すべきで、**投機的取引であると認められる事例等適正さを欠くもの**であってはなりません。次の要件の全部を備えるものから選択します。 ▶ 同一需給圏内の類似地域に存する不動産、同一需給圏内の代替競争不動産 ▶ 取引事例等に係る取引等の事情が正常なものと認められるものであること、または**正常なものに補正することができるもの**であること ▶ **時点修正できること** ▶ 地域要因の比較と個別的要因の比較ができること。
事情補正	取引事例等に係る取引等が特殊な事情を含み、これがその取引事例等に係る価格等に影響を及ぼしているときは適切に補正しなければなりません。
時点修正	取引事例等に係る取引等の時点が価格時点と異なることにより、その間に価格水準に変動があると認められる場合には、その取引事例等の価格等を価格時点の価格等に修正しなければなりません。

③収益還元法

内容	特徴
対象不動産が将来生み出すであろうと期待される**純収益の現在価値の総和を求めることにより**、対象不動産の試算価格を求める手法。この手法による試算価格を収益価格といいます。	▶ 収益還元法は、**賃貸用不動産、事業用不動産の価格を求める場合に特に有効です。** ▶ **文化財に指定されている建造物等以外**のものには基本的にすべて適用すべきものであり、**自用の不動産といえども、賃貸を想定することにより適用**されます。 ▶ 市場における土地の取引価格の上昇が著しいときは、取引価格と収益価格との乖離が増大するものであるので、**先走りがちな取引価格に対する有力な験証手段として、この手法が活用**されるべきです。

《収益価格を求める方法》

直接還元法	一期間の純収益を還元利回りによって還元する方法です。 ▶ 直接還元法の適用に当たって、対象不動産の純収益を近隣地域もしくは同一需給圏内の類似地域等に存する対象不動産と類似の不動産または同一需給圏内の代替競争不動産の純収益によって間接的に求める場合には、それぞれの地域要因の比較及び個別的要因の比較を行い、その純収益について適切に補正することが必要です。
DCF法	連続する複数の期間に発生する純収益及び復帰価格を、その発生時期に応じて現在価値に割り引き、それぞれを合計する方法です。 ▶ DCF法の適用に当たっては、毎期の純収益及び復帰価格並びにその発生時期が明示されることから、純収益の見通しについて十分な調査を行うことが必要です。

ひっかけポイント

「収益還元法は自用の不動産の場合には適用できない」という手にはのらないように！

ここに注意して学習

鑑定評価の方式が特に重要です。正確に暗記しましょう。

23 住宅金融支援機構法

重要度▶B

通常の銀行で借りられなくても、住宅金融支援機構ならお金を借りることができるのかな？

A:借りられる場合があります。

1 民間住宅ローンの支援

証券化支援業務 （主要業務）	買取型	民間金融機関の住宅ローン債権※を機構が買い取り、証券化して投資家に売却するというものです。
	保証型	機構は、民間金融機関が融資する長期・固定金利の住宅ローンについて、住宅ローン利用者が返済不能となった場合に民間金融機関に対し保険金の支払いを行う住宅融資保険の引受けを行っています。 また、機構は、その住宅ローン（その信託の受益権を含みます）を担保として発行された債券等に係る債務の支払いについて、投資家に対し期日どおりの元利払い保証を行っています。
融資保険業務		民間金融機関の住宅ローンが焦げ付いたとき、機構が金融機関に保険金を支払う業務です。 ▶ 具体的には、民間金融機関により貸付けを受けた住宅ローン債務者の債務不履行により元利金を回収することができなかったことで生じる損害をてん補することです。

※ 買取型の対象になる住宅ローンとは、「住宅の建設または購入資金」「住宅の建設に付随する土地または借地権の取得資金」「住宅の購入に付随する土地もしくは借地権の取得またはその住宅の改良資金」をいいます。

《証券化支援事業(買取型)の流れ》

▶ 金融機関は買取型の対象となる長期・固定金利の住宅ローンを実行し、その債権を機構に売却する。機構が金融機関から買い受けた住宅ローン債権に係る管理・回収業務については、その金融機関に委託する。

▶ 機構は、買い受けた住宅ローン債権を、信託銀行等に担保目的で信託し、信託した住宅ローン債権を担保として、住宅金融支援機構債券(資産担保証券 MBS)を発行する。

▶ 機構は、MBSの発行代金を投資家より受け取り、金融機関に対し、住宅ローン債権の買取代金を支払う。

▶ 金融機関は債務者からの返済金を機構へ引き渡す。

▶ 機構は、債務者からの返済金を元に、発行したMBSについて、投資家に対し元利払いを行う。

2 フラット35

フラット35とは	民間金融機関と機構が提携して提供している長期固定金利住宅ローンをいいます。
特 徴	▶ 資金の受取時に、返済終了までの借入金利と返済額が確定(固定金利) ▶ 保証人は必要ありません。また、返済中に繰上返済や返済方法の変更を行う場合の手数料もかかりません。 ▶ 質の高い住宅の取得を支援する【フラット35】S、【フラット35】リノベ、地方公共団体と連携した【フラット35】地域連携型等の種類があります。 ▶ 住宅金融支援機構が定める技術基準に基づく物件検査を実施します。
利用条件	▶ 申込時の年齢が満70歳未満であること(親子リレー返済を利用する場合は、満70歳以上であっても可能) ▶ 日本国籍を有すること(永住許可を受けている者または特別永住者の者も利用可能) ▶ すべての借入れに関して、年収に占める年間合計返済額の割合(=総返済負担率)が次表の基準を満たすこと | 年収	400万円未満	400万円以上
---	---	---
基準	30%以下	35%以下	 ▶ 申込者本人またはその親族が居住する新築住宅の建設・購入資金または中古住宅の購入資金であること(投資物件には利用不可)
種 類	【フラット35】S フラット35の申込者が、長期優良住宅等、省エネルギー性、耐震性等を備えた質の高い住宅を取得する場合に、フラット35の借入金利を一定期間引き下げる制度です。

【フラット35】リノベ

中古住宅の購入とあわせて、一定の要件を満たすリフォームを実施することで、フラット35の借入金利を一定期間引き下げる制度です。中古住宅を購入後に自らリフォームを行う場合(リフォーム一体タイプ)と住宅事業者がリフォームを行った中古住宅を購入する場合(買取再販タイプ)があります。

【フラット35】維持保全型

維持保全・維持管理に配慮した住宅や既存住宅の流通に資する住宅を取得する場合にフラット35の借入金利を一定期間引き下げる制度です。

【フラット35】地域連携型

子育て世帯や地方移住者等に対する積極的な取組を行う地方公共団体と住宅金融支援機構が連携し、住宅取得に対する地方公共団体による補助金交付などの財政的支援とあわせて、フラット35の借入金利を一定期間引き下げる制度です。

家賃返済特約付き【フラット35】

将来返済が困難となったときに一定の条件に該当する場合には、返済方法変更の特例により償還期間を延長し、割賦金を減額した上で、住宅を住宅金融支援機構と提携する住宅借上機関に賃貸し、その賃料を住宅金融支援機構が直接受領してお客さまの返済に充てるという内容の特約(家賃返済特約)をフラット35の借入時に設定するものです。

3 住宅の購入等に関する情報提供・相談業務

機構は、住宅の建設・購入・改良・移転(以下「建設等」といいます)をしようとする者や、住宅の建設等に関する事業を行う者に対して、必要な資金の調達、良質な住宅の設計・建設等に関する情報の提供、相談その他の援助を、その業務として行います。

4 民間住宅ローンの補完

災害関連など、民間金融機関では融資が困難な分野に限定し、直接融資を行うものです。次のいずれかに該当する場合に適用されます。

項 目	概 要
①災害復興の補修貸付	災害復興建築物の建設もしくは購入または被災建築物の補修に必要な資金等の貸付けを行うこと
②災害予防の建築等貸付	災害予防代替建築物の建設もしくは購入または災害予防移転建築物の移転に必要な資金等(これらに付随する行為で以下のものも含みます。)の貸付けを行うこと ▶ 災害予防代替建築物の建設に付随する土地または借地権の取得

	‣ 災害予防代替建築物の購入に付随する土地もしくは借地権の取得または当該災害予防代替建築物の改良 ‣ 災害予防移転建築物の移転に付随する土地または借地権の取得
③合理的土地利用建築物の建築等貸付	**合理的土地利用建築物の建設**もしくは合理的土地利用建築物で人の居住の用その他その本来の用途に供したことのないものの購入に必要な資金等（土地または借地権の取得のための資金も含みます。）または**マンションの共用部分の改良に必要な資金の貸付け**を行うこと ‣ 合理的土地利用建築物とは、一定の敷地面積を有する耐火建築物等をいいます。
④少子・高齢者の住宅建築貸付	**子どもを育成する家庭**もしくは**高齢者の家庭**（単身の世帯を含みます。）**に適した良好な居住性能および居住環境を有する賃貸住宅**もしくは賃貸の用に供する住宅部分が大部分を占める建築物の建設に必要な資金等またはその賃貸住宅の改良（その賃貸住宅とすることを主たる目的とする人の居住の用その他その本来の用途に供したことのある建築物の改良を含みます。）に必要な資金の貸付けを行うこと
⑤高齢者向け住宅改良貸付	高齢者の家庭に適した良好な居住性能および居住環境を有する住宅とすることを主たる目的とする住宅の改良（高齢者が自ら居住する住宅について行うものに限ります。）に必要な資金または高齢者の居住の安定確保に関する法律に規定する登録住宅（賃貸住宅であるものに限ります。）とすることを主たる目的とする人の居住の用に供したことのある住宅の購入に必要な資金等（土地または借地権の取得のための資金も含みます。）の貸付けを行うこと
⑥脱炭素貸付	住宅のエネルギー消費性能（建築物のエネルギー消費性能の向上等に関する法律2条1項2号に規定するエネルギー消費性能をいう）の向上を主たる目的とする住宅の改良に必要な資金の貸付けを行うこと
⑦生命保険貸付	機構が前記1《買取型》の業務により譲り受ける貸付債権に係る貸付けを受けた者もしくは、同表①から③までもしくは⑥もしくは下記⑩もしくは⑬の規定による貸付けを受けた者とあらかじめ契約を締結して、その者が死亡した場合（重度障害の状態となった場合を含む）に支払われる生命保険の保険金もしくは生命共済の共済金（保険金等）を当該貸付けに係る債務の弁済に充当し、または沖縄振興開発金融公庫法19条1項3号の規定による貸付けを受けた者とあらかじめ契約を締結して、その者が死亡した場合に支払われる保険金等により当該貸付けに係る債務を弁済すること。

機構は、上記それぞれの業務に附帯する業務を行うことができます。

さらに、機構は次の業務も行います。

⑧海外社会資本事業への我が国事業者の参入の促進に関する法律 7 条の規定による調査、研究および情報の提供を行うこと。
⑨空家等対策の推進に関する特別措置法 21 条の規定による情報の提供その他の援助を行うこと。
⑩阪神・淡路大震災に対処するための特別の財政援助及び助成に関する法律 77 条、東日本大震災に対処するための特別の財政援助及び助成に関する法律 138 条または福島復興再生特別措置法 31 条もしくは 43 条の規定による貸付けを行うこと。
⑪住宅確保要配慮者に対する賃貸住宅の供給の促進に関する法律 19 条の規定による貸付けを行うこと。
⑫住宅確保要配慮者に対する賃貸住宅の供給の促進に関する法律 20 条 1 項の規定による保険を行うこと。
⑬勤労者財産形成促進法 10 条 1 項の規定による貸付けを行うこと。
⑭中小企業退職金共済法 72 条 2 項の規定による委託に基づき、勤労者財産形成促進法 9 条 1 項に規定する業務の一部を行うこと。

機構は、上記それぞれの業務に附帯する業務を行うことができます。

ひっかけポイント

ひっかけ
二重否定
読み間違え

「機構は、住宅の建設または購入に付随する土地または借地権の取得に必要な資金の貸付債権は譲受けの対象としていない」という手にはのらないように！

ここに注意して学習

合格 ポイント

住宅金融支援機構の業務を中心に暗記しましょう。余裕があれば住宅金融支援機構の公式ホームページを参照して最新の金融商品を確認しておきましょう。

24 不当景品類および不当表示防止法

重要度▶A

先週成約したマンション。人気が高くてそれをネット上で見て来る客がまだたくさんいる。そのままにしていたらどうなるの？

A：おとり広告となるおそれがあります。

1 不当景品類および不当表示防止法上の表示と措置

表示とは	顧客を誘引するための手段として、事業者が自己の供給する商品または役務の内容または取引条件その他これらの取引に関する事項について行う広告その他の表示であって、内閣総理大臣が指定するもの
措置命令	内閣総理大臣は、景品類の制限もしくは禁止、または不当な表示の禁止規定に反する行為があるときは、その事業者に対し、その行為の差止めもしくはその行為が再び行われることを防止するために必要な事項またはこれらの実施に関連する公示その他必要な事項を命ずることができます。 ▶ この命令は、その違反行為が既になくなっている場合でもすることができます。

2 不動産の表示に関する公正競争規約

間違えやすいものだけをまとめています。

①特定事項の明示義務

- 市街化調整区域に所在する土地については、「市街化調整区域。宅地の造成および建物の建築はできません。」と明示すること(新聞折込チラシ等およびパンフレット等の場合には**16ポイント以上の大きさの文字**を用いること)。

- 建築基準法42条に規定する道路に2m以上接していない土地については、「**再建築不可**」または「**建築不可**」と明示すること。ただし、建築する建物が同法43条2項各号の規定に該当することとなるときはその必要はありません。

- 建築基準法40条の規定に基づく地方公共団体の条例により付加された敷地の形態に対する制限に適合しない土地については、「**再建築不可**」または「**建築不可**」と明示すること

- 路地状部分のみで道路に接する土地であって、その路地状部分の面積が当該土地面積のおおむね**30%以上**を占めるときは、路地状部分を含む旨および路地状部分の割合または面積を明示すること

- 建築基準法42条2項の規定により道路とみなされる部分(セットバックを要する部分)を含む土地については、その旨を表示し、セットバックを要する部分の面積がおおむね10%以上である場合は、併せてその面積を明示すること

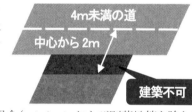

- 傾斜地を含む土地であって、傾斜地の割合が当該土地面積のおおむね30%以上を占める場合(マンションおよび別荘地等を除きます。)は、傾斜地を含む旨および傾斜地の割合または面積を明示すること。ただし、傾斜地の割合が30%以上を占めるか否かにかかわらず、傾斜地を含むことにより、当該土地の有効な利用が著しく阻害される場合(マンションを除きます。)は、その旨および傾斜地の割合または面積を明示すること

②物件の内容・取引条件等に係る表示基準

- 道路距離または所要時間を表示するときは、起点および着点を明示して表示すること(他の規定により当該表示を省略することができることとされている場合を除きます)。

- 団地(一団の宅地または建物をいいます。)と駅その他の施設との間の道路距離または所要時間は、取引する区画のうちそれぞれの施設ごとにその施設から**最も近い区画**(マンションおよびアパートにあっては、その施設から最も近い建物の出入口)を起点として**算出した数値**とともに、その施設から**最も遠い区画**(マンションおよびアパートにあっては、その施設から最も遠い建物の出入口)を起点として算出した**数値**も表示すること

- ▶ 徒歩による所要時間は、**道路距離 80mにつき1分間を要する**ものとして算出した数値を表示すること。この場合において、**1分未満の端数が生じたときは、1分として算出**すること

- ▶ 建築基準法28条の規定に適合していないため、居室と認められない納戸その他の部分については、その旨を「納戸」等と表示すること

- ▶ 地目は、登記簿に記載されているものを表示すること。この場合において、**現況の地目と異なるときは、現況の地目を併記**すること

- ▶ 宅地の造成材料または建物の建築材料について、これを強調して表示するときは、その材料が使用されている部位を明示すること

- ▶ 建物を増築、改築、改装または改修したことを表示する場合は、その**内容および時期を明示**すること

- ▶ 宅地または建物の写真または動画は、**取引するものを表示**すること。ただし、取引する建物が建築工事の完了前である等その建物の写真または動画を用いることができない事情がある場合においては、取引する建物を施工する者が過去に施工した建物であり、かつ、次の場合に限り、他の建物の写真または動画を用いることができます。この場合においては、**当該写真または動画が他の建物である旨および1.に該当する場合は取引する建物と異なる部位を、写真の場合は写真に接する位置に、動画の場合は画像中に明示**すること

    1. 建物の外観は、取引する建物と構造、階数、仕様が同一であって、規模、形状、色等が類似するもの。ただし、当該写真または動画を大きく掲載するなど、取引する建物であると誤認されるおそれのある表示をしてはなりません。

    2. 建物の内部は、写される部分の規模、仕様、形状等が同一のもの

▶ 宅地または建物のコンピュータグラフィックス、見取図、完成図または完成予想図は、その旨を明示して用い、当該物件の周囲の状況について表示するときは、現況に反する表示をしないこと

▶ 住宅（マンションにあっては、住戸）の価格については、1戸当たりの価格を表示すること

▶ 前記の場合において、取引する全ての住戸の価格を表示すること。ただし、新築分譲住宅、新築分譲マンションおよび一棟リノベーションマンションの価格については、パンフレット等の媒体を除き1戸当たりの**最低価格、最高価格**および**最多価格帯**並びにその**価格帯に属する住宅または住戸の戸数**のみで表示すること。この場合において、販売戸数が 10 戸未満であるときは、最多価格帯の表示を省略することができます。

ひっかけポイント

ひっかけ
二重否定
読み間違え

「宅地の表示は、登記簿上の地目と現況が異なる場合には、登記簿上の地目のみを表示すればよい」という手にはのらないように！

ここに注意して学習

合格 ポイント

常識でわかるものはあえて暗記せずに、わかりにくいものだけを暗記しましょう。

25 不動産の需給・統計

全国の商業地や住宅地の土地の値段は上がっているの？下がっているの？

A:3年連続で上昇し、上昇率も拡大しました。

1 地価公示（令和6年地価公示結果の概要）

令和5年1月以降の1年間の地価について
▶ 全国平均では、全用途平均・住宅地・商業地のいずれも**3年連続で上昇し、上昇率が拡大**した。
▶ 三大都市圏平均では、全用途平均・住宅地・商業地のいずれも3年連続で上昇し、上昇率が拡大した。
　・東京圏、名古屋圏では、全用途平均・住宅地・商業地のいずれも3年連続で上昇し、上昇率が拡大した。
　・大阪圏では、全用途平均・住宅地は3年連続、商業地は2年連続で上昇し、それぞれ上昇率が拡大した。
▶ 地方圏平均では、全用途平均・住宅地・商業地のいずれも3年連続で上昇した。全用途平均・商業地は上昇率が拡大し、住宅地は前年と同じ上昇率となった。
　・地方四市(札幌市・仙台市・広島市・福岡市)では、全用途平均・住宅地・商業地のいずれも11年連続で上昇した。全用途平均・住宅地は上昇率が縮小したが、商業地は上昇率が拡大した。
　・その他の地域では、全用途平均・住宅地・商業地のいずれも2年連続で上昇し、上昇率が拡大した。
▶ 全国の地価は、景気が緩やかに回復している中、地域や用途により差があるものの、三大都市圏・地方圏ともに上昇が継続するとともに、三大都市圏では上昇率が拡大し、地方圏でも上昇率が拡大傾向となるなど、上昇基調を強めている。

2 住宅着工統計（令和6年1月31日公表）

令和5年の新設住宅着工は、**持家、貸家及び分譲住宅が減少したため、全体で減少**となった。

①総戸数
　▶ 令和5年の新設住宅着工戸数は819,623戸

- ▶ 前年比では 4.6%減となり、3 年ぶりの減少
- ▶ 新設住宅着工床面積は 64,178 千㎡、前年比 7.0%減、2 年連続の減少

②利用関係別戸数

1.持家
- ▶ 令和 5 年の持家は 224,352 戸(前年比 11.4%減、2 年連続の減少)

2.貸家
- ▶ 令和 5 年の貸家は 343,894 戸(前年比 0.3%減、3 年ぶりの減少)

3.分譲住宅
- ▶ 令和 5 年の分譲住宅は 246,299 戸(前年比 3.6%減、3 年ぶりの減少)
  - ・マンションは 107,879 戸(同 0.3%減、昨年の増加から再びの減少)
  - ・一戸建住宅は 137,286 戸(同 6.0%減、3 年ぶりの減少)

3 法人企業統計(令和 5 年 9 月 1 日財務省発表)

①不動産業の売上高の推移

2020(令和 2)		2021(令和 3)		2022(令和 4)	
売上高	増加率	売上高	増加率	売上高	増加率
44 兆 3,182 億円	△2.3%	48 兆 5,822 億円	9.6%	46 兆 2,682 億円	△4.8%

＊ 全産業の売上高:1,578 兆 4,396 億円(前年度より 9.0%増加)

②不動産業の経常利益の推移

2020(令和 2)		2021(令和 3)		2022(令和 4)	
経常利益	増加率	経常利益	増加率	経常利益	増加率
5 兆 3,542 億円	16.1%	6兆 580 億円	13.1%	5 兆 9,392 億円	△2.0%

＊ 全産業の経常利益:95 兆 2,800 億円(13.5%増加)

4 土地の動向(令和 6 年 6 月に公表予定)

Ken ビジネススクール公式ホームページでご確認下さい。

ひっかけポイント

「令和 5 年の新設住宅着工は、持家、貸家及び分譲住宅が増加したため、全体で増加となった。」という手にはのらないように!

ここに注意して学習

土地の動向(土地白書)と宅建業者数(国土交通白書)は 6 月以降の公表となります。ホームページで確認して下さい。

26 建物

重要度▶C

> 地震に強い建物とはどんな構造のものか？

A：免震構造、耐震構造、制震構造などがあります。

1 地震に強い建物は？

免震構造	建物を地面と切り離して、揺れを伝えないようにする。30〜50％に揺れを低減します。
制震構造	建物の各要所で揺れを吸収する。70〜80％に揺れを低減する。軽く柔らかい建物に有効です。
耐震構造	建物を頑丈に造って壊れないようにする構造です。

2 木造建築の特徴は？

	メリット	デメリット
木造在来工法	建物重量が軽く施工し易く設計の自由度が高い。	防火・耐火性能に劣る。
木造2×4工法	構造安全耐力、居住性能（断熱・保温）上、優れている。	気密性が高いため、建物の内部に湿気がたまりやすい。
プレハブ工法	▶ コストが安定している（現場管理費が安い）。 ▶ 工期短縮、省力化、品質向上に優れている。	規格化された部材を組み合わせるため設計の自由度が低い。

3 鉄筋コンクリート造・鉄骨鉄筋コンクリート造・鉄骨造

	メリット	デメリット
RC造	▶ 耐火、耐久性に富む。 ▶ 地震時の揺れはS造より少ない。 ▶ 設計の自由度が高い。	▶ 建物重量が重たいため地震による影響が大。 ▶ 地盤改良や杭基礎が必要となることが多い。 ▶ 工期が長い。 ▶ 材料の管理や施工により品質と強度にばらつきが出易い。 ▶ 解体がしにくい。 ▶ 工費は木造より高い。
SRC造	▶ 耐震性に優れている。 ▶ S造より振動が少なく、遮音性が高い。 ▶ 高層建築物に向いている。	▶ 工期はRC造より長い。 ▶ 工事費はRC造より高い。 ▶ 解体がRC造よりしにくい。 ▶ 施工の難易度が高い。
S造	▶ 鋼材の加工性が良く、工期が短く、省力化が可能。 ▶ 耐震性に優れている。	▶ 風、地震等による揺れの影響を受けやすい。 ▶ 外壁の目地のメンテナンスが必要。 ▶ 工事費は木造より高い。

ひっかけポイント

「RC造は建物重量が軽いため地震による影響が小さい」という手にはのらないように！

ここに注意して学習

建築素材についての出題もあります。深入りに注意しながら過去問を解いておきましょう。

27 土地

重要度▶A

土地を仕入れるにあたって調べてみたら昔は川だったところを埋め立てたようだ。宅地に向いているのかな？

A：旧河道は一般的には宅地に向いていません。

宅地に適しているかどうかは地質による？

①崖錐

▶ 崖錐は、傾斜の緩い扁平な円錐形状の地形を形成しています。

▶ 崖錐堆積物とは、崖錐の構成物のこと。崖錐堆積物は未固結で侵食に弱く透水性が高いために、崖錐では、基盤との境界付近が帯水層となっていて、末端部(水が沁み出します。)の洗掘や切土をすると土砂崩れや地滑りを起こしやすいといわれます。また、谷底や河底に崖錐堆積物が堆積していて、急傾斜・保水能力の低い山間地では集中豪雨時に土石流(鉄砲水・山津波)を引き起こす場合もあります。

▶ 土石流堆とは、土石流によって流下した土石等が山麓に堆積されてできた地形です。土石流堆があるところは再び土石流によって災害が生じる可能性があるので、危険な地形であり、宅地には不適当です。

②崩壊跡地

▶ このような場所では、風化や雨水によって表層土が流出(表面侵食)し、岩石や礫を含む土層が不安定で落石が発生しやすく、豪雨や地震等で再び崩壊する危険もあります。

▶ 表層土が挟られているということは地下水位が高いことを意味し、植生も低木などの好湿性の植物が繁茂することになります。

③地すべり地

▶ 地すべり地の多くは、地すべり地形と呼ばれる独特の地形を呈し、棚田などの水田として利用されることがあります。

▶ 地すべりは、特定の地質や地質構造を有する地域に集中して分布する傾向が強いです。

④扇状地

▶ 河川の氾濫によって主に砂礫層から成り立っています。

▶ 扇状地の頂点を扇頂、中央部を扇央、末端を扇端ということがあります。

▶ 低地部は、一般的には洪水や地震に弱く、宅地に適しているとはいえませんが、低地部であっても、扇状地や自然堤防などの微高地では、地盤が主に砂礫質からなり、構

294

造物の基礎について支持力もあります。

▶ 扇端部では災害も比較的少ないといわれています(扇頂部や扇央部は除きます)。

▶ 土石流の危険性が高いとはいえ、扇端部以外では、地下水位が深く、建築物の基礎については十分な支持力を持っています。

▶ 末端付近は、一般的には、水はけもよく、湧水の利便もよいので宅地にも利用されていますが、同じ扇状地でも谷の出口に当たる扇の要にあたる部分から中央部では河川の水のかなりの部分が地下を流れる伏流水となっていて地下水位が深く(末端部では湧水として現れます。)、土石流などの危険性が高いです。

▶ 扇頂部や扇央部は宅地に適しているとはいえません。

▶ 扇頂や扇央では、土石流や洪水流などの危険性が高いですが、地形図や空中写真によってもある程度予測できます。

⑤丘陵地

▶ 水はけもよく、一般に洪水や地震に対する安全度が比較的高く、地盤にも地耐力があります。

▶ 縁辺部などでは宅地造成時の工事によっては安全ではない場合もあります。しかし、新たに大規模な開発を行って設けられた宅地であれば、法令による規制や最新の技術によって造成されたとみて、住宅地として不適切とはいえません。

▶ 丘陵地上の浅く、広い谷間は、集中豪雨のときに水に漬かりやすいので宅地には適しません。また、軟弱地盤であることが多く、このような土地を埋土して造成された宅地では、地盤沈下や排水不良を生じることが多いです。

▶ 一般に丘陵地・台地・地山等を切土と盛土により造成した地盤の場合は、その境目では地盤の強度が異なるため、不同沈下が起こりやすいです。

⑥台地

▶ 一般には、水はけがよく地盤が安定しているので宅地に適しています。

▶ 縁辺部では、集中豪雨の時に崖崩れを起こすことが多いので、宅地には適しません。

▶ 台地上の浅く広い谷間は、集中豪雨のときに水に漬かりやすいので宅地には適しません。軟弱地盤であることが多く、このような土地を埋土して造成された宅地では、地盤沈下や排水不良を生じることが多いです。

⑦段丘

▶ 川・湖・海の沿岸で、海水の後退、地殻変動、河川・海岸の侵食・堆積作用などで造られた階段状の地形のことをいい、水はけもよく地盤も安定していることが多いので宅地に適しています。

⑧自然堤防

▶ 砂質・砂礫質の土質からなり排水性がよく地盤の支持力もあるため、宅地に適しているといわれます。

▶ 自然堤防と自然堤防の間は浅いくぼ地になっていることが多く、後背低地(後背湿地)といわれます。

▶ 洪水を繰り返す河川の下流部で発達します。

- ▶ 自然堤防は流路側および背後(流路と反対側)に広がる後背湿地に対してわずかな高まりとなり、低湿な氾濫原の中では水はけが良いです。そのために氾濫原において、古くからの集落はまず自然堤防上に立地し、また畑として利用されます。岩木川下流の津軽平野や千曲川に沿った長野盆地におけるリンゴ栽培のように果樹園として利用されることも多いです。
- ▶ 周囲の低地からの高まりは多くの場合数mに満たないわずかなものであり、地形図の等高線から読み取ることは難しいですが、土地利用の上から主に水田として利用されている後背湿地との対比から読み取ることは比較的に容易です。

⑨後背低地・後背湿地

- ▶ 河川の氾濫が収まったときに河川から溢れ出した水が自然堤防に妨げられて河川に戻れないために、沼や湿地となって残っていることがあるため、多くは水田として利用されてきました。
- ▶ 洪水などの水害を蒙りやすく、また、粘土、シルト(砂と粘土の中間の粒径)、泥炭、場合によっては腐植土などが堆積しているため地盤沈下の恐れもあり、地震動に対しても弱いとされています(地下水位が高く、排水性も悪いです)。
- ▶ 河川近傍の低平地で盛土を施した古い家屋が周辺に多いのは、洪水常習地帯である可能性が高いです。
- ▶ 一般に、崖・斜面に隣接した盛土地、低湿地・干拓地上の盛土地では、地震時に液状化の恐れがあるといわれています。

⑩旧河道

- ▶ 泥土が堆積しており、周囲の土地よりも低い帯状の地形で湿地になっていることが多く、粘土層や砂礫層が不均一で軟弱地盤(不同沈下が起きやすい。)であり、排水も悪く、低湿で、地震・洪水による被害を受けやすいので宅地には適しません。
- ▶ 天井川で廃川になった旧河道では、表面が砂や砂礫からできていることが多く、周囲よりも1m〜1.5mほど高くなっています。このため、昔天井川だったところで今は廃川になっているところは宅地としても利用されています。
- ▶ 天井川とは、土砂の堆積で河床がしだいに高くなって、河川の両側の平地の面よりも高くなっている川のことをいいます。河岸に自然堤防があったり、堤防を築いたりすると、河川は氾濫しなくなるので、河床はよりいっそう高くなる傾向があります。

⑪埋立地

- ▶ 埋立地では、地震時の液状化、地盤沈下、洪水、高潮、津波などが起きやすいので、その辺の対策は十分しておく必要があります。

⑫干拓地

- ▶ 一般に海面以下であることが多い(ゼロメートル地帯)ので、洪水や地震に対する安全度が比較的高いとはいえません。また、もともと水があったところであり、地盤も軟弱で排水も悪いうえに、不同沈下を起こしやすく、地震の時には液状化を起こしやすいです。
- ▶ 地表がほとんど平坦で、近くの河、湖、海などの水面との高低差がきわめて小さく、古

い集落や街道がないような地形は、軟弱地盤であることが多いです。

▶ 水域に土砂や廃棄物等を投入して土地を造成する埋立とは異なります。

⑬断層

▶ 断層面を挟む両側の地塊のずれの方向により、正断層・逆断層・横ずれ断層などに分けられます。

▶ 断層地形は、直線状の谷、滝その他の地形の急変する地点が連続して存在するといった特徴が見られることが多いです。

▶ 断層地形が地表面に出ないような断層もあり、断層地形がないからといって地下に断層がないとはいいきれません。

▶ 断層地形の周辺は地盤の強度が安定していないので、断層に沿った崩壊、地すべりが発生する危険性が高いです。

ひっかけポイント

「台地や丘陵の縁辺部は、豪雨などによる崖崩れに対しては、安全である」という手にはのらないように！

ここに注意して学習

宅地に適しているかの判断と、災害に強いかどうかの視点で整理しましょう。

索引

著者紹介

田中 嵩二

中央大学法学部 卒業
中央大学大学院 法学研究科 博士前期課程 修了(法学修士)
明海大学大学院 不動産学研究科 博士後期課程 在籍
・株式会社Ken ビジネススクール代表取締役社長
・株式会社オールアバウト宅建試験専門ガイド
・全国賃貸住宅新聞 宅建試験連載記事執筆者
・楽待不動産投資新聞 連載者

2004 年に設立し経営する株式会社Kenビジネススクールは、国土交通大臣より登録講習(5点免除講習)、登録実務講習の実施機関として認められています。また、会社経営・執筆だけでなく、積極的に社内研修講師を行い、講義だけでないトータルな人事サポートの提案により高い合格実績(最高合格率は社員の 100%・4 年連続)を実現しています。

2020 年 1 月に「Ken 不動産研究」を設立し、出版事業にも本格的に参入しています。

2022 年以降は、新しい都市環境を考える会において「投資不動産販売員」資格制度の創設に向けて試験問題作成や公式テキストの執筆を行い、不動産投資会社の人材育成にも力を入れています。

2023 年以降は、明海大学大学院 不動産学研究科において不動産投資理論や ESG 不動産投資について研究し、同大学不動産学部論集にて「ESG 不動産投資と融資制度」について論文を寄稿しています。

《執筆書籍》
・「これで合格宅建士シリーズ」(Ken 不動産研究)
・「これで合格賃貸不動産経営管理士シリーズ」(Ken 不動産研究)
・「サクッとうかる宅建士テキスト」(ネットスクール出版)
・「うかるぞ宅建士シリーズ」(週刊住宅新聞社)
・「パーフェクト賃貸不動産経営管理士」(住宅新報社)
・「楽学賃貸不動産経営管理士」(住宅新報社)
・「宅建士登録実務講習公式テキスト」(Ken 不動産研究)
・「投資不動産販売員公式テキスト」(Ken 不動産研究) 他多数

（本書の内容のお問合せにつきまして）

本書の記述内容に関しましてのご質問事項は、文書にて、下記の住所または下記のメールアドレス宛にお願い申し上げます。著者に確認の上、回答をさせていただきます。お時間を要する場合がございますので、あらかじめご了承くださいますようお願い申し上げます。また、お電話でのお問合せはお受けできかねますので、何卒ご了承くださいますようお願い申し上げます。

本書の正誤表の確認方法

Ken ビジネススクール HP 内の以下の公開ページでご確認下さい。

https://www.ken-bs.co.jp/book/

本書の内容についてのお問合わせは、下記までお願いいたします。

Ken 不動産研究

（ご郵送先）〒160-0022 東京都新宿区新宿 5-1-1 3F
株式会社 Ken ビジネススクール内
（メールアドレス）question@ken-bs.co.jp

これで合格宅建士 要点整理 2024 年版

令和 6 年 6 月 30 日 2024 年版発行

著　　　　　者　　田中 嵩二
発　行　者　　田中 嵩二
発　行　所　　Ken 不動産研究
〒160-0022 東京都新宿区新宿 5-1-1 3F 株式会社 Ken ビジネススクール内
電話 03-6684-2328 https://www.ken-bs.co.jp
印　刷　所　　株式会社キーストン

ISDN 978-4-910484-15-0